论语
精读

钟书林 ／ 编著

上海教育出版社

编 委 会

教育部新文科研究与改革实践项目

中文学科拔尖创新人才培养与实践

上海高校本科重点教改项目

中文专业师范生优秀传统文化教育实践与创新

上海市高水平学科学术创新团队

中华典籍与国家文明

国家级专家服务基地

上海师范大学教育援疆喀什专家服务基地

中华优秀传统文化是中华民族的精神命脉。2017 年，中共中央办公厅、国务院办公厅《关于实施中华优秀传统文化传承发展工程的意见》（下文简称《意见》）提出："实施中华优秀传统文化传承发展工程，是建设社会主义文化强国的重大战略任务，对于传承中华文脉、全面提升人民群众文化素养、维护国家文化安全、增强国家文化软实力、推进国家治理体系和治理能力现代化，具有重要意义。"《意见》围绕立德树人根本任务，遵循学生认知规律和教育教学规律，按照一体化、分学段、有序推进的原则，对中华优秀传统文化"进课本、进课堂、进校园"提出明确要求。

经典是文化的重要载体。当下中华传统经典读物较多，各有优长。但我们经过调研后发现，针对大、中学生而言，在传统文化教育方面尚存在以下几大问题：一是对传

总 序 ｜ 中华文史经典精读

统文化优秀与糟粕因子的认识比较模糊,未能通过阅读经典充分汲取富有生命力的文化养分;二是对传统文学经典的历史语境缺乏应有的了解,相关历史知识与方法的匮乏常导致对文学作品的解读出现偏差;三是对传统经典与现代文化的联系和区别关注不够,传统文化和现代意义的文化发展逻辑没有得到充分厘清;四是往往止步于对传统经典知识本身的接收与理解,对优秀原典熏染学生道德和审美的终极作用落实不力,对学生发现与探究问题的意识培养力度偏弱。

针对以上问题,我们尝试从人才培养模式、课程设置、教材建设和教学方法等方面加以改革,同时通过加强大中小一体化建设,牵头和上海数十家中学共建"中华优秀文化推广联盟",和上海援疆教育集团签署"中华优秀经典进校园"项目,组织相关优秀教师参与。编撰出版"中华文史经典精读"丛书,是我们改革项目的重要成果之一。

该丛书在导读方向、内容选择、注释范围、评析重点等方面,均致力于尝试解决上述问题。以上海市高水平学科"中华典籍与国家文明"创新团队为主体的多位专家,在总的原则下,广泛借鉴吸收前人成果,依据各自的学术特长和教研心得,充分展现学术个性,既为反思传统文化的复杂内涵提供历史唯物主义的立场和方法,也努力寻求传统文化在当代实践中的内驱力,以及理想人格的感召力,让经典润泽心灵,砥砺人生。

每本书由导言、正文、注释和评析组成。"导言"总体介绍某部经典的成书、性质、基本内容、艺术价值及社会影响,或某作家的生平、思想、艺术及文学史地位等;"正文"均依据权威版本选录名家名作,兼顾传统性典范和现代性意义;"注释"重在注解不易读懂的字词、名物及典故,力求简明准确;"评析"则在细读文本的基础上,提点作品的情思蕴含及艺术表现,注重引导读者参与情思体验,追求文字洗练,行文晓畅。

本丛书属于中华优秀传统文化经典普及性读本,可作为大学"原典精读"通识课教材及中学语文拓展读本,也适合热爱传统文化的普通读者。

限于水平,书中或有不尽如人意处,祈请读者批评指正,以便再版时改进。

查清华

于上海师范大学文苑楼

论语精读 | # 目录

导言 \ 001

学而篇第一 \ 001

为政篇第二 \ 015

八佾篇第三 \ 033

里仁篇第四 \ 046

公冶长篇第五 \ 061

雍也篇第六 \ 081

述而篇第七 \ 098

泰伯篇第八 \ 118

子罕篇第九 \ 129

乡党篇第十 \ 145

先进篇第十一 \ 158

颜渊篇第十二 \ 178

子路篇第十三 \ 195

宪问篇第十四 \ 214

卫灵公篇第十五 \ 241

季氏篇第十六 \ 258

阳货篇第十七 \ 269

微子篇第十八 \ 288

子张篇第十九 \ 296

尧曰篇第二十 \ 308

"天下之无道也久矣，天将以夫子为木铎。"（《论语·八佾》）早在两千多年前，一位仪地的边防长官，以无比的虔诚，开辟了世人仰慕孔子的朝圣之路。

一位三岁丧父、十七岁丧母的平凡孩子，究竟凭着什么样的本领，引得时贤和后哲如许折腰，并影响中国乃至世界文明长达两千五百多年而经久不衰呢？其人生的奥秘和巨大魅力，吸引一代代学人瘁心著述，却始终无法得到要解和灵方。尽管如此，但不同时代的人们，总能从中吸取到他们所需要的无比珍贵的养分和血液，用以浇灌他们的时代沃土。

一、《论语》的成书

《论语》作为语录体散文，生动地记录了孔子及其弟子的音容笑貌、一言一行，但这样的作品，并不是由孔子亲手编订，而是在他生后由弟子及再传弟子辑成。

（一）《论语》结集

《论语》是什么时候结集而成，最后由谁编纂定稿，这个问题已经无法说清。从后世文献记载的情况来看，最早的说法是《论语》由孔子门人编纂而成。《汉书·艺文志》记载：

> 《论语》者，孔子应答弟子时人及弟子相与言而接闻于夫子之语也。当时弟子各有所记。夫子既卒，门人相与辑而论纂，故谓之《论语》。

《汉书》所称的"门人"，具体是谁？后世说法不一。文献记载语焉不详，无法具知。

古代门生、门人与弟子，有着细微的差别。宋代欧阳修《后汉孔宙碑阴题名》："其亲授业者为弟子，转相传授者为门生。"孔子弟子号称三千，贤者七十，其中孔子亲自授业者，称为弟子，转相传授不直接授业者称门生或门人。凡《论语》中出现的名字，都有幸得到孔子亲自授业，称为弟子。所以，正是从这个角度，《汉书》称《论语》记录孔子及弟子言语，由"门人相与辑而论纂"，换句话说，《论语》是由孔门的转相传授者辑纂孔子及弟子言语而成的。因此，班固《汉书》的说法出现最早，也最契合《论语》文本。

综观《论语》一书，除尊崇孔子外，还尊崇有子、曾子，其余孔子弟子皆称名或字。据此或大致推测《论语》的编纂情形。据杨义先生研究，《论语》有两次集中编纂：第一次是服丧编纂；第二次是曾门重编（参阅《〈论语〉还原初探》）。按《孟子·滕文公上》记载，孔子去世不久，子夏、子张、子游等"以有若似圣人"，师事有子，服丧编纂，正值子夏、子张、子游等师事有子时期,这是《论语》尊崇有子的由来;第二次曾门重编,为抬升曾参的地位,这是尊崇曾子的缘由。按杨伯峻《论语词典》统计,《论语》中"有子"出现4次,"曾子"出现17次。相较之下,在这两次编纂中,第二次曾门重编,应该占据较大的比重。

由于《论语》成于众手,非一时一地一人所完成,所以,全书的编纂原则并不一致。今本《论语》共二十篇,不少学者认为前后十篇可各分为上下两编,前九篇记孔子和早期弟子的言行,第十篇《乡党》篇,其内容和行文与前九篇不类,专记孔子日常生活、处事态度和一些琐事,有学者认为这似乎就是一期所编《论语》的完结篇。后十篇,为上编的补遗,上下合编,则成《论语》一书。但也有学者认为不一定是前后编纂时间的不同,而是素材记载年代的不同。因此,《论语》编纂如何分期,有哪些人参与编纂,学者看法很难达成一致,仍然是个未尽的话题。而今本《论语》是否为当时原貌?孔子语录没有编入《论语》的又有多少?恐怕更是一个谜。所以,从宋代开始,有人开始较为系统地将散佚于《论语》之外的孔子言行事迹汇编成册,颇具代表性的有《孔子集语》。《孔子集语》成为《论语》《孔子家语》之外记录孔子丰富言行的重要典籍。

(二)《论语》定名

先秦诸子关于《论语》的称谓比较杂乱,《孟子》《荀子》一般称"孔子曰",其他称《论语》为《语》《传》《记》《论》等,不一而足。《论语》书名是什么时候开始出现的,至今仍然未有定论。

《论语》定名始于何时,说法较多。比较典型的有战国说、汉代说两种。

战国说者,以刘勰《文心雕龙·论说》为代表:

昔仲尼微言,门人追记,故抑其经目,称为《论语》。盖群论立名，始于兹矣。

指出《论语》之名始于战国门人追记。但是这种说法，于文献无征，因为今天所见的先秦诸子书中征引孔子的言论时只称"孔子曰"，似乎没有用过《论语》名称。

汉代说者，以王充《论衡·正说》为代表：

初孔子孙孔安国以教鲁人扶卿，官至荆州刺史，始曰《论语》。

王充的观点，得到现代学者的肯定。例如章太炎先生说："按，《论语》初出，董仲舒、东方朔已多称引。司马迁著之《史记》，皆在《齐》《鲁》前。盖孔安国时，已隶写传诵矣。"（《广论语骈枝》）综合《史记》《论衡》等文献记载，大致可以推断《论语》的最早称呼，目前可知的是始于汉武帝时期。王充《论衡》的说法，当时应有一定根据，值得参考。

二、孔子及《论语》的影响

研读《论语》，走近孔子，与两千多年前的圣贤对话，洗涤我们的心灵，在现代文明的喧嚣中，找寻我们民族的文化之根，找寻我们民族的历史记忆，是我们研读《论语》的现代应有之义。

我们常说，中国有五千年的文化传统，而孔子是这五千年文化中最伟大的圣人，影响最深、贡献最大的人。钱穆先生说："孔子为中国历史第一大圣人。在孔子以前，中国历史文化当已有两千五百年以上之积累，而孔子集其大成。在孔子之后，中国历史文化又复有两千五百年以上之演进，

而孔子开其新统。在此五千多年,中国历史进程之指示,中国文化理想之
建立,具有最深影响最大贡献者,殆无人堪与孔子相比伦。"(《孔子传》)孔
子既是前两三千年文化的承继者,又是后两三千年文化的开创者,上述钱
穆先生的论断,洵为卓见。

孔子早孤,三岁丧父,十七岁丧母。他的人生轨迹及事业发展,树立
起一个从底层凡夫到圣贤的经典榜样,影响深远。

孔子三岁时,父亲过世,母亲带着他迁居到娘家,鲁国都城曲阜的平
民区,在那里将他抚养成人。孤儿寡母艰难谋生,自食其力,在生产力水
平极其低下的春秋时代,其生活之困苦,难以想象。孔子的幼年生活,无
异于今天农村的孩子,大多数时候必须从事各种劳动,处理各种家务。

《论语•子罕》记载:

> 太宰问于子贡曰:"夫子圣者与? 何其多能也?"子贡曰:"固
> 天纵之将圣,又多能也。"
> 子闻之,曰:"太宰知我乎? 吾少也贱,故多能鄙事。君子多
> 乎哉? 不多也。"

所以,孔子的人生轨迹,体现的是普通人的成长经历。他的成长轨
迹,对后世影响深远。孟子早年丧父,孟母三迁;司马迁幼年时期,在韩城
从事劳动;韩愈早孤,由兄嫂养大;欧阳修早年丧父,由母亲养大……他们
都以孔子为崇拜的精神偶像,发愤图强,成长为颇具影响力的重要人物。
他们的这些事迹,也影响和激励着一代代人前行。

孔子一生,按照钱穆先生的总结,首先为自学与教人,其次为政治事
业,再次为著述事业。我们今天常讲的"学而优则仕""达则兼济天下,穷
则独善其身"等人生事业与理想,都来自孔子及其《论语》。同时,孔子也

是我们民族精神的代表。诗人李长之先生说:"孔子和屈原是中国精神史上最伟大的纪念像,是中国人伦之极峰。孔子代表我们民族的精神,屈原代表我们民族的心灵。我们民族是幸福的。"(《孔子与屈原》)

孔子及《论语》是中国的,也是世界的。据《日本书纪》记载,应神天皇十六年(285),《论语》即开始传到日本。此后,《论语》逐渐深入日本文化、风俗、知识等诸多层面,并成为日本文字、教育、道德、政治的源头,在日本至今流传不衰。而对于朝鲜半岛的影响,早在公元前3世纪;对越南的影响,也早在汉武帝时期即已开始;对西方的影响,也早在17世纪已经开始,并对欧洲18世纪的启蒙运动等影响深远。孔子及其思想的魅力,伴随当今各国文化交流的深入,影响将更为广泛和深远。

三、研读《论语》的方法

我们今天研读《论语》,由于古今文化和情境的差异和变化,古代不少学者研读《论语》的一些方法,显然不能再视为圭臬了,而应该谨慎地、有选择性地加以抉择。

《论语》作为古代"十三经"的重要典籍之一,具有自身独特的风格。一般来说,《论语》是作为初涉经籍者的入门重要之书。其中的深浅难易,朱熹把他读书的独得之秘告诫后学说:"《语》《孟》工夫少,得效多;六经工夫多,得效少。"(《朱子语类》)综合前贤对于《论语》阅读的方法介绍,大体有以下几方面值得注意。

一是以《论语》为基本文本,还孔子以真实面目。在此基础上,加以现代的阐释和弘扬,以更好地服务当代社会。孔子的思想,在后世被改造得太多,用梁启超先生的话说:孔子渐渐地变为董仲舒、何休,渐渐地变为马融、郑玄,渐渐地变为韩愈、欧阳修,渐渐地变为程颐、朱熹,渐渐地变为陆九渊、王守仁,渐渐地变为顾炎武、戴震。

现代学者周予同先生说:"研究真的孔子,第一步须先研究真的《论语》。……应该知道《论语》的研究实在是孔子的研究的先决问题。""研究孔子应该从最可靠的材料《论语》着手,以《论语》一书为主。孔子问题未能研究好,是因为《论语》还没有研究好。"(《中国经学史讲义》)强调重视《论语》的原典研究。

金景芳先生主张划分清楚孔学、儒学的界限,不要用后世的儒学冒充孔学,"把历代强加到孔子身上的东西一一剥净,还孔子学说的真面目,然后把它介绍给当代社会"(《孔子新传》)。这为我们今天研读《论语》提供了重要的指导。

与之相应的,徐复观先生说:"今日中国哲学家的主要任务,是要扣紧《论语》,把握住孔子思想的性格,用现代语言把它讲出来,以显现孔子的本来面目,不让许多浮浅不学之徒,把自己的思想行为,套进《论语》中去,抱着《论语》来糟蹋《论语》。"(《向孔子的思想性格回归》)这是我们今后研读《论语》时所应该警惕和尽量避免的。

二是注意孔子及《论语》的传播接受。金景芳先生认为,"自孔子学说产生以来,中国的一部治乱史也就是一部尊孔和反孔相互交替的历史"。的确,孔子在不同时代,呈现不同的面目,这是一个值得在《论语》及"六经"之外关注的又一话题。这些研读,可以促进我们对《论语》文本的进一步研读和探索。

三是注意《论语》的新出土文献。这一点最早为匡亚明先生所提出并重视。1973 年,河北定县(今定州市)出土竹简《论语》《儒家者言》《哀公问五义》;1993 年《郭店楚墓竹简》、2001 年《上海博物馆藏战国楚竹书》中,有《季康子问孔子》《仲弓》《从政》等。上述新出土文献,都有力地促进了《论语》文本研读及相关研究的纵深发展。

　　四是注意《论语》的诵读。从宋代开始，就已经特别注重《论语》的诵读。朱熹引程颐话说："今人不会读书。如读《论语》，未读时是此等人，读了后又只是此等人，便是不曾读。"（《论语集注》）因此诵读《论语》的情形，实际体现出我们对《论语》理解和体悟的深度。

　　古今诵读中，句读是了解文意的关键。不同的诵读句读方式，理解也往往不尽一致。例如《论语·子罕》末章有两句孔子的评论："子曰：'未之思也夫，何远之有？'"这是我们今天的句读。可是何晏、朱熹是这样句读的："子曰：'未之思也，夫何远之有？'"句读变了，语气情感也必然发生变化。今人柳存仁先生指出，朗读的时候，实际上体现出朗读的人对原文含义所能够体会的情绪；而情绪的产生，又源自朗读的人对原文字句的解释。这些看法，值得我们重视。

　　《论语》流传至今，有许多不同的版本，不同版本之间文字略有差异。即使相同文字，有时因为理解不一，标点断句也有差异。在众多版本当中，杨伯峻《论语译注》吸收古今成果，流传最广，学界口碑最好。有鉴于此，本书以杨伯峻《论语译注》（中华书局）为底本，其中句读、分章，若无特别说明外，均依据杨本。

　　"《诗》无达诂，《易》无达占，《春秋》无达辞。"由于古代汉语的多义性、丰富性，对于学术界有不同解释的，我们在注释时，只选择其中一种较为合理的解释，而其他不同的解释，有时采用"一说"等方式加以补充，供读者甄辨、选择。有兴趣的读者，也可以借此做深入的考究。

　　春秋以来，《论语》作为儒家的重要经典，研读的论著可谓汗牛充栋。今天，我们希冀在本书有限的篇幅内，能让读者对孔子及《论语》有一个大致的了解，又尽量避免叠床架屋，人云亦云，而稍有新意。倘若有志于钻研者，循此初阶，入于《论语》典籍的瀚海深处，则更荣幸之至。

学而篇第一

1.1　子①曰:"学而时习之②,不亦说③乎? 有朋④自远方来,不亦乐乎? 人不知⑤,而不愠⑥,不亦君子⑦乎?"

注释

① 子:古人对老师的尊称。《论语》中"子曰"的"子"都是指孔子。

② 时:在适当的时候、时常。习:本义指鸟不断练飞,后引申为温习、练习。"时习",钱穆先生认为有三种含义。一是就年岁而言。古人六岁开始学识字,七八岁教导日常简单礼节,十岁教书写计算,十三岁教歌诗舞蹈。二是就季节而言。古人春夏学诗乐弦歌,秋冬学书礼射猎。三是就每日早晚而言。古人每日功课,温习、进修、游乐、休息,依次完成。小鸟学飞,必然经历不断练习,方能成功。人类的学习,也是如此。日复一日,年复一年,坚持不懈,方有所成。

③ 说(yuè):通"悦"。高兴、愉快。

④ 有朋:古本一作"友朋"。朋:郑玄认为"同师曰朋",即同师受业者,相当于今天所说的同学。也有人认为是指弟子,即学生。学生从四面八方远道而来,形容自己作为老师的影响广泛。

⑤ 人不知:此处"知"字后省略宾语,造成句意理解上有分歧。一种说法认为此处"知"的宾语紧承上一句,指远道而来的朋友(学生)向我求教,我指点他,他还是不能懂。"人不知",意即"朋友(学生)不知道我所讲述的内容"。另一种说法认为此处"知"的宾语即说话人自己,即孔子本人。

⑥ 愠(yùn):怨恨、发怒。

⑦ 君子:《论语》中的"君子",含义非常丰富,当随具体语境而阐释。此处指

有道德、有修养的人。

评析

　　孔子说："学了本领和知识，能在适当的时候去重温它，不也很高兴吗？有朋友（学生）从远处来，不也很快乐吗？人家不了解我，我也不怨怒，不也是君子吗？"这是孔子有关学习的自述。孔子一生最大的贡献，在于学习。孔子既是"教人以学"的教育家，又是自学成才的行家。他的自学能力非常强，非常善于虚心学习，不耻下问，学无常师。"入太庙，每事问"，自谓"三人行，必有我师焉"。孔子曾经因为痴迷于学习，"三月不知肉味"。他一生勤学，从不懈怠，活到老，学到老。孔子说自己也并非"生而知之"的天才，而是通过后天的不断学习，才有所成就的。勤奋学习，让孔子从一介凡夫成长为旷世圣贤。在《论语》中，孔子对于自己学习的经验，经常在不同的场合传授。明代学者刘宗周说："'学'字是孔门第一义。'时习'一章是二十篇第一义。孔子一生精神，开万古宫墙户牖，实尽于此。"揭示出"学"字是孔子一生精神的内在根源。

　　"学而时习之"，究其"习"字本义，既含有书本知识的温习，也含有技能练习，体现了理论与实践的统一，后世朱熹的"格物致知"、王阳明的知行合一，或从这里升华出灵感。孔子在其教育活动中，非常重视文道与武道、理论与实践的相互结合。他以"六艺"（礼、乐、射、御、书、数）为重要教学内容。"礼""乐"，需要书本知识的讲述，更离不开实践演习。对于"射""御"等，孔子非常重视，也极为擅长。孔子射技水平高超，吸引众人围观，"观者如堵墙"。而相较于射箭，孔子认为自己驾驭车马的水平更高。行军打仗也是孔子日常教学的重要内容。他的学生冉有施展从孔子学来的军事本领，曾经成功击退了强敌齐国的进攻，取得卫国战争的胜利。这些丰富的教学内容，反映了孔子重视的学习并不局限于书本内容。这是了解"学而时习之"时所应当留意的。

1.3　子曰:"巧言令色①,鲜矣仁②!"

注释

① 巧:虚伪巧饰、不真诚。言:话、言语。令:善。色:脸色、表情。令色:这
里指伪善、假善的表情。
② 鲜(xiǎn):少。仁:仁德、仁爱。

评析

　　孔子说:"花言巧语,虚颜假色,这种人是很少有仁德的。"巧言令色的人,
其话语、表情,都并非出自真情流露。但是在现实生活中,我们很容易被这些
表象所迷惑。真正有仁德的人,待人接物真诚坦荡,表里如一,经得起时间、
磨难的考验。孔子告诫:要诚信待人,注重内在的品德修养;要明辨是非,不
要只看外表,更不能被一些虚假外表所迷惑。

　　作为青年学子,切忌只注重外表、爱花架子,要踏实做事、真诚做人,在追
求仁德上下功夫。

1.4　曾子①曰:"吾日三省吾身②——为人谋而不忠乎?③与朋友交而
不信乎?④传不习乎?⑤"

注释

① 曾子:孔子学生,名参(cān),字子舆。参,同"骖",指马或马车。古人的
名、字有一定的关联。曾参比孔子小四十六岁(前 505—前 434)。一说,
曾子,名参(shēn)。
② 日:每天。三:表示多次,并非实指。古人常以"三"表示"多"的意思。此
处列举了三件事,一般认为是一种巧合。省(xǐng):自我检查、反省。

③ 谋：谋划、谋虑。忠：忠诚无私、尽心竭力。

④ 交：结交、交往。信：诚实不欺。

⑤ 传（chuán）：老师传授的知识。习：演习、复习。

评析

曾子说："我每天多次反省自己——替别人办事是否尽心尽力了呢？与朋友交往是否诚实不欺呢？老师传授的知识是否复习、实践了呢？"这是儒家强调加强自身修养的重要内容，也成为中华优秀文化的传统。一个人的成长、成熟，需要不断地自我革新、反省，不断地鞭策自我、激励自我。朱熹说："日省吾身，有则改之，无则加勉。"将外在的道德约束，化为内在的自觉要求，及时反省检查，不断提升自身道德品质、业务能力和知识水平。

在曾子的自我反省中，还强调替人谋事要忠诚，与朋友交往要诚信。"忠""信"是孔子、曾子反复强调的做人原则。曾子将其作为"日省吾身"的重要内容，足见"忠""信"原则在个人与他人、个人与社会的人际交往、社会交往中的重要性。

此处曾子"日省吾身"谈及的三件事中，前两件是强调提升自身的道德修养，而后一件强调对老师传授的知识要及时复习、巩固和消化，旨在提高自身的知识水平、业务水平、实践能力。合而观之，是在道德、才能两方面同时努力，做到德才兼备、德艺双馨。

1.5　子曰："道千乘之国①，敬事而信②，节用而爱人③，使民以时④。"

注释

① 道：治理。乘（shèng）：车子。春秋时多指用四匹马拉着的兵车，即一车四马。孔子所生活的春秋时期，国家的强弱体现在兵车的数目上。千乘

之国：指具有千乘兵车的国家。这在当时属于中等水平的诸侯国。大者
万乘之国，小者百乘之国。

② 敬：恭敬、肃重。信：诚实不欺。

③ 节用：节省费用。爱人：爱护百姓。

④ 使：役使，差使。时：季节、时令。古代成年男子(主要是农民)，需要在一
定时期内从事一定数量的无偿社会劳动，即徭役。使民以时，即主张百姓
徭役要在农闲时间，不妨碍农业生产。

> **评析**

孔子认为，治理一个中等水平的国家，需要做好三个方面的工作：恭敬
慎重地处理政事，信任不欺；节省开支，爱护百姓；差使百姓选择农闲的时候。
这些观点，体现了孔子的治国理念，对后世产生了一定影响。一是"敬"，敬
重、敬畏地待人接物，对于国家治理者而言，尤为重要。对于普通百姓而言，
待人接物，恭敬心、敬畏心，也不可缺少。二是爱护百姓，对于国家治理者而
言，也尤为重要。国家政权的兴衰，与民心所向有着千丝万缕的直接联系。
民能载舟，也能覆舟。得民心者得天下，失民心者失天下。

1.6　子曰："弟子①，入则孝，出则悌②，谨而信③，泛爱众，而亲仁④。
行有余力，则以学文⑤。"

> **注释**

① 弟子：一般有两种含义。一是指年纪幼小的人，二是指学生。这里指年纪
幼小的人。

② 悌：有的版本作"弟(tì)"。弟，通"悌"。

③ 谨：谨慎。信：守信。

④ 亲仁：亲近有仁德的人。

⑤ 文：文化知识。朱熹《论语集注》取法东汉郑玄说法，认为此处的"文"指先秦贵族必修的六门技艺性功课：礼（礼仪）、乐（音乐）、射（射箭）、御（驾车）、书（六书之学，即汉字造字等；一说书法）、数（算数）。

评析

孔子说："年轻人在家里孝顺父母，在外面敬爱兄长，谨慎而守信，博爱大众，亲近有仁德的人。做好了这些，若还有剩余力量，就学习文化知识。"孔子在这里将年轻人所要接受的教育，分为两个层面：一个是道德修养层面，一个是知识技能层面。在孔子看来，年轻人先学做人，远比学知识重要。学会了如何做人之后，学有余力，再去学习知识性、技艺性的功课。受孔子这一思想的影响，中国文化历来重视道德修养的培养高于知识技艺的培养，先道德而后文章（技艺）。这对于我们今天仍然是很有启发价值的。我们今天常说的"德艺双馨"，即形容一个人的德行和技艺（艺术）都具有极好的声誉，是"德"（道德修养）与"艺"（知识技能）的完美结合。

1.7　子夏①曰："贤贤易色②；事父母，能竭其力；事君，能致其身③；与朋友交，言而有信。虽曰未学，吾必谓之学矣。"

注释

① 子夏：孔子学生，姓卜，名商，字子夏，比孔子小四十四岁，卫国人。孔子去世后，子夏成为儒家学说的重要传承者，其建立的西河学派成为儒家重要流派之一，培养了不少政治人物。

② 贤贤：敬重德行，敬重有德行的人。第一个"贤"，动词，"尊崇、敬重"之义；第二个"贤"，名词，指德行或有德行的人。易：如同。一说轻视、改变。

色：容貌。贤贤易色，学人解读分歧较大。或认为敬重德行而不看重容
貌，或认为爱好德行如同爱好容貌，虽然有所分歧，但都强调了敬重德行
的重要性。

③ 致：献出、给予。身：生命。

评析

子夏说："一个人尊崇品德修养，应该如同敬重容貌那样重视；侍奉父母，
能尽心竭力；侍奉君王，能献出生命；与朋友交往，说话诚实守信。能做到以
上这些的人，即使自称未曾学习，我一定说他已经学习过了。"子夏所说"虽曰
未学，吾必谓之学矣"，与上一章孔子所说"行有余力，则以学文"，前后映照，
深得孔门精髓。孔子、子夏的话，都强调注重道德修养的行为比知识技能的
学习，还要重要。这体现了中国古代儒家重视道德修养，将一个人的道德修
养放在首位。这对我们今天的学校教育和孩子培养很有启迪意义。

1.8　子曰"君子不重①，则不威；学则不固。主②忠信。无友不如己
者。③过，则勿惮改。"

注释

① 重：庄重、稳重。

② 主：崇尚、注重。一说亲近。

③ 无：通"毋"，不要。如：像、如同。一说及、比得上。不如己：不像自己，即
　　志趣不投。一说比不上，不如自己。

评析

孔子说："君子，如果不庄重，就没有威严；即使读书，所学的也不会稳固。

要注重忠诚、守信这两种道德。不要与志趣不相投的人交朋友。有了过失，就不要怕改正。"这四个方面，是讲君子自我修养的功夫，依然强调道德修养的重要性。"不重，则不威"，注重的是其举手投足的言行，也依然在讲如何做人。"忠""信"是我们做人做事的重要准则，也是我们人格高下的试金石。"无友不如己者"，提出了交友的重要原则，"物以类聚，人以群分"，志趣不同，话不投机。"过，则勿惮改"，是交友之道，更是修身之道。每个人都不免会犯错，有了过错，要敢于认错，勇于改错。认错、改错，并不丢人，反而会赢得众人的尊敬、爱戴和信任。反之，不敢认错、改错，甚至以撒谎、欺骗的方式试图掩饰过错，只会让众人伤心、失望或愤怒。

1.9 曾子曰："慎终①，追远②，民德归厚矣。"

注释

① 慎：谨慎、慎重。终：人死。特指父母的死亡。
② 追：追念。远：远祖、历代祖先。

评析

曾子说："谨慎认真地办理父母的丧事，追念历代祖先，百姓的品德自然就归于质朴敦厚了。"中华民族历史悠久，祭祀祖先、谨慎送终的文化传统也源远流长。这里的"慎终""追远""民德归厚"，最初都是对国君或上层统治者而言。"我"从哪里来？从"大我"到"小我"，从同一个国家到同一个部落、家族，慎终追远的传统，上行下效，团结一致，共同追慕思念先辈，形成人道的根本。国家"清明节"的设立，即慎终追远文化传统的最好体现。伴随现代国家观念，慎终追远，清明节纪念的对象，也从父母、先祖的家族的狭小天地，延展到一切为民族、为人类事业奋斗的先烈们。

1.10　子禽问于子贡曰①："夫子至于是邦也②,必闻其政,求之与? 抑与之与③?"子贡曰:"夫子温、良、恭、俭、让④以得之。夫子之求之也,其诸⑤异乎人之求之与?"

注释

① 子禽:姓陈,名亢,字子禽。他是否为孔子的学生,存有争议。子贡:孔子学生,姓端木,名赐,字子贡,比孔子小三十一岁,卫国人。

② 夫子:当时对做过大夫的人的敬称。孔子曾为鲁国的大夫,所以他的学生称他为夫子,后世用以特指孔子。后来也因此沿袭,称老师为夫子。邦:指国家。

③ 抑:或者、还是。表示选择。第一个"与":给予、告知。

④ 温、良、恭、俭、让:孔子的五种美德。温:温和。良:善良。恭:恭敬。俭:俭朴。让:谦让。

⑤ 其诸:或者、或许。表示揣度、不肯定的语气。

评析

子禽问子贡:"孔子他老人家每来到一个国家,必然知晓这个国家的政事,他是特意去打听的,还是人家告知他的呢?"子贡说:"他老人家是靠温和、善良、恭敬、俭朴、谦逊而得知的。即使特意去打听,他老人家获得的方法,恐怕也不同于别人吧?"这里所谈论的是孔子人格的感召力,他能够以自身的诸多美德(温、良、恭、俭、让),去获取别人所难知悉的政事。由此告诉我们:一个人拥有了诸多优秀的品德,许多在别人看来非常困难的事情,他却能轻易地完成。因此,优秀的品德修养,是一个人无形、无穷的财富。

1.11　子曰："父在,观其志^①;父没,观其行^②;三年无改于父之道^③,可谓孝矣。"

> **注释**

① 其:代指儿子。志:志向、理想。

② 行:行为、实践。

③ 三年:古代父母去世后,子女为父母服丧三年。所以"三年"表示实指。古代"三"又表示"多"的意思,所以"三年"也可以表示多年、长期的意思。道:道路、经验、途径。

> **评析**

孔子说:"一个人,当他父亲在世时,由于他无权独立行动,要观察他的理想和抱负;当他父亲去世后,要观察他的行为和实践;若是他对他父亲的合理部分,长期地不加改变,可以说做到孝了。"这是孔子对孝道行为的具体阐释。望子成龙,望女成凤,父母都希望自己的儿女能够志存高远,有所作为。父辈在世时,遵循父辈的教诲,勤勉行事,就是孝道的具体体现。父辈离世后,不忘父辈教诲,继承父辈遗志,将其发扬光大,也是很好的孝道体现。父辈生活阅历丰富,经验很有价值,可以很好地指导我们的人生,让我们少走不少弯路。当然,父辈的经验有好有坏,有善有恶,我们要细加甄辨,继承发扬其合理、精华的部分,扬弃其糟粕、有害的部分。

1.12　有子^①曰:"礼之用,和^②为贵。先王之道,斯^③为美;小大由^④之。有所不行,知和而和,不以礼节之,亦不可行也。"

> **注释**

① 有子:孔子的学生,姓有,名若,比孔子小十三岁(一说小三十三岁),鲁国

人。他的面貌很像孔子，所以孔子去世后，孔门弟子一度共尊有若为师，礼敬有加。在现行《论语》中，孔门弟子一般都称字，唯独对有若、曾参二人称"子"，因此有学者认为《论语》可能是他们两人的弟子所编的。

② 和：和谐、恰到好处。

③ 斯：此、这。

④ 由：遵循。

评析

　　有子说："礼的作用，以恰到好处最为可贵。过去圣明君王治理国家，其可贵的地方就在这里；不管小事大事，都做得恰到好处。但是，也有行不通的地方，即如果为恰当而求恰当，不用礼来加以节制规范，那也是行不通的。"有子的这番话，原文有些晦涩，后世解读易产生分歧。有人将"和"解释为音乐，将"小大由之"的"之"解释为"礼"。但这些分歧，不影响对其中和谐、恰当之美的把握。有子强调，"礼"的最高境界是"和"，但"和"服务于"礼"，"和"受"礼"的规范与约束。中国哲学强调"度"，以"和"为美，"增之一分则太长，减之一分则太短"，过犹不及。人们的生产生活及艺术审美，都有赖于对这个"度"的把握，即"分寸感"的把握，讲究把握火候，恰到好处。

　　1.14　子曰："君子食无求饱①，居无求安，敏于事而慎于言，就有道而正焉②，可谓好学也已。"

注释

① 君子：有德行的人。饱：指满足食量。

② 就：亲近、凑近。有道：有德行的人。正：匡正、纠正。

评析

孔子说:"君子不追求饮食的饱足,不追求居处的安逸,做事勤劳敏捷,说话却谨慎,亲近有德行的人,匡正自己,这可以说是好学了。"孔子对"好学",从"食""居""事""言""正"五个方面加以界定,勉励人们努力"好学"修行。不追求饮食、居处等物质方面的快意享受,戒浮戒躁,追求丰富的精神生活。培养崇高的人生责任感、使命感,了解人生的价值与意义,提高自身的道德修养。吃饭是为了活着,但活着不是为了吃饭。饮食华贵、居处安逸,并非"君子"活着的价值与意义。"君子"的人生,应该富有崇高的道德理想。我们新时代的青年学子,更应该有这样的责任担当。

1.15 子贡曰:"贫而无谄,富而无骄,何如①?"子曰:"可也;未若贫而乐②,富而好礼者也。"

子贡曰:"《诗》云'如切如磋,如琢如磨③',其斯之谓与?"子曰:"赐④也,始可与言《诗》已矣,告诸往而知来者⑤。"

注释

① 何如:怎样。

② 未若:不如。贫而乐:古本"乐"下有"道"字。贫而乐道,与下文"富而好礼"对举。但此处不加"道"字,意思也讲得通。

③ 如切如磋,如琢如磨:出自《诗经·卫风·淇奥》。切、磋、琢、磨,是加工玉器的不同工序。一说是指加工骨角、象牙、玉、石不同质料的工艺。后来比喻道德学问方面互相研讨勉励。

④ 赐:子贡名。孔子对学生都称名。

⑤ 诸:之。往:过去的事。这里指已知的事。来者:未来的事。这里指未知

的事。孔子赞美子贡能运用《诗经》作比喻。

评析

　　子贡说："贫穷而不巴结谄媚,有钱而不骄傲自大,怎么样?"孔子说："可以了;但是还不如虽贫穷却乐于道,虽有钱却谦虚好礼。"子贡说："《诗经》上说:'要像对待骨角、象牙、玉、石一样,先开料,再糙锉,细刻,然后磨光。'那就是这样的意思吧?"孔子道："赐呀,现在可以同你讨论《诗经》了,告诉你一个知识,你能有所发挥,举一反三了。"在这里,孔子与子贡探讨穷人、富人如何修身。孔子所提出的贫而乐道、富而好礼,是对不同阶层的人提出了不同的道德修养要求,具有普适性。子贡由此还领悟到了学习上要善于举一反三,比类联想。比类联想,即类比思维,从类比中得到启发,从类比的推论、联想的思维中,领悟知识的真谛。这也是孔子非常重要的教育思想之一。这一思维方式和教育理念,影响至今。

　　1.16　子曰："不患人之不己知①,患不知人也。"

注释

① 患:忧虑、担心。己知:不了解自己。

评析

　　孔子说："我不担心别人不了解我,我担心的是自己不了解别人。"这两句话包含了两个层面:一是不担心别人不了解自己,其中隐含了一种对自我的认识、对自我的自信;二是担心自己不了解别人,这是孔子好学的体现。"每事问""三人行,必有我师焉",都体现了孔子善于向他人学习,不断地学习,对未知事物充满了好奇、渴望。正是这份执着,孔子一生勤学不怠,从一介凡夫成长为旷世圣贤。此处"不患人之不己知,患不知人也",与本篇首章"学而时习之""人不知,而不愠",遥相呼应。这样一来,本篇末章与本篇首章,首尾环扣,正合"学而"之旨,揭示孔子及孔门奥义,体现编纂者的良苦用心。

为政篇第二

2.1　子曰:"为政以德^①,譬如北辰居其所而众星共之^②。"

注释

① 德:仁德、仁爱。
② 北辰:北极星。共:同"拱",环抱、环绕。

评析

　　孔子说:"用仁德来治理国家,如同北极星处在自己的位置上,而众多星辰都围绕环抱着它。"对于"为政以德",诸家有许多不同的解释。道家用来解释"君道无为",法家用来解释"君逸臣劳",儒家认为"政皆本于德,有为如无为也",之所以持这些解释,他们大多认同"万物皆得性谓之德"。其实孔子"为政以德",可能更多强调的是"为政以仁","德"即"仁德、仁爱"。正如有儒者解释说:"为政以德,则本仁以育万物",以仁德治理天下,以仁德抚育万物。倘若能够做到这一点,则民心所向,众人归附,如同众星辰都围绕环抱北极星那样,极具魅力。

2.2　子曰:"《诗》三百^①,一言以蔽之^②,曰'思无邪^③'。"

注释

①《诗》三百:即儒家经典《诗经》。现在我们见到的本子,可能是经过孔子整理重编的,共有三百零五篇。"三百",是举其整数。
② 一言:一句话。蔽:涵盖、概括。

③ 思无邪：出自《诗经·鲁颂·駉》。孔子借它来评论所有诗篇。"思"，在《诗经·鲁颂·駉》中，是作为句首语助词，无实际意义。孔子借用"思无邪"三字来评价所有《诗经》作品，后世对其解释产生分歧。一种认为此处的"思"，与《诗经·鲁颂·駉》一样，只是语助词，没有实际意义。另一种认为此处的"思"当解读为"思想"，孔子断章取义，赋予其新义。这两种观点，都能解释得通。无邪（xié）：纯正。

评析

孔子说："《诗经》三百篇，用一句话来概括它，就是'思想纯正'。"对于孔子的这个评价，后世讨论非常多，分歧也大。仅"思无邪"三字，如何解释"思"，如何解释"无邪"，都有许多不同看法。但总体而言，"思无邪"是孔子对《诗经》思想内容和艺术风格的高度提炼与概括，体现了孔子衡量文艺作品的标准，对后世影响深远。

2.3　子曰："道之以政①，齐之以刑②，民免而无耻③；道之以德，齐之以礼，有耻且格④。"

注释

① 道：同"导"，引导、教导。政：政策、政令。

② 齐：整顿、整治。刑：刑罚、刑法。

③ 免：脱去。耻：廉耻。

④ 格：敬服、归附。"格"字释义较多，有分歧。杨伯峻先生说，《礼记·缁衣》："夫民，教之以德，齐之以礼，则民有格心；教之以政，齐之以刑，则民有遁心。"这话可以看作孔子此言的最早注释，较为可信。此处"格心"和"遁心"相对成文，"遁"即逃避的意思。逃避的反面应该是亲近、归服、向

往,所以用"人心归服"来译它。相较各家说法,我们认为杨伯峻先生的看法,似更契合孔子原意。

评析

孔子说:"用政令来管理、教导,用刑罚来整治、规范,民众只是暂时地免去刑罚,却心中没有廉耻。如果用仁德来管理、教导,用礼仪来整治、规范,民众不但有廉耻之心,而且人心认同、诚心归附。"这是孔子政治思想的又一体现。孔子认为,政令、刑罚等手段,虽然可以管理民众,但要让民众真正心悦诚服,还离不开仁德、礼仪的教化与引导。因此,按照孔子的思想,高明的管理者应该注重"政""刑""德""礼"四者并用,贯串始终。这对于后世乃至今天仍有启发意义。

2.4 子曰"吾十有五而志于学①,三十而立②,四十而不惑③,五十而知天命④,六十而耳顺⑤,七十而从心所欲⑥,不逾矩⑦。"

注释

① 有:通"又"。用于整数与零数之间。志:有志于。

② 立:自立、确立人生目标。三十而立,泛指人格的成熟。《论语·泰伯》说:"立于礼。"《论语·季氏》说:"不学礼,无以立。"杨伯峻先生据此认为,三十而立,指懂得了礼仪,说话做事都有把握。后因称三十岁为"而立"。

③ 不惑:《论语·子罕》和《论语·宪问》都有"知者不惑"的话,杨伯峻先生据此认为,掌握了各种知识,不致迷惑。后因以"不惑"为四十岁的代称。

④ 天命:指自然的规律、法则。孔子不是宿命论者,但也讲天命、敬畏天命。后因以"天命"之年为五十岁的代称。

⑤ 耳顺:郑玄注曰:"耳闻其言而知其微旨。"即一听别人言语,便可以分别真假,判明是非。一说对任何言语都不介意,能自然地容受各种批评。后因

以"耳顺"为六十岁的代称。

⑥ 从心所欲：随心所欲。从：遵从、随从。一说同"纵"，放任、放纵。但杨伯峻先生认为按这种理解，"纵"字古人多用于贬义。后因以"从心所欲"为七十岁的代称。

⑦ 逾：逾越、超越。矩：规矩、法度。

评析

孔子说："我十五岁，有志于学问；三十岁，懂礼仪，说话做事都有把握；四十岁，掌握了各种知识，不致迷惑；五十岁，得知天命；六十岁，一听别人言语，便可以分别真假，判明是非；到了七十岁，便随心所欲，任何念头不越出规矩。"这是孔子一生的自我经验总结，他自述修身的进阶历程。从自律到自觉，从量变到质变，升华到修身的最高境界。孔子的这段话，成为千古名言，沿用至今。但其中理解上的争议也不少。例如，在个体成长、成熟的不同阶段，所"志"何学？"立"究竟指的是什么？"不惑"的是什么？"天命"指的又是什么？"耳顺"当如何来理解？"从心所欲"的"从"当如何理解？这些丰富的内容及其理解上的争议，更增添了《论语》的文本张力与奥妙。

2.5　孟懿子①问孝。子曰："无违②。"

樊迟御③，子告之曰："孟孙问孝于我，我对曰，无违。"樊迟曰："何谓也？"子曰："生，事之以礼④；死，葬之以礼，祭之以礼。"

注释

① 孟懿子：鲁国的大夫，鲁国的三家政治巨头之一，姓仲孙，名何忌，"懿"是谥号。所谓谥号，是古人死后依其生前行迹而为之所立的称号。帝王的谥号一般由礼官议定，大臣的谥号由朝廷封赐。他父亲是孟僖子。《左

传》昭公七年说,孟僖子将死,立遗嘱要孟懿子向孔子学礼。

② 无违:不违背。不违背,具体指的是什么内容,后世解读出现分歧。杨伯
峻先生认为,此处不"违"的是"礼","违"字的这一含义在东汉时期已经不
被人所了解了。

③ 樊迟:孔子学生,名须,字子迟,比孔子小四十六岁(一说三十六岁)。御:
驾驭马车。

④ 生,事之以礼　杨伯峻先生指出,古代的礼仪有一定的差等,天子、诸侯、大
夫、士、庶人各不相同。鲁国的三家是大夫,不但有时用鲁公(诸侯)之礼,
而且有时用天子之礼。这种行为当时叫作"僭",是孔子所最痛心的。孔
子这几句答语,或者是针对这一现象发出的。

评析

　　孟懿子向孔子问孝道。孔子说:"不要违背礼节。"不久,樊迟替孔子赶
车,孔子便告诉他说:"孟孙向我问孝道,我答复说,不要违背礼节。"樊迟问:
"这是什么意思?"孔子说:"活着,以礼节侍奉;死了,以礼节安葬,以礼节祭
祀。"孔子在这里强调:不违背礼节就是孝道。这一观点,是针对具体人
物(孟懿子:鲁国有权势的三位政治巨头之一)的具体情况(僭礼)而提出的。
这体现了孔子试图以礼节来约束、规范社会秩序的政治理想,也体现了他灵
活机动、因材施教的教育方式,不刻板,不教条。

　　2.6　孟武伯①问孝。子曰:"父母唯其疾之忧②。"

注释

① 孟武伯:仲孙彘,孟懿子的儿子,"武"是谥号。

② 其:人称代词,相当于"他的""他们的"。但这里所指代的是父母,还是儿

女呢？一般认为两说都可通。若指代的是父母，即表示孝子宜善忧父母之疾；若指代的是儿女，即表示孝子不宜胡作非为，这样父母只担心他的疾病而不用担心别的事情。

评析

孟武伯向孔子请教孝道。孔子说："做爹娘的只是为孝子的疾病发愁。"孔子这个回答也是很有具体针对性的。李泽厚先生推断，孟武伯谥号是"武"，可能一向勇猛，父母老怕他因此惹是生非，遭难遇祸，所以孔子才选择这样回答他。"儿行千里母担忧。"儿女是父母的心头肉，儿女的一举一动，都为父母所担心、所关注。所以，孔子认为，作为儿女尽孝的方式之一，就是让父母尽量少替儿女操心、担忧，除了疾病、瘟疫这种非人力所能抗拒的意外。因此，做懂事的孩子，少让父母操心，是我们每个人都不难做到的。

2.7　子游①问孝。子曰："今之孝者，是谓能养②。至于③犬马，皆能有养④；不敬，何以别乎？"

注释

① 子游：孔子学生，姓言，名偃，字子游，吴国人，小孔子四十五岁。

② 养：奉养、侍奉。

③ 至于：即使、就是。

④ 养：饲养。"至于犬马，皆能有养"，有不同的理解。一说是人养活人，狗马也能养活人，若不加以尊敬，便和狗马的养活人，没有分别。一说是人养活父母，狗马也能设法养活它们自己的父母，如此，二者也无分别。一说是人养活父母，也饲养狗马，若不加以尊敬，便和饲养狗马，没有分别。

评析

子游问孝道。孔子说："今天的所谓孝，只讲能够养活父母便行了。人一样也饲养狗马；倘若不敬爱父母，那二者又有何区别呢？"孔子在这里强调孝道当以恭敬为本。倘若对父母不恭敬，就谈不上孝道。孔子同时强调，奉养父母，不仅是物质上的奉养，而且是精神的奉养，让父母能够生活愉悦、舒畅，否则，就与饲养狗马没有什么区别。我们今天有些人宁愿饲养狗马，也不愿奉养父母，有些人饲养狗马的态度，比奉养父母的态度要好得多。这都是应该遭到批评和谴责的。父母生养我们非常不容易，他们精心呵护我们成长，可是当我们长大时，他们却年老了，精神、体力不如以前了，需要我们去精心地奉养。正如有首歌叫《你养我长大，我陪你变老》。人都有变老的一天，请善待老人，珍爱父母。

2.8　子夏问孝。子曰："色难①。有事，弟子②服其劳；有酒食③，先生馔④，曾是以为孝乎⑤？"

注释

① 色：脸色。色难：这里省略了主语，所以造成语义分歧。一说儿女色难，即儿女侍奉父母时，不给父母好脸色；一说父母色难，即父母没有好脸色，不高兴。一般多认同第一种理解。

② 弟子：指年幼的人。

③ 食：指饭菜。

④ 先生：指年长的人。馔（zhuàn）：吃喝。

⑤ 曾（céng）：竟然。

> 评析

　　子夏问孝道。孔子说:"不给父母好脸色看。有事时,年轻人效劳服务;有酒饭,年长的人先吃喝。难道这竟就是孝吗?"很显然,孔子讲这番话,应该也是有具体针对性的。只是我们现在无从考究他的语境了。孔子在这里强调,倘若不给父母好脸色看,即使在其他方面做得再好,也不足以称为孝道。可见,"色难"是"孝"之大忌。我们虽然在物质上、在形式上,都做得很好,甚至得到别人的称赞,但在精神上不能给父母以好脸色,都不能算是孝养。当今社会中,我们有些家庭孝养父母,仍然会出现孔子所批评的这种现象,这是很值得警惕和反思的。父母是孩子最直接的老师,言传身教,我们今天精心地孝养老人,为年幼的儿女们树立榜样,将来也才能更好地被我们的儿女孝养。优良家风,代代传承。

　　2.9　子曰:"吾与回①言终日,不违,如愚。退而省其私②,亦足以发,回也不愚。"

> 注释

① 回:颜回,孔子最得意的学生,鲁国人,字子渊,小孔子三十岁(一说四十岁)。

② 其:颜回。退而省其私:朱熹《论语集注》认为指孔子"退而省"颜回的"私",即颜回在日常的行为实践中,皆足以发明夫子之道。

> 评析

　　孔子说:"我和颜回整日言谈,他从不提反对意见或疑问,像个笨人。回头来看他的行为实践,却使我也受到启发,可见颜回一点也不笨。"这是孔子对自己最满意的学生颜回的评价。教学相长,孔子与颜回的言谈及颜回的行为实践,展现了师生之间情感互动、相互增益的教学过程。在学习中,虽然颜回从不提反对意见或疑问,但回看颜回的行为实践证明,他能发挥孔子之道,因而最受孔子器重,最得孔子学问精髓。他看起来有些笨头笨脑,却有超人智慧,所谓"大智若愚",大概说的就是颜回这类人。从这个侧面也能看出,颜回聪颖而有智慧,却不喜欢张扬、表现,只有像孔子这样细心的教师,才能发现颜回的过人之处。因此,作为教师,要善于发现学生的长处,尤其是对于颜回这种不事张扬的学生。这对于我们今天的一些教育工作者,应该有足够的警醒和启示。

2.10　子曰:"视其所以①,观其所由②,察其所安③。人焉廋哉?④人焉廋哉?"

注释

① 以:作为。

② 所由:指所从由的道路,即经历。

③ 所安:心里所寄托。

④ 焉:何处。廋(sōu):隐藏、藏匿。

评析

孔子说:"考察一个人,观察他的所作所为,观察他的经历,了解他的心理寄托,安于什么,不安于什么。那么,这个人还能隐瞒什么呢? 这个人还能隐瞒什么呢?"这是孔子观察人、考察人的方法。孔子说,智者,知人。了解一个人,是智者的体现。但如何深入了解人,不是一件简单的事情。孔子提到的"三观法":"所以""所由""所安",对后世产生深远影响。虽然对"所以""所由""所安",会有不同的解释,但孔子识人、品鉴的这些方法,被后世所重视。后世的"七观法""九观法"以及九品中正制的观人察举制度,都由此发扬光大。孔子通过"三观法",了解不同的学生个体,在教学过程中因人而异,采用不同的教学方法,充分运用因材施教的教学方式,激发不同学生个体的潜质,从而培养各具个性的杰出弟子。所以,作为教师,学会"三观法",了解不同学生个体,因材施教,充分调动学生积极性;作为管理者,学会"三观法",了解不同的员工个性,因人而异,充分发挥员工的聪明才智。若能这样,我们的教学和管理工作,都能事半功倍,激发出最大效能。

2.11　子曰:"温故而知新^①,可以为师矣。"

注释

① 温故而知新:由于对"故""新"的含义理解不同,形成两种不同的解释,意思均可通。一说是温习旧知识,而得到新体会、新发现;一说是温习、不遗忘旧知识,而获取新知识。

评析

孔子说:"温习旧有的知识,了解新的知识,就可以做老师了。"孔子非常重视学习,强调学习的重要性。他认为已经学得的知识必须经常温习、整理,同时不能忽视学习新知识。这从一个侧面体现了孔子"学而不厌"的教育主张。与时俱进,温故而知新,不断适应时代发展步伐,活到老,学到老。作为老师,更应该如此,温故而知新,不断更新教学内容、教学方法,适应新时代需求。

2.12　子曰:"君子不器^①。"

① 器：器具、器皿。器具、器皿都有专门的用途，因此比喻专门的人才、特定
的才能。也指知识或技能相对比较狭窄。

评析

孔子说："君子不像器皿一般，只有一定的用途。"古代知识范围狭窄，孔
子认为应该无所不通。后世说："一事之不知，儒者之耻。"可见孔子要求博通
的思想影响。孔子精通诸艺，文武双全，不仅有淹博古今的知识，精通礼仪、
音乐等，其军事、体育运动能力也很高超，如射箭、驾驭马车等。虽然有人批
评孔子"博学而无所成名"，但孔子认为自己的知识、技术水平还是很出色的，
尤其是射箭、驾驭马车。孔子射箭时，曾经有很多人围观喝彩。《礼记·射
义》："孔子射于矍相之圃，盖观者如堵墙。"观者如堵墙，形容围观者密集众
多，排列如墙。博通与专精，各有优长，过去是两条不同的道路，但彼此并不
矛盾，可以相互依存。年轻人应该痛下苦功，积累丰富知识，博览群书，为今
后的长足发展奠定坚实的基础。

2.13　子贡问君子。子曰："先行其言而后从之。①"

注释

① 行：做、行动。从：跟随、跟进。

评析

子贡问怎样才能做一位君子。孔子说："先做，然后再说，并且一贯到
底。"这是孔子针对子贡的个性而提出的。子贡极聪明而善言说，为孔门四科

之一"言语"科中的代表人物,所以孔子有针对性地这样教导他。孔子勉励子贡,要学做君子,要从行动实践处着手,不能停留在口头言语上。后世很多时候强调言行一致,但孔子在这里教诲子贡"先行后言",行在言先,更能获得人们的好感与认可。子贡善于经商,富甲一方,被誉为"儒商第一人",可能与他受孔子教诲,"行在言先",以君子之道行商,取信于顾客,有一定的关系。行在言先,更胜过言行一致,更容易赢得广泛信誉,获得人们的普遍好感。

2.14　子曰:"君子周而不比①,小人比而不周。"

注释

① 周而不比:东汉学者郑玄说:"忠信为周,阿党为比。"周:忠信团结。比:营私勾结。"周"是以当时所谓忠信、道义来团结人,"比"则是以暂时共同的小众利益互相勾结。

评析

孔子说:"君子是忠信团结,而不营私勾结。小人是营私勾结,而不忠信团结。"这里所说的"小人",是与"君子"对立的一种道德行为。后世的"忠奸斗争",大多都是君子、小人的斗争,他们背后往往代表的是当时为公、为私的两大阶层。以孔子为代表的儒家学派及其儒学人士,倡导君子品节,反对小人行径,勇于和小人斗争,激浊扬清,倡导风清气正的良好社会风尚。"君子周而不比,小人比而不周",以一组对偶短句,言简意赅,形象鲜明地表达了爱憎、美丑、善恶、是非、黑白的态度和立场,便于传诵、记忆,体现了中国语言文字的艺术魅力。

2.15　子曰:"学而不思则罔①,思而不学则殆②。"

注释

① 罔：蒙蔽、欺骗。

② 殆（dài）：疑惑。一说危险。

评析

孔子说："只是一味读书，却不思考，就会受蒙蔽；只是一味空想，却不读书，就会疑惑，缺乏信心。"孔子强调学习与思考的结合，二者相辅相成，缺一不可。孔子重视在学习中的独立思考，认为"学而不思"，则容易受蒙蔽，被其牵着鼻子走，如《孟子·尽心下》所言"尽信书，不如无书"。他很赞赏学生能够在领会自己的教诲中举一反三，有所发明。他同时告诫学生，不能一味空想，不然会把自己弄得迷惑，必须与学习结合起来，同步发展。学、思结合，可以弥补相互的不足与缺憾。但什么时候学，什么时候思考，学习到何种程度，思考到何种程度，则存在着很大的个体差异。所以，由于个体的差异性，对学、思结合的精髓，把握的程度不一样，所取得的成就也不一样。

2.17　子曰："由①！诲女知之乎！②知之为知之，不知为不知，是知③也。"

注释

① 由：孔子学生，仲由，字子路，卞（今山东泗水以东）人，小孔子九岁。

② 诲：教诲。女：通"汝"，你。知：指求知的学习态度。

③ 知：知道、了解。一说"知"读为"智"，聪明、智慧。杨伯峻先生认为，《荀子·子道》也记载了这一段话，但比这详细。其中有两句道："言要则知，行至则仁。"此处"知"即"智"。

评析

孔子说:"子路,我教给你什么是求知的正确态度吧!知道就是知道,不知道就是不知道,这就是真正的智慧。"孔子在这里强调真正求知的学习态度,非常朴实:知道就是知道,不知道就是不知道。不懂装懂、随波逐流,稀里糊涂,是学习求知的大忌。不懂就问,所以孔子非常强调"不耻下问",老老实实地学习。他否认自己是"生而知之"的圣贤,都是"学而知之"的。"不知"是无限的,"知"是有限的,只有不懈努力、积累,才能向无限靠拢。认识到自己的"无知",才能更好地"知",不断追求人格完善、知识的完备,这才是"智"者的学习态度。否则,就是糊涂虫。我们要做智者,而不做糊涂虫。

2.18 子张学干禄。① 子曰:"多闻阙疑②,慎言其余,则寡尤;多见阙殆③,慎行其余,则寡悔。言寡尤,行寡悔,禄在其中矣。"

注释

① 子张:孔子学生,姓颛孙,名师,字子张,陈国人,小孔子四十八岁。干禄:求取禄位,即从政、做官。

② 阙疑:遇有疑惑,暂时空着,不作主观推测。

③ 阙殆:不做危险的事。一说"殆"即"疑惑"。杨伯峻先生解释:"疑"和"殆"为同义词,"互文"见义。

评析

子张向孔子请教从政的方法。孔子说:"多听,有怀疑的地方,加以保留;其余足以自信的部分,谨慎地说出,就能减少错误。多看,有危险的地方,加以保留;其余足以自信的部分,谨慎地实行,就能减少懊悔。言语的错误少,行动的懊悔少,官职俸禄便自然会有了。"春秋时期,学生们拜孔子为师,有不少人是"学干禄",即"学而优则仕",跟从孔子学习六艺然后做官,也并非为知识而知识,为道德而道德。因而子张的提问,代表了当时不少学生心中的疑惑。孔子也不回避这一点,有针对性地做了解答,提出"多闻阙疑""多见阙殆"的主张,即多听多看、慎言慎行。当然,孔子的学问及地位之所以能够受到世人的敬重,恰恰在于他的"学"不仅是为"干禄"事功,而且有着更宽广的终极关怀、人生意义和精神境界,有着超越世俗功利的理想与目标。

2.19　哀公①问曰:"何为则民服?"孔子对曰②:"举直错诸枉③,则民服;举枉错诸直,则民不服。"

注释

① 哀公:鲁国国君,姓姬,名蒋,在位二十七年。"哀"是他死后的谥号。

② 对:应答。杨伯峻先生说,《论语》的行文体例是,臣下对答君上的询问一定用"对曰";这里孔子答复鲁君之问,所以用"孔子对曰"。

③ 举:举荐、选用、提拔。错:通"措",放置。诸:"之于"的合音。枉:与"直"相对,邪曲,不正直。这里指邪曲、不正直的人。

评析

鲁哀公问政:"怎样做才能使百姓服从呢?"孔子说:"选拔重用正直的人,并置于邪曲的人之上,百姓便服从。若是选拔重用邪曲的人,并置于正直的人之上,百姓便不服从。"这是孔子对于统治者、管理者的肺腑忠言。孔子之后的中国历史发展,也大致验证了孔子的这段金玉之言。诸葛亮《出师表》:"亲贤臣,远小人,此先汉所以兴隆也;亲小人,远贤臣,此后汉所以倾颓也。"可以作为此处孔子之言的最好注脚。自古正邪不相容,势同水火,作为统治者或管理者,要管理好国家或单位,凝聚民心,必须亲近正直的人,远离邪曲的人,提倡正气,扶植正气。反之,则乌烟瘴气,必然众叛亲离,走向毁灭或失败。

2.20　季康子①问:"使民敬、忠以劝②,如之何?"子曰:"临之以庄③,则敬;孝慈,则忠;举善而教不能④,则劝。"

注释

① 季康子:季孙肥,姓姬,季氏,名肥,鲁国贵族,鲁哀公时为正卿,执掌大权,是当时鲁国政坛最有权力的人。"康"是他死后的谥号。

② 敬:恭敬。以:连词,表并列,相当于"和"。劝:勤勉、努力。

③ 临:面对、面临。庄:严肃、庄重。

④ 举:举荐、选用、提拔。善:善良、贤良。教:教练、训练。

评析

季康子问:"要使百姓有恭敬心、忠诚并勤勉,应该怎么办呢?"孔子说:"用严肃庄重来对待他们,他们便恭敬了;孝顺长者,慈爱幼小,他们便忠诚了;选用贤良出任要职,教练能力弱的人,他们便勤勉、努力了。"季康子问政于孔子,如何能够让百姓做到"敬""忠""劝",即恭敬、忠诚、勤勉。孔子分别从三个方面回答,强调统治者或管理者自己要做好表率,要能够分别做到庄重、孝慈、举善,那么百姓则自然便能做到恭敬、忠诚、勤勉。所以,虽然鲁哀公、季康子分别提出了不同的疑问,但孔子的回答是相似的。统治者或管理者要管理好百姓,让百姓成为自己理想中的样子,重要的不在于百姓,而在于统治者或管理者自身的行为表率。这是很值得人深思的。

2.21 或谓孔子曰:"子奚^①不为政?"子曰:"《书》云^②:'孝乎惟孝,友于兄弟,施于有政^③。'是亦为政,奚其为为政?"

注释

① 奚:何、为什么。

②《书》云:以下三句是《尚书》的逸文。杨伯峻先生认为,伪古文《尚书》的文句,便从这里采入《尚书·君陈》。

③ 施:推及、延及。有:助词,无义。加于名词之前,这是古代构词法的一种形态。

评析

有人对孔子说:"你为什么不参与政治?"孔子说:"《尚书》上说:'孝呀,只有孝!孝敬父母,友爱兄弟,把这种风气影响到政治上去。'这也就是参与政治了呀,为什么一定要做官才算参与政治呢?"孔子在这里强调家国同构、家国一体的观念。在中国古代,国就是家的扩大,治国和治家是相通的。这一理念,在儒家典籍《大学》里得到进一步的发挥,即"修身、齐家、治国、平天下"。李泽厚先生认为,儒学的"修身、齐家、治国、平天下",有其真实的历史渊源,这种由家到国的"伦理"追求,即"氏族—部落—部族—部落联盟"的政治秩序。在这里,伦理即政治。因此父子、兄弟、夫妇并非只是个体家庭成员的"私人"关系,还是一种公共的政治体制和规范。以父子关系为核心和骨骼的父家长为单位,氏族社会的首领当然要首先能够在本家族本氏族本部落本部族中得到承认,树立权威和地位,然后才能进一步团结、联合其他氏族、部落、部族以"一统天下"。因此,李泽厚先生强调,只有了解这一历史事实,才能了解为何孔子强调"孝"为政治的根本。孔子的上述言论,即源于这一历史背景。

2.22　子曰："人而无信①,不知其可也。大车无輗,小车无軏②,其何以行之哉?"

> **注释**

① 信:信誉、诚信。

② 輗(ní):大车辕端与横木相接处的活销(关键)。軏(yuè):古代车辕与横木相连接的关键。杨伯峻先生详细解释说:古代用牛力的车叫大车,用马力的车叫小车。两者都要把牲口套在车辕上。车辕前面有一道横木,就是驾牲口的地方。那横木,大车上的叫作鬲,小车上的叫作衡。鬲、衡两头都有关键(活销),輗就是鬲的关键,軏就是衡的关键。由此可见,輗、軏是古代车子行走的关键,没有了輗、軏,车子将寸步难行。

> **评析**

孔子说:"作为一个人,而不讲信誉,不知那怎么可以。这就如同大车没有輗,小车没有軏,怎么能行走呢?"孔子在此强调诚信(信誉)是人之成为人的根本,是人立身处世的根本。倘若没有了诚信(信誉),将会寸步难行。孔子在不同场合多次强调诚信(信誉)的重要性,这对中国文化产生了深远影响。在中国古代,虽然不同于西方非常强调契约精神,但中国人的诚信(信誉)即契约。诚信无价、一诺千金,其信用价值远超形式上的一纸契约。欺骗、撒谎,可能暂时能蒙蔽一部分人,获取一定的利益,但长远来看,其必须付出相应的代价。

八佾篇第三

3.1 孔子谓季氏①,"八佾②舞于庭,是可忍③也,孰不可忍也?"

① 季氏:指当时执掌鲁国实权的贵族季孙氏。

② 八佾(yì):古代天子用的一种乐舞。佾:指舞列。八佾,纵横都是八人,八八行列,共六十四人。诸侯用六佾,六六行列(三十六人)。大夫用四佾,四四行列(十六人)。季孙氏为鲁国大夫,只能用四四行列。杨伯峻先生认为,诸侯用六佾,即六行,四十八人。大夫用四佾,三十二人。

③ 忍:容忍、忍耐。杨伯峻先生认为这一解释不好,因为孔子当时并没有讨伐季氏的条件和意志,而且季平子削弱鲁公室,鲁昭公不能忍,出走到齐,又到晋,终于死在晋国。这可能就是孔子所"孰不可忍"的事。杨先生认为"忍"即"狠心"。

评析

孔子评论季氏说:"他在自己的庭院里居然表演天子享用的舞蹈。如果这都可以容忍,那么还有什么不能容忍呢?"这是孔子对鲁国政务的批评,对季孙氏僭越行为的痛斥。孟子说:"孔子作《春秋》,使乱臣贼子惧。"由此可见孔子非凡的气魄和胆识,以及高度的责任意识、政治胸襟。后世知识分子"身无半文,心忧天下",即受其一定的影响。孔子虽无明确的政治身份,却对当时乱臣贼子的僭越行为口诛笔伐,痛加鞭挞。当时一些有识之士也颇为敬佩孔子,称为"知其不可而为之"。司马迁破格将孔子写入"世家",与诸侯将相同列,孔子"素王"之美名,由此而生。

3.3　子曰："人而不仁,如礼何？人而不仁,如乐何？"

$\boxed{评析}$

孔子说："人如果没有仁爱,讲什么礼仪呢？人如果没有仁爱,讲什么乐呢？"有人认为此章也是孔子针对季孙氏破坏礼乐制度而感发的。在儒家学说中,礼乐是骨干,孔子固然非常看重礼乐,甚至为礼崩乐坏而痛心疾首,但在这里,孔子更强调其学说的核心"仁"。仁是礼乐的根本。仁是内核,礼乐是外在形式。如果缺少仁,即使再规范、华丽的礼乐,也只是一具空壳,徒有其表。朱熹《论语集注》引游氏语说："人而不仁,则人心亡矣,其如礼乐何哉?"人如果没有仁爱之心,礼乐也只是虚设。

3.7　子曰："君子无所争。必也射乎！揖让而升,下而饮。其争也君子。①"

$\boxed{注释}$

① 争：争夺、竞争。其争也君子：指遵循古代射礼。射箭比赛,有一套完整的礼仪,参赛者须严格遵守。

$\boxed{评析}$

孔子说："君子没有什么可争夺的事情。如果有所争夺,那一定是射箭比赛吧。射箭的时候,参赛者相互作揖行礼,然后上堂比试。射箭完毕,走下堂来,然后作揖、喝酒。所以这种争夺,也是很有礼貌、君子式的。"射箭比赛,是上古以来集会、宴饮时常规的娱乐节目。参加者登堂而射,射后计算谁中靶多,中靶少的被罚饮酒。所以,射艺是古代贵族必须掌握的技艺之一,孔子也将其作为学生的必修功课之一。如前文所谈及,孔子自己的射箭水平也是很高超的。在《论语》中,孔子多次阐述射箭、驾马车等体育竞技活动,由此可见,孔子对体育竞技也很重视,他也是一位体育爱好者。

3.8　子夏问曰:"'巧笑倩^①兮,美目盼^②兮,素以为绚兮^③。'何谓也?"子曰:"绘事后素。"

曰:"礼后^④乎?"子曰:"起予者商也!^⑤始可与言《诗》已矣。"

> 注释

① 倩(qiàn):指欢笑时酒窝漂亮。一说面颊长得好。

② 盼:指眼睛清澈、黑白分明。

③ 素:白色生绢。绚(xuàn):绚丽、有文采。子夏所问的这三句诗,第一句、第二句见于《诗经·卫风·硕人》。第三句可能是逸句,王先谦《三家诗义集疏》以为《鲁诗》有此一句,待考。朱熹《论语集注》:"素,粉地,画之质也;绚烂彩色,画之饰也。"

④ 礼后:即礼在后。"礼"在什么之后呢,原文没说出。杨伯峻先生认为,根据儒家的若干文献,原文没有说出的应该是"仁义"两字。即仁义在前,礼在后。

⑤ 起:启发、激发。予:我。

> 评析

子夏问道:"'有酒窝的脸笑得美呀,美丽的眼睛黑白传神呀,洁白的生绢描绘着绚丽的花纹呀。'这几句诗是什么意思?"孔子说:"先有白色底子,然后绘上颜色。"子夏说:"那么,是不是礼乐的产生在仁义以后呢?"孔子说:"卜商呀,启发我的是你呀。现在可以和你讨论《诗经》了。"教学相长,在子夏与孔子的问答中得到再次展现。孔子与子夏谈《诗》,子夏从孔子"绘事后素"的回答中引申出"礼后"的道理,受到孔子的称赞。花纹的绚烂美丽,必须依靠洁白生绢打底子,礼乐必须以仁义为基础,仁义在前,礼乐在后。李泽厚先生比喻说:"'礼'如是花朵,也需先有白绢(心理情感)作底子才能画出","内心情感(仁)是外在体制(礼)的基础"。换而言之,"礼"是艺术的表现形式,"仁"是艺术的灵魂,仁内礼外,二者相辅相成。

3.9　子曰:"夏礼,吾能言之,杞不足征也^①;殷礼,吾能言之,宋^②不足征也。文献^③不足故也。足,则吾能征之矣。"

注释

① 杞:国名,西周初年,夏朝王室后裔所建立的封国。征:验证、证实。
② 宋:国名,西周初年,商朝王室后裔所建立的封国。
③ 文献:与今天的"文献"概念不同。《论语》的"文献",指有关典章制度的文字资料和多闻、熟悉掌故的人。朱熹《论语集注》:"文,典籍也;献,贤也。"包含"文"与"献"两个组成部分,即典籍记载的文字资料和活的文字材料。多闻、熟悉掌故的人,即活的文字材料。今天的"文献"一般仅指典籍。

评析

孔子说:"夏代的礼,我能述说,但杞国不足以作验证;殷代的礼,我能述说,但宋国不足以作验证。因为杞、宋两国的文字材料和活材料太少了。若有足够的文字材料和活材料,我就可以用它们作验证了。"孔子在这里告诉我们,"礼"在后世的表现形态,包含两个部分:一个是"文",即有关典章制度的文字资料;另一个是"献",即多闻、熟悉掌故的人。前者是故纸堆,后者是"活化石"。所以,礼制不仅表现在冰冷的文字条文上,还鲜活地存现于社会生活中。时至今日,"文献"的最初含义早已发生了变化,但"礼"依然是以这样两种状态形式,穿越时空,向前流淌。只要你足够细心,就不难发现,许多中国的传统礼仪,你既能在故纸堆里阅读,也能在现存的"活化石"中体验。

3.12 祭如在,祭神如神在。子曰:"吾不与祭,如不祭。①"

注释

① 与(yù):参与。如:表示承接关系,而、就。"吾不与祭,如不祭",前人对此解释有所分歧。有学者解释,孔子因事不能亲自参加祭祀,所以请别人代为祭祀,但因为没有亲自到场,就好像没有祭祀一样。这种解释,将"如"解释为"如同、好像"。但杨伯峻先生不认同这种解释,所以他在《论语译注》的这段译文中特意强调孔子"是不请别人代理的"。

评析

孔子说:祭祀祖先的时候,好像祖先真在那里;祭神的时候,好像神真在那里。孔子又说:"我如果不能亲自参加祭祀,就不祭祀,是不请别人代劳的。"孔子在此强调祭祀不仅是一种仪式,而且是一种虔诚心意的表达。朱熹《论语集注》引范氏注说:"有其诚则有其神,无其诚则无其神","诚为实,礼为虚",不走过场,不搞形式。所以孔子强调,祭祀就应该认认真真地祭祀,祭祖先就如同祖先在世,祭神就如同神在旁。倘若不能亲自参加的祭祀,就干脆不祭祀,不必拘于形式。因为自己不参加而请别人代为祭祀,其实也只是走走过场,并无实际意义。所以孔子反对这样的虚礼。由此可见,孔子强调礼仪祭祀的认真务实精神,反对敷衍了事,反对形式主义。

3.14 子曰:"周监于二代①,郁郁乎文哉②!吾从③周。"

注释

① 监：通"鉴"，借鉴、参考。二代：指夏、商两朝。

② 郁郁：繁富、茂盛。文：指周代的典章制度。

③ 从：跟从、追随。

评析

　　孔子说："周代积累和总结了夏、商两代的经验成果，其礼仪典章制度，多么丰富繁盛呀，我追随周朝的。"这是孔子对周代礼仪典章制度的赞美和热爱。周代礼仪典章制度，在夏、商两代的基础上加以增删改进，呈现出繁富之貌，因此让孔子赞叹不已。李泽厚先生由此判定"孔子既非复古，也非革命"，而是"积累进化论者"。虽然不免以后世的视角去比照孔子，但也给读者洞开了另一扇思考的窗户。

　　3.15　子入太庙①，每事问。或曰："孰谓鄹人②之子知礼乎？入太庙，每事问。"子闻之，曰："是礼也。"

注释

① 太庙：古代开国君王叫太祖，太祖之庙叫太庙，周公旦是鲁国最早受封的
　 君王，因此这太庙就是周公的神庙。

② 鄹(Zōu)：古邑名，孔子家乡，在今山东省曲阜市东南。鄹人：指孔子父亲
　 叔梁纥。杨伯峻先生解释说，叔梁纥曾经作过鄹大夫，古代经常把某地的
　 大夫称为某人，因此这里也把鄹大夫叔梁纥称为"鄹人"。

评析

　　孔子到了周公庙，每件事情都发问，问得很详细。有人便说："谁说叔梁

纥的这个儿子懂得礼呢？他到了太庙，每件事都要发问。"孔子听到后，便说："这正是礼呀。"太庙是周公的神庙，而孔子对周公有很深的感情，所以这里的"每事问"，既反映了孔子谦虚好学的求学精神，也体现了孔子对周公浓郁的敬慕之情。他对周公的每件事情都有着浓厚兴趣，唯恐有所遗漏，即便如此，也仍然感觉意犹未尽。这份崇拜，如同今天的追星粉丝一样。与此同时，孔子回答"这正是礼呀"，并非故弄玄虚、故作高深。我们联系上文3.9章，孔子谈及夏礼、殷礼时，感慨其后裔杞、宋两国的文字材料和活材料太少，不足以作验证。孔子生活的时代，离周公不远，有关周公的事迹仍然在鲁国传播，那些多闻、熟悉掌故的人掌握着大量丰富的材料，所以孔子向他们一一虚心请教，一是增广见闻，拾遗补阙，二是通过这些多闻、熟悉掌故的人所掌握的材料，来验证传世典籍里的文字材料，二者都是当时"文献"的重要组成部分，也是"礼"在当时的两种重要表现形态。有关周公事迹，典籍里的故纸堆材料，孔子掌握得完备了，但"活化石"口述的材料，还需要借助"每事问"进一步丰富和验证。所有这些，确实还都是"礼"。通过这则故事，我们再次看到了孜孜不倦好学的孔子，看到了注重实证精神的孔子，并都为之感动。

3.17　子贡欲去告朔之饩羊。^① 子曰："赐也！尔爱^②其羊，我爱其礼。"

注释

① 去：去除、去掉。朔：每月的第一天，初一。饩（xì）：活的牲口。饩羊：古代用为祭品的羊。"告朔饩羊"，古代的一种制度。朱熹《论语集注》说，每年秋冬之交，周天子把第二年的历书颁给诸侯。诸侯接受了这一历书，藏于祖庙。每逢初一，便杀一只活羊祭于庙，然后回朝理政。但从鲁文公起，每月初一，鲁国国君不亲临祖庙，也不听政，只是杀一只活羊，敷衍了

事。故后世用"告朔饩羊"比喻形同虚设。

② 爱：爱惜。

评析

子贡打算免掉每月初一告祭祖庙用的那只活羊。孔子说："赐呀，你爱惜那只羊，我爱惜那项礼仪。"鲁国的告朔礼早已名存实亡了，所以子贡认为不必留此形式，不如干脆连活羊已不杀。孔子却认为尽管这是残存的形式，也比什么也不留好。孔子为什么如此重视这点残存的礼仪？究其原因，这与孔子的"尊王"（尊崇周天子）观念是相一贯的。告朔礼的象征意义重大，按照当时礼仪，接受历法意味着尊奉周天子，承认其统治地位。鲁国对告朔礼的不重视，正是周天子势力走向衰微的具体体现。虽然鲁国不举行隆重的告朔礼仪活动，但还保留了活羊祭祀的残存仪式，倘若再免掉这一项，那就真的什么痕迹都没有了。这一活动的残存，至少表明鲁国还有一定的"尊王"礼仪，能给人些许安慰。

3.18　子曰："事君尽礼，人以为谄也。"

评析

孔子说："侍奉君主，礼数周到，别人却以为是谄媚。"这是孔子非常愤激的话。他说这句话，肯定有所针对性，也似乎是在为自我辩解。春秋末世，诸侯不敬天子，大夫不敬国君，道德失序，礼崩乐坏，孔子按照正常的君臣礼仪行事，却反招来嘲讽，由此可见孔子当时推行"尊王"理念的艰难。所以不少人给他泼凉水，奚落他，但也有人佩服他的勇气，赞誉他是"知其不可而为之"，为了理想而努力前行，颠沛以之，造次以之。

3.19　定公^①问：“君使臣，臣事君，如之何？”孔子对曰：“君使臣以礼，臣事君以忠。”

注释

① 定公：鲁国国君，名宋，鲁昭公之弟，继昭公而立。“定”是他的谥号。

评析

　　鲁定公问：“国君使用大臣，大臣侍奉国君，各应该怎样？”孔子说：“国君差使大臣，要合乎礼；大臣侍奉国君，要忠诚。”孔子认为，无论国君还是大臣，行为处事都应该合乎各自的身份。君臣之间要相互尊重，在一定的礼仪、道德规范中良好互动。这是和谐的君臣关系。当然，后世儒家解读时在此基础上作了进一步引申：“君若无礼，则臣亦不忠”，更加强调了君臣关系的互动。即大臣对国君的忠诚，是建立在国君对大臣“以礼”基础上的，国君若对大臣无礼，大臣也可以不忠诚，从而彰显了“忠”并非一味地盲目服从。所以，有学者指出，儒家提倡忠孝观念，但又不主张盲目地愚忠愚孝。孔子之所以提出这样的观念，主要还是希望在春秋乱世中，重新建立一个从上到下的和谐的稳定的社会秩序，体现了他对建立良好社会秩序的美好愿望。

3.20　子曰：“《关雎》^①，乐而不淫^②，哀而不伤。”

注释

①《关雎》：《诗经》中的第一篇，这是一首描写男女恋爱的诗歌。
② 淫：过分、放纵。

评析

　　孔子说：“《关雎》这首诗，快乐而不过分，哀怨而不伤痛。”孔子对于《诗经》非常重视，《史记·孔子世家》提出孔子"删诗"，将《诗经》原来的三千余篇，十去其九，仅保留了 305 篇。虽然后世不少学者都质疑司马迁这一记载的真实性，但也无法确切否认。《论语》中多处记载了孔子的《诗》教活动，此处对《关雎》"乐而不淫，哀而不伤"的评价，深刻地影响了后世文学作品、艺术审美的崇尚与追求。

3.22 子曰："管仲①之器小哉！"

或曰："管仲俭乎？"曰："管氏有三归②，官事不摄③，焉得俭？"

"然则管仲知礼乎？"曰："邦君树塞门④，管氏亦树塞门。邦君为两君之好⑤，有反坫⑥，管氏亦有反坫。管氏而⑦知礼，孰不知礼？"

注释

① 管仲：春秋时齐国人，名夷吾，字仲，曾辅佐齐桓公称霸诸侯。

② 三归：古注解释分歧较大，或认为是三姓之女、三处家庭、地名等，杨伯峻先生考证说，三归当为市租，指按常例缴纳给政府的商业税。管仲享有一定的政府商业税，所以后世认为他虽然功劳大，但并不清廉。

③ 官事：官府的事、公事。摄：兼职。官事不摄：即一人一职，从不兼差。指管仲担任宰相期间，手下的专职人员很多。

④ 树：立、建。塞门：门前起遮蔽作用的墙壁，用以间隔内外视线的一种东西。

⑤ 好：交好、友好。指诸侯间的外交往来。

⑥ 坫（diàn）：厅堂上用以放置器物的土台。互相敬酒后，把空酒杯放还在坫上，为周代诸侯宴会时的一种礼节。何晏《论语集解》引郑玄注："反坫，反爵之坫，在两楹之间。"

⑦ 而：假设连词，假如、假若。

评析

孔子说："管仲这个人,器量真小!"有人问:"管仲节俭吗?"孔子说:"他收取了人民的大量租税,他手下的专职人员很多,怎能算节俭呢?"又问:"那么管仲懂得礼制吗?"孔子说:"国君宫殿门前立了一个塞门,管氏也立了个塞门;国君为外交国宴,在堂上有放置酒杯的设备,管氏也有这样的设备。假若说管仲懂礼制,那谁不懂得礼制呢?"在这里孔子批评管仲不懂礼制、器量小、不节俭,在其他场合却多次称誉管仲的"仁"(见本书 14.16、14.17)。所以李泽厚先生认为,孔子对管仲的评价"肯定大于否定,不仅可见'仁'高于'礼',而且造福于民的功业大德高于某些行为细节和个人小德。这与宋明理学以来品评人物偏重个人私德的标准尺度很不一样"。从这个意义上看,孔子的思想比后世儒家更为宽广、包容,更注重从大处着眼。

3.24　仪封人请见①,曰:"君子之至于斯也,吾未尝不得见也。"从者②见之。出曰:"二三子何患于丧乎?③天下之无道也久矣,天将以夫子为木铎④。"

注释

① 仪:地名。有人说当在今天的开封市内,但杨伯峻先生认为未必可靠。封人:官名。大概是典守边疆的官,具体职守不详。请见:请求接见。
② 从者:指孔子的随从人员,即孔子的学生。
③ 二三子:犹言诸位,指孔子的学生。丧(sàng):指境况不好。一说失掉官位。
④ 木铎:古代用以召集、警示众人的铜铃,以木为舌,即里面的铃锤是木质的,故名。这里将孔子比喻为木铎,召集众人,宣扬教化。

评析

仪地的边防长官请求孔子接见他,说:"所有到过这个地方的有道德学问的人,我从没有不和他见面的。"孔子的随行学生便让他见了孔子。他出来后,对孔子的学生们说:"你们这些人为什么担忧境况不济呢?天下无道的时间很长了,上天要让你们的老师做众人的导师(醒世的木铎)。"这是仪地边防长官对孔子的赞美。按他所说,他在此阅人无数,但当他见到孔子时,竟然发现孔子是将率众人走出"无道之世"的导师,其惊叹之情油然而生,并随即告知孔门众弟子,眼下的不济根本算不得什么。孔子及弟子在东游列国,"惶惶然""如丧家之狗",在这样的困顿、颠沛中,能遇上仪地边防长官,听到这样暖心的话,让人感慨唏嘘。可惜仪地太小了,没有孔子及弟子施展才华和抱负的空间。

3.25 子谓《韶》①,"尽美矣,又尽善也"。谓《武》②,"尽美矣,未尽善也"。

注释

①《韶》:相传是舜时歌颂太平盛世的乐曲名。
②《武》:相传是西周初年歌颂周武王灭商的文治武功的乐曲名。

评析

孔子评论《韶》乐说:"美极了,而且好极了。"谈到《武》乐说:"美极了,但还不够好。"这是孔子对《韶》《武》两支乐曲的不同评价,体现孔子对二者的不同态度。孔子认为《韶》乐尽善尽美,但《武》乐尽美未尽善。其中的"美"指的是什么?"善"指的是什么?"美"与"善"又是什么关系?后世对此有许多不同的解释,分歧较大。杨伯峻先生认为,"美"可能指声音言,"善"可能指内容言。因为舜的天子之位是由尧"禅让"而来,故孔子认为"尽善";而周武王的天子之位是由讨伐商纣而来,尽管是正义战,依孔子意,却认为"未尽善"。按杨先生的解释进一步拓展,孔子所说的"美"与"善",似乎指的是形式与内容,尽善尽美,即达到了内容与形式的完美统一。尽善尽美,成为后世中国艺术创作追求的最高境界。

3.26　子曰:"居上不宽①,为礼不敬,临丧②不哀,吾何以观之哉?"

注释

① 宽:宽厚、宽宏。
② 临丧:参加丧事、亲临丧礼。

评析

孔子说:"居于上级的位置,待人不宽厚;行礼的时候,不严肃认真;参加丧礼的时候,不悲伤。这种样子我怎么看得下去呢?"孔子这段评述在当时应该也是有所针对性的。为人不宽厚,礼仪不庄重,都不是有道德有修养的人该有的。"居上不宽",是不仁;"为礼不敬,临丧不哀",是失礼。失礼不仁,皆悖于孔子的教诲。"为礼不敬,临丧不哀",空有"礼"的外在形式,没有"礼"的内在实质,虚情假意,也为孔子所痛恨。

里仁篇第四

4.1　子曰:"里①仁为美。择不处②仁,焉得知③?"

注释

① 里:动词,居住、居处。

② 处(chǔ):居住、居处。

③ 焉:怎么、哪里。知:明智、聪明。

评析

　　孔子说:"与'仁'居处,是完美的。不选择与'仁'居处,怎么谈得上聪明智慧呢?"在这里孔子强调与"仁"居处的重要性。"仁"是孔子思想中的一个重要范畴。孔子认为,"仁"是个人道德修养的最高境界。但具体什么是"仁",往往需要读者根据上下文的语境去理解。《论语》中"仁"字出现109次,按杨伯峻先生研究,其中105次为孔子的道德标准,3次指仁人,1次同"人"。但此处的"仁"字,指"仁德",还是指"仁德的人",理解上有所分歧。而"择"字所包含的内容,是专指"择居",还是泛指"择邻""择业""择友"等,也有不同看法。按一般的看法,"仁"指"仁德的人","择"即择居。即居处在仁者所居的乡里,与仁者为邻。所以,孟母三迁,只为选择有仁者居处的良好环境;陶渊明移居,也只为与仁者为邻,其《移居》诗:"闻多素心人,乐与数晨夕。"描述其欢快心境。李泽厚先生说,"儒家总肯定此世间生活即为美、为善,不必硬去追求来世、彼岸或天国的美善","中国文化特征是'一个世界',即这个充满人间情爱的现实世界,即以'里仁为美'也"。所以,选择一位好的同桌、好的邻居、好的同事,都是聪明智慧的体现。

4.3　子曰:"唯仁者能好①人,能恶②人。"

注释

① 好(hào):喜欢、喜爱。

② 恶(wù):讨厌、憎恶。

评析

　　孔子说:"只有仁者才能够喜爱某人,憎恶某人。"孔子认为,仁者并非义理不明、是非不分的好好先生,而是有着鲜明的原则立场,爱憎分明,能够疾恶如仇,惩恶扬善,伸张正义。仁者的好恶,有客观的理性判断,而并非情绪化、人情化。这是仁者与普通人的区别之一。

　　4.4　子曰:"苟①志于仁矣,无恶②也。"

注释

① 苟:假如。

② 恶(è):恶行、恶事。

评析

　　孔子说:"假如立定志向实行仁德,就不会做恶事了。"孔子在这里强调,倘若要有志于培养仁德的情操,首先必须从立志开始。一旦立下这个志愿,必然会努力靠近"仁",而逐渐远离"恶"。依照孔子的教诲,有志于学,有志于仁,从小做起,必将终生有益;从娃娃抓起,必将移风易俗,造福下一代。

　　4.5　子曰:"富与贵,是人之所欲也;不以其道得之,不处也。贫与贱,是人之所恶也;不以其道得之①,不去也。君子去仁,恶乎②成名? 君子无终食之间违仁③,造次必于是④,颠沛⑤必于是。"

注释

① 其道:指正当的方法或途径。得之:杨伯峻先生认为,"富与贵"可以说"得之","贫与贱"却不是人人想"得之"的。所以他认为此处的"得之"应该理解为"去之"。

② 恶(wū)乎:哪里、怎么。

③ 终食之间:吃完一顿饭的时间,形容时间很短。违:离开。

④ 造次:匆忙、仓促。于是:在此。此,指仁。

⑤ 颠沛:困顿挫折。

评析

孔子说:"发大财,做大官,这是人人所盼望的;不用正当的方法去得到它,君子不接受。穷困和卑微,这是人人所厌恶的;不用正当的方法去抛掉它,君子不摆脱。君子抛弃了仁德,怎么去成就他的声名呢? 君子任何时候都不离开仁,匆忙急促时是这样,困顿挫折时也是这样。"孔子认为,在任何时候、任何情况下,君子对"仁"都不离不弃。仁,是君子人格的体现,它超越了世俗的功利和贫富。《荀子·性恶》:"仁之所在无贫穷,仁之所亡无富贵。"即对此的极好阐发。"造次必于是,颠沛必于是",生动描摹出君子的坚守,读来让人感动不已,它也因此成为后世的经典名句,传诵不息。

4.6　子曰:"我未见好①仁者,恶②不仁者。好仁者,无以尚③之;恶不仁者,其为仁矣,不使不仁者加乎其身。有能一日用其力于仁矣乎? 我未见力不足者。盖④有之矣,我未之见也。"

注释

① 好（hào）：喜欢、喜爱。

② 恶（wù）：讨厌、憎恶。

③ 尚：超过、胜过。

④ 盖：大概、也许。表示猜度的语气。

评析

孔子说："我不曾见到过爱好仁的人和憎恶不仁的人。爱好仁的人，那是再好不过的了；厌恶不仁的人，他去行仁，是不让不仁德的东西加在自己身上。有谁能用一天的工夫致力于仁的吗？我没有见过力量不够的。也许真有，但我不曾见到。"孔子在这里将人们对"仁"的接受，分为两个层次：爱好仁、憎恶不仁。前者是最高境界，后者虽然不及前者，但比不仁者要高出一境界。在这段话中，孔子三次用"我未见"或"我未之见"，表达对"仁"者稀少的遗憾，鼓励大家"行仁"，对"仁"要不离不弃，认为只要立志于"仁"，"仁"还是容易做到的。

4.7　子曰："人之过也，各于其党①。观过②，斯知仁③矣。"

注释

① 党：种类、类别。

② 过：动词，指改过的方式和态度。一说名词，过错。

③ 仁：同"人"。杨伯峻先生说，《后汉书·吴祐传》引此文正作"人"，武英殿本却又改作"仁"，不可为据，因此他不同意此处"仁"作本字解。

评析

孔子说："人们所犯的错误，各式各样，不同类别。仔细观察他改错的方式和态度，就可以知道他是怎样的人了。"人非圣贤，孰能无过。每个人都难免会犯错误，犯了错误并不可怕，最重要的是不要掩饰自己的错误，要有勇于改正错误的勇气。所以，孔子认为人们所犯的错误，类别各有不同，但是否有改错的态度和勇气，这个很重要。通过观察这个细节，就可以了解这个人的为人和性格。过去有学者将"观过"的"过"理解为"过错"，认为通过观察一个人的过错，便知道这个人的个性特征。这可能不是孔子的原意。孔子一直强调，犯过错是难免的，重要的是勇于承认、改正过错。

4.8　子曰："朝闻道，夕死可矣。①"

注释

① 朝夕：在此有狭义和广义的解释。狭义即朝指早晨，夕指晚上；广义即不拘泥于朝夕二字本义。"朝闻道，夕死可矣"，若从广义上理解，即假如我闻知了真理，哪怕不久就死去，也是可以的。这个"朝夕"，形容两个时间之间的间隔不长。

评析

孔子说："早晨得知真理，要我当晚死去，都可以。"这是孔子的名言之一，为人们所熟知。虽然对其中"道"具体指什么，众说纷纭，但并不影响我们对孔子"求道"之迫切、之赤忱的体悟。这个"道"，孔子穷其一生，都在孜孜不倦地追求着。其求道之心，令后世每每感动。

4.9　子曰："士志于道,而耻恶衣恶食者①,未足与议②也。"

注释

① 耻:意动用法,以……为耻。恶(è):粗劣、不好。
② 议:商议。

评析

　　孔子说:"读书人有志于真理,但又以自己吃粗粮穿破衣为耻辱,这种人不值得同他商议了。"孔子认为读书人应该有更高远的人生理想与目标,而不应该将宝贵的精力浪费在吃穿的斤斤计较上。读书人应该有崇高的责任感、使命感,而不应斤斤计较于自身的物质得失。《论语·卫灵公》:"子曰:'君子谋道不谋食……君子忧道不忧贫。'"后世陶渊明诗:"先师有遗训,忧道不忧贫。"都再次强调了这一点。当然,正如李泽厚先生所说,"在今日商业化狂潮中,能以使命感而坐冷板凳,不耻粗衣淡饭,亦难矣哉"。这确实也值得人们深思。

4.11　子曰:"君子怀德,小人怀土①;君子怀刑②,小人怀惠。"

注释

① 怀:关注、关心。土:田宅、乡土。
② 刑:刑罚、法度。

评析

　　孔子说:"君子关心仁德,小人关心田宅;君子关心刑罚,小人关心恩惠。"这里的君子、小人,并非以道德的高下来划分,而是表示身份地位、教育程度、目标理想等高下的不同。君子,这里大致指社会上层的政治或文化精英;小人,大致指社会底层普通民众。由于二者的身份不同,他们在社会生活中所关注的对象自然有所不同。上层政治或文化精英所操劳、忧心的往往是国家长远发展、社会长治久安,而普通百姓所关心的大多只是自己的田宅、日常生活。社会身份、分工的不同,产生了这些不同。所以,孔子要求"士"(读书人),应该不同于普通百姓。他曾经批评说:"士而怀居,不足以为士矣。"(14.2)作为"士"(读书人),要有崇高的目标和理想。后世读书人"身无半文,心忧天下","居庙堂之高则忧其民,处江湖之远则忧其君",即受此影响。

4.12 子曰:"放①于利而行,多怨。"

【注释】

① 放(fǎng):依据。

【评析】

孔子说:"只依据利益来行事,会招致很多的怨恨。"《论语·子罕》提到,孔子很少谈论"利",此处大体揭示了孔子不愿多谈"利"的根本原因。一切以利益为中心,利益至上,唯利是图,是造成家庭伦理悲剧、社会风气恶化的内在根源。当然,我们也不是完全不讲利益,所谓"君子爱财,取之有道",对于那些正当合理的利益要求,我们还是积极维护的,只是反对利益中心主义,为了利益不择手段,昧了良心。

4.13 子曰:"能以礼让①为国乎? 何有②? 不能以礼让为国,如礼何③?"

注释

① 礼：礼制、礼仪。让：谦让。礼让，后来成为一个固定词语。

② 何有："何难之有"的省略语，即有什么困难呢？

③ 如礼何：要礼干什么？

评析

孔子说："如果能够用礼让来治理国家，这有什么困难呢？如果不能用礼让来治理国家，又要礼制干什么呢？"在这里，孔子非常强调"礼让"的重要性，"让"字很关键，孔子认为这是"礼"的核心、"礼"的灵魂。《左传》也多次提及这一点。《左传》襄公十三年："让，礼之主也。"《左传》昭公二年："忠信，礼之器也；卑让，礼之宗也。"《左传》昭公十年："让，德之主也。"因此，若"礼"失去了"让"，也就是失去了"礼"的实际意义。杨伯峻先生说："依孔子的意见，国家的礼仪必有其'以礼让为国'的本质，它是内容和形式的统一体。如果舍弃它的内容，徒拘守那些仪节上的形式，孔子说，是没有什么作用的。"讲究礼让，是中国优秀传统美德。孔融让梨，成为后世佳话。所有这些，都源于孔子这里的教诲。

4.14　子曰："不患无位，患所以立①。不患莫己知②，求为可知也③。"

注释

① 立：通"位"，职位、地位。所以立：指能够胜任职位（地位）的本领。

② 莫：没有谁。己知："知己"的倒装。指了解自己。

③ 求：追求、谋求。知：使动用法，使……知。

评析

孔子说:"不担心没有职位,要担心能否胜任职位工作;不担心没有人知道自己,只要肯努力,别人就会知道的。"孔子一直非常重视加强自我道德修养,自我能力提升,不断完善自我。提升自我,远比外部条件更为重要。倘若自我能力不强,有时外部条件即使再好,也未必有益于发展自己。

4.15　子曰:"参乎! 吾道一以贯①之。"曾子曰:"唯②。"

子出,门人问曰:"何谓也?"曾子曰:"夫子之道,忠恕而已矣。"

注释

① 贯:贯串、贯通。

② 唯(wěi):是的。表示应答。

评析

孔子说:"参呀! 我的学说贯串着一个基本观念。"曾子说:"是。"孔子走出去以后,其他学生便问曾子:"这是什么意思?"曾子说:"老师的学说,只是忠和恕罢了。"这是曾参对孔子学说的总结。从这个意义上看,"忠""恕"是孔子"仁"的学说的具体表现。关于"恕",孔子自己下了定义:"己所不欲,勿施于人。"孔子多次谈及"忠",如《论语·学而》《论语·子罕》《论语·颜渊》中均强调"主忠信",《论语·子路》强调"与人忠",《论语·颜渊》强调"行之以忠",等等。杨伯峻先生认为,"吾道"就是孔子自己的整个思想体系,而贯串这个思想体系的,必然是它的核心。分别讲是"忠恕",概括讲是"仁"。这个说法是很有道理的。

4.16　子曰："君子喻①于义,小人喻于利。"

注释

① 喻:知晓、开导。

评析

　　孔子说:"君子懂得的是义,小人懂得的是利。"这里的君子、小人,历来理解有所分歧。不过,结合 4.11"子曰:'君子怀德,小人怀土;君子怀刑,小人怀惠。'"来看,此处的君子、小人,也并非以道德的高下来划分,而是表示身份地位、教育程度、目标理想等的不同。因此,在这里,君子大致指社会上层的政治或文化精英,小人大致指社会底层普通民众。由于他们所受文化教育程度的不同,所以他们的理解与接受能力也有所不同,故孔子分别以"义""利"来代表,认为对此宜分别采用不同的教育、教导方式。这与孔子一贯主张的分层教育思想一致。如《论语·雍也》:"子曰:'中人以上,可以语上也;中人以下,不可以语上也。'"《论语·卫灵公》:"子曰:'可与言而不与之言,失人;不可与言而与之言,失言。知者不失人,亦不失言。'"要根据不同人群、不同个体的理解能力、知识背景等,采用不同的劝喻方式,因人而异,而非千篇一律,僵化教条。注重个体或群体的差异性,因材施教,这是孔子教育理念的重要内容。

4.17　子曰："见贤思齐焉①,见不贤而内自省也。"

注释

① 贤:指有德行或有才能的人。这里是指有德行的人。齐:一样、相同。

评析

孔子说："看见有德行的人，便应该想向他看齐；看见德行不好的人，便应该自己反省，有没有同他类似的毛病。"这是孔子教诲"三省吾身"的具体实践，进德修业，不断完善自我。孔子说："三人行，必有我师焉。"孔子非常善于学习，向各式各样的人学习，此处的"见不贤而内自省也"，也是学习内容之一。能做到如此善学、好学，方是追求进步、完善自我的重要阶梯。

4.18　子曰："事父母几①谏，见志不从，又敬不违②，劳而不怨③。"

注释

① 几(jī)：轻微、婉转。

② 违：忤逆、触犯。

③ 劳：忧伤、忧愁。

评析

孔子说："侍奉父母，如果他们有不对的地方，得婉转地加以劝止，如果他们不愿意听从，仍然恭敬地不要忤逆他们，虽然不免忧愁，但不怨恨。"这是孔子教诲子女如何劝谏父母。如何处理其中关系，确实有些棘手。但孔子强调即使父母有不对的地方，也要注意方式、方法，把握分寸。一方面要坚持劝谏，另一方面不能伤及情面，影响彼此感情。"天下无不是的父母。"父母即使有错，但毕竟他们是我们的父母，要宽仁、宽恕地看待他们的过错，更不要因此有怨恨、嗔怒之心。

4.19　子曰："父母在，不远游，游必有方。"

孔子说:"父母在世,不出远门,如果要出远门,必须有一定的方向。"这里孔子强调为人子女不能让父母过多地担忧我们,能够体恤父母对我们的关爱。"儿行千里母担忧。"普天之下,父母对儿女的情感都是相通的。李泽厚先生说,今日有人以为此语不再适用,有人以为仍然适用:因为有飞机、汽车这样的快速交通工具,虽远(地理位置)而不远(往返时间缩短了)。而李泽厚先生认为:其实,重要的是,孔子讲仁、讲孝都非常之实际、具体。例如这里的重点,不在不要远游,而在于不使父母过分思念(飞高走远难以见面)和过分忧虑(无方向地到处游荡,使父母不放心)。这样具体地培育儿女对父母的爱心,即孝,即仁,它是人性情感的具体培育,不是什么"处世格言"。它是情感的具体塑造而非抽象的理论概念,重要的仍是作为人子的这种情感态度。李泽厚先生由此还呼吁:中国年轻人能继续保存这种传统美德吗?

4.20　子曰:"三年无改于父之道,可谓孝矣。"

一般认为本篇与《论语·学而》(1.11)重出。《论语·学而》(1.11):"子曰:'父在,观其志;父没,观其行;三年无改于父之道,可谓孝矣。'"比此处完整。这种重出,可能是由于孔子在不同场合,分别表述了这两则内容,由不同的弟子分别记录了下来。这种重出,反映出孔子讲授时的有意重复,可以看出孔子对本篇的重视。

4.21　子曰:"父母之年,不可不知①也。一则以喜,一则以惧。"

注释

① 知：记忆、记住。

评析

孔子说："父母的年龄不能不时时记在心里：一方面是欢喜，另一方面是忧惧。"这一描述，非常生动形象地揭示了孝子的矛盾心理。对于父母年龄，既喜悦又担忧。喜的是，父母虽然年寿在增长但还健在；忧的是，父母伴随年寿增加而逐渐衰老、接近死亡，陪伴父母的日子所剩不多了。"子欲养而亲不待"，是子女最大的痛苦。趁着父母还健在，好好尽孝吧。

4.22 子曰："古者言之不出，耻躬之不逮也①。"

注释

① 耻：意动用法，以为可耻。躬：自身、自己。逮（dài）：及、赶上。

评析

孔子说："古时候言语不轻易出口，就是害怕自己的行动赶不上。"孔子感慨古时候言行一致，应该是针对春秋末世私德败坏、言行不一的社会风气而感发的。"言必行，行必果。"君子一诺千金，讲究诚信。所以孔子在不少场合强调诚信的重要性，与此处感发是相一致的。

4.23 子曰："以约①失之者鲜矣。"

注释

① 约：约束、节制。一说生活俭约或穷困。

评析

孔子说:"因约束自己而犯过失,这是少有的。"孔子通过这番话,意在阐明加强自律、自我约束的重要性。不少过失,大多与人们过度放纵自己有关。不以规矩,不成方圆。适度地约束自己,合理的自律,都是成就自我、成就人生的重要途径。反之,则学习、事业不成,甚或身败名裂,牵累家人。不可不慎。

4.24　子曰:"君子欲讷①于言而敏于行。"

注释

① 讷(nè):说话迟钝、口齿笨拙。这里一般指说话谨慎。

评析

孔子说:"君子言语要谨慎,做事要勤劳敏捷。"孔子这番话,与《论语·学而》"敏于事而慎于言",意思一样。孔子讨厌花言巧语,重视木讷实干,行动大于言语。李泽厚先生说,《论语》全书贯串着的正是行为优于语言的观点。这样才表里如一、言行一致而塑造出健康的人性。这便是儒学基本精神。

4.25　子曰:"德不孤,必有邻①。"

注释

① 邻:亲近的人。引申为伙伴、同伴。

评析

孔子说:"有德行的人不会孤单,一定会有志同道合的人来和他做伙伴。"

物以类聚,人以群分。近朱者赤,近墨者黑。一位有德行的人,必然引领着时尚,移风易俗,感染和影响着周边的人。孔子说:"同声相应,同气相求。"所以,不仅有德行的人如此,那些有智慧的人、勇敢的人,也同样如此。仁德者、智慧者、勇敢者,也都不会孤单。

4.26　子游曰:"事君数①,斯②辱矣;朋友数,斯疏矣。"

注释

① 数(shuò):屡次。根据上下文意思,一般译为"烦琐"。一说"数"指性子急,似不契合原意。
② 斯:代词,这、这样。

评析

　　子游说:"侍奉君主过于烦琐,便会招致侮辱;劝导朋友过于烦琐,便会反被疏远。"子游这番话,似受孔子影响,或源自孔子。《论语·颜渊》记载:"子贡问友。子曰:'忠告而善道之,不可则止,毋自辱焉。'"孔子对子贡的一番话,与此处表达的是同一个意思。即君臣之间、朋友之间,应保留一定的距离。即使向对方建议或劝谏时,也应该把握好分寸,给对方留出一定的空间。李泽厚先生说:"可见,据原典儒学,君臣有相近于朋友一伦的地方,即应有某种独立性。即使臣下对君上的善意忠告,也只能适可而止,不可勉强。这与后世所谓'忠臣不惮辱'、以死相谏等行为、观念颇不相同。"这是很有见地的。由此可见,在劝谏君王方面,先秦儒学"毋自辱"的观念,与后世儒学"以死相谏"的行为,有着很大的不同。

公冶长篇第五

5.1 子谓公冶长①，"可妻②也。虽在缧绁③之中，非其罪也"。以其子④妻之。

注释

① 公冶长：名苌，字子长（一说字子芝），孔子学生，齐国（一说鲁国）人。

② 妻（qì）：动词，嫁给。

③ 缧绁（léi xiè）：捆绑罪人的绳索，这里引申为监狱。

④ 子：儿女。此处指的是女儿。

评析

孔子说公冶长，"可以把女儿嫁给他。他虽然曾被关在监狱之中，但不是他的罪过"。便把自己的女儿嫁给他。孔子对公冶长的评价，体现了他发展的、辩证的眼光。既不斤斤计较于一时一地的荣辱得失，也不刻板、教条。这样的胸襟和眼光，即使今天的人，也不容易做到。

5.2 子谓南容①，"邦有道，不废；邦无道，免于刑戮"。以其兄之子②妻之。

注释

① 南容：即南宫适（kuò），字子容，孔子学生，鲁国人。

② 兄之子：孔子同父异母的兄长叫孟皮。杨伯峻先生推测说，这时孟皮可能已死，所以孔子替他女儿主婚。

评析

孔子说南容，"国家政治清明，他不会被废弃；国家政治黑暗，他也不致遭受刑罚"。于是把自己的侄女嫁给他。孔子多次称赞南容的美德，无论国家局势如何变化，他都能保护好自己及家人，这在春秋末世而言，是难能可贵的了。康有为说："公冶长以才高好奇取祸，南宫以言行修谨保家，二子性行不同，孔子皆取之。"这体现了孔子宽广仁爱的胸襟。孔子将自己的女儿、侄女，分别嫁给了他喜爱的两个学生。后世儒生以能娶到老师的女儿或侄女为荣耀，其文化传统即渊源于此。

5.3　子谓子贱①，"君子哉若②人！鲁无君子者，斯焉取斯③？"

注释

① 子贱：姓宓，名不齐，字子贱，孔子学生，小孔子四十九岁，鲁国人。
② 若：这个、这。
③ 第一个"斯"：代词，这个人。指子贱。取：得到。第二个"斯"：代词，这种。

评析

孔子评论宓子贱，说："君子呀，这个人！如果说鲁国没有君子，那么他这个人从哪里得到这种好品德呢？"李泽厚先生说："美好品德的取得来自环境、教育。一部《论语》，整个儒学，其核心均在重教育，树人性。正因为'重教育，树人性'，也才有文化心理结构的问题。"孔子在这里强调一个人美好品德的养成，与他成长的家庭环境、社会环境密不可分。"孟母三迁"的故事家喻户晓，传诵至今，其意义即在于此。

5.4　子贡问曰:"赐也何如?"子曰:"女,器也。"曰:"何器也?"曰:"瑚琏①也。"

> **注释**

① 瑚琏(hú liǎn):即簠簋(fǔ guǐ),古代祭祀时盛粮食的器皿。方形的叫簠,
圆形的叫簋,是相当尊贵的。

> **评析**

　　子贡问道:"我是一个怎样的人?"孔子说:"你好比一个器皿。"子贡问:
"什么器皿?"孔子说:"宗庙里盛黍稷的瑚琏。"这段话在理解上向来颇有争
议。前面《论语·为政》中,孔子说:"君子不器。"这里却把子贡比拟为"器",
看似非常矛盾。有人认为这是孔子对子贡不满,因为子贡的商人身份。其实
这也不符合事实。李泽厚先生则认为:"这既是贬,又是褒,又是开玩笑。贬
者,才能发展尚不够全面也;褒者,才能之高雅贵厚也,均以玩笑言语出之。"
其中是否有"贬",恐也未尽孔子原意。朱熹注:"器者,有用之成材。夏曰瑚,
商曰琏,周曰簠簋,皆宗庙盛黍稷之器而饰以玉,器之贵重而华美者也。"并未
谈及褒贬,他所揭示的瑚琏贵重而华美的身份,正契合子贡。此或正是孔子
的原意。

5.5　或曰:"雍也仁而不佞。①"子曰:"焉用佞? 御人以口给②,屡憎
于人。不知其仁③,焉用佞?"

> **注释**

① 雍:姓冉,名雍,字仲弓,孔子学生。佞(nìng):能言善说,有口才。
② 御:对付、驾驭。口给(jǐ):口才敏捷。给:敏捷。

③ 不知其仁：杨伯峻先生解释说，孔子说不知，不是真的不知，只是否定的另
一方式，实际上是说冉雍还不能达到"仁"的水平。下文 5.8"孟武伯问子
路仁乎？子曰：'不知也。'"，这"不知"也是如此。但针对杨先生的看法，
也有学者提出疑义。

评析

有人说："冉雍这个人有仁德，却没有口才。"孔子道："何必要口才呢？强
嘴利舌，与别人辩驳，常常被人讨厌。我虽然不知道冉雍是否真有仁德，但为
什么要有口才呢？"在这里，孔子再次表达了对说大话、佞言的憎恶，在情感上
反感那些伶牙俐齿、强辩滔滔的人。

5.6　子使漆雕开①仕。对曰："吾斯之未能信。②"子说。

注释

① 漆雕开：姓漆雕，名开，字子开（一说字子若），孔子学生，鲁国人（一说蔡
国人）。
② 信：信心、把握。吾斯之未能信：是"吾未能信斯"的倒装形式，"之"是用
来倒装的词。

评析

孔子要漆雕开去做官。他答道："我对这个还没有信心。"孔子听了很高
兴。儒家讲究"学而优则仕"，孔子对漆雕开的为人、学业都比较满意，便主动
提出要他去做官，但漆雕开无心于此，表示要继续追随孔子，静心学习，所以
孔子感到很高兴。为学、为政、为人，都是孔子教育教学过程中经常强调的，
但相较而言，为人、为学，更为孔子所重视。个人道德修养、学业能力的不断

提升,是我们进步的阶梯。

5.7 子曰:"道不行,乘桴①浮于海。从②我者,其③由与?"子路闻之喜。子曰:"由也好勇过我,无所取材④。"

注释

① 桴(fú):小的竹、木筏子。

② 从:跟从、跟随。

③ 其:表推测、估计。大概、或许。

④ 无所取材:历来有不同的解释。杨伯峻先生认为,"材"同"哉",古字有时通用。有人解作木材,说是孔子以为子路真要到海外去,便说,"没地方去取得木材"。这种解释一定不符合孔子原意。也有人把"材"看作"剪裁"的"裁",说是"子路太好勇了,不知道节制、检点",这种解释不知把"取"字置于何地,因之也不采用。相较之下,杨先生的说法似更契合孔子原意。

评析

孔子道:"大道行不通了,我想乘坐小筏到海外去,跟随我的大概只有仲由吧!"子路听到这话,高兴得很。孔子说:"仲由这个人比我还勇敢,好勇逞强的精神大大超过了我,这就没有什么可取的呀!"子路是孔子很钟爱的学生,子路对孔子也非常敬重。据《史记·仲尼弟子列传》记载,孔子曾经感慨:自从我有了仲由后,恶意的言语就再没听到了。从这一点上看,子路可以说是孔子的"护法"。子路性格直率鲁莽,为人粗糙,甚至口不择言,所以孔子赞扬他的同时,又不免批评他。而在这种批评中,又满载着对子路的回护与慈爱。这样深厚的师生情感是不易见到的。

孔子说:"道不行,乘桴浮于海。"这是既愤激又无奈的话。如同李白所说："人生在世不称意，明朝散发弄扁舟。"但这些，都不妨看作他们偶尔不开心时的牢骚语，算不得真。因为他们对待生活与理想，终其一生，始终饱含着激情，即使人生不如意，也并不会真的退隐。但他们所憧憬的退隐之境，却有如他们人生的别致小调，成为美学的永恒，影响深远。李泽厚先生说："这是孔子和儒学的道家（退隐）面。至苏东坡还有'小舟从此逝，江海寄余生'的著名词句。不过海上难居，多半退隐于山野、水边。后世诗文山水画中的渔樵与半角草堂中的儒生（读书人）常相映成趣。他们与大自然（山水）似乎就代表着、象征着永恒。它们就是中国人的本体符号。"所以，孔子说："道不行，乘桴浮于海。"浪漫里透着心酸，心酸中饱含着士人的矜持。

　　5.8　孟武伯问子路仁乎？子曰："不知也。"又问。子曰："由也，千乘之国，可使治其赋①也，不知其仁也。"

　　"求也何如？"子曰："求也，千室之邑②，百乘之家③，可使为之宰④也，不知其仁也。"

　　"赤也何如？"子曰："赤也，束带立于朝，可使与宾客⑤言也，不知其仁也。"

> **注释**

① 赋：徭役、兵役。这里也包括军政工作。

② 邑：古代无祖先宗庙的都城。后泛指村落、城镇。

③ 家：古代卿大夫或贵族的采地食邑。古代的卿大夫贵族由国家封赐一定的土地，由他自主派人治理，收取当地租税，这地方便叫采地或者采邑。此处"家"便是指这种采邑。

④ 宰：指古代城邑的长官或卿大夫贵族家的总管。此处相对上文"千室之邑，百乘之家"而言。

⑤ 宾客：指他国派来的外交使者。

评析

　　孟武伯向孔子询问子路是否仁。孔子说："不知道。"他又问。孔子说："仲由这个人，千辆兵车的国家，可以让他负责兵役和军政的工作。至于他是否仁，我不知道。'孟武伯又问："冉求怎么样呢？"孔子说："冉求这个人，千户人口的私邑，可以叫他当县长；百辆兵车的大夫封地，可以叫他当总管。至于他是否仁，我不知道。"孟武伯又问："公西赤怎么样呢？"孔子说："公西赤这个人，穿着大礼服，立于朝廷之中，可以叫他接待外宾，办理交涉。至于他是否仁，我不知道。"从孔子对孟武伯的回答中，可以看出：孔子将"仁"与才干本领相区分，二者并非一体，"仁"是做人标准，有着更高的要求，属于道德修养范畴，才干本领是做事能力，属于事功范畴。一般认为，孟武伯询问孔门弟子的能力，是想挑选他们去做官，所以孔子对于他们是否"仁"，避而不答，却评论他们的才干本领。子路、冉求、公西赤，都是孔门政事的杰出者，所以分别赞誉他们在军事、政事、外交等方面的突出能力。

　　5.9　子谓子贡曰："女与回也孰愈①？"对曰："赐也何敢望回？回也闻一以知十，赐也闻一以知二。"子曰："弗如也；吾与②女弗如也。"

注释

① 愈：贤、胜过。
② 与：连词，与、和。一说是动词，表示同意、赞同。

评析

　　孔子问子贡："你和颜回，哪个强些？"子贡说："我哪敢和颜回相比？颜回听到一件事,可以推知十件事;我听到一件事,只能推知两件事。"孔子说:"是不如他;我和你都不如他。"这是孔子对颜回的极高赞誉,同时也有自谦之意。朱熹说:"夫子以其自知之明,而又不难于自屈,故既然之,又重许之。"当孔子听完子贡一番话,表示自己与子贡都不如颜回,我们可以想象其神情,体察其情趣,饶有生活气息,拉近了与学生的距离,并非一副师道尊严的严肃面孔。

5.10 宰予昼寝。子曰:"朽木不可雕也,粪土之墙不可杇①也;于予与何诛②?"子曰③:"始吾于人也,听其言而信其行;今吾于人也,听其言而观其行。于予与改是。"

注释

① 杇(wū):抹墙的工具。引申为粉刷、涂抹。

② 诛:责备、指责。

③ 子曰:杨伯峻先生解释说,以下的话虽然也是针对"宰予昼寝"而发出的,却是孔子另一个时候的言语,所以又加"子曰"两字以示区别,古人有这种修辞条例。

评析

孔子的学生宰予在白天睡觉。孔子说:"腐烂的木头没法雕刻,粪土的墙壁没法粉刷。对于宰予,不值得责备呀。"又说:"最初,我对于他人,听到他的话,便相信他的行为;现在,我对于他人,听到他的话,却要考察他的行为。正是宰予让我改变了这些。"在《论语·先进》中,列有孔门四科的优秀代表,宰予位列"言语"科榜首,排在子贡之前。换言之,宰予的言语表达能力居于孔门弟子之首,但却是行动的矮子,因此让孔子特别伤心失望。从宰予开始,孔子改变了他过去的做法,从"听其言而信其行",到"听其言而观其行",不再一味地轻信言语,而重在言行的综合考察。古代夜晚的照明条件有限,所以非常珍惜白天的光阴,而宰予大白天睡觉,故遭到孔子的斥责。现代年轻人,往往喜欢熬夜,白天补觉,也是不可取的。

5.11 子曰:"吾未见刚者。"或对曰:"申枨①。"子曰:"枨也欲,焉得刚?"

⟨ 注释 ⟩

① 申枨(chéng):杨伯峻先生认为,《史记·仲尼弟子列传》有申党,古音"党"和"枨"相近,那么"申枨"就是"申党"。

⟨ 评析 ⟩

孔子说:"我没见过刚毅不屈的人。"有人说:"申枨是这样的人。"孔子说:"申枨这个人欲望太多,哪里能够刚毅不屈呢?"成语典故"无欲则刚",即由此而来。李泽厚先生说:"此'刚'非血气之勇,乃内心力量而与道德意志攸关。""这里讲的是道德意志的构建。"孟子所说:"贫贱不能移,富贵不能淫,威武不能屈。"即对此的深层阐释。道德意志坚定,不为欲望所引诱。

5.12 子贡曰:"我不欲人之加①诸我也,吾亦欲无加诸人。"子曰:"赐也,非尔所及也。"

⟨ 注释 ⟩

① 加:欺辱、强加。

⟨ 评析 ⟩

子贡说:"我不想别人强加什么东西给我,我也不想强加给别人。"孔子说："子贡啊,这不是你所能办到的。"这段内容,历来有不同的解说。朱熹认为："此仁者之事,不待勉强,故夫子以为非子贡所及。"即孔子说子贡不能做到,言外之意是他还没有达到仁者的境界。孔子强调："己所不欲,勿施于人。"积极倡导社会性公德,但这并不是每个人都能做到、做好的。子贡所称"我不欲人之加诸我也",不希望别人强加于己,这在现实生活中,往往也是很难避免的。不过,倘若每个人确实都能践行"己所不欲,勿施于人",提升个人品德修养,子贡所说的理想状态则不难达到。

5.13 子贡曰："夫子之文章①,可得而闻也;夫子之言性与天道②,不可得而闻也。"

注释

① 文章:歧解较多,或认为指有关古代文献的学问,或认为指《诗》《书》《礼》《乐》,或认为此二者兼而有之。
② 性:人性。天道:指自然和人类社会吉凶祸福的关系。

评析

子贡说："老师讲《诗》《书》、古代文献,我们是可以听到的;老师讲人性和天道,却是听不到的呀!"《论语》中的孔子形象很平实,接地气,没有神秘光环。他与弟子交谈,也多是日常生活、文化知识,不涉神秘。故李泽厚先生说："孔子慎言大题目,少用大字眼(big words)……孔子强调从近处、从实际、从具体言行入手,因之学生发此赞叹。"李泽厚先生认为,孔子很少讲这些大题目,宁肯多讲各种具体的"仁""礼","道在伦常日用之中",这才是真正的"性与天命"。

对于本章含义,也有学者认为,这是孔子分层教学的一种体现。刘宝楠

《论语正义》认为，"性与天道"是指《周易》，而孔子到晚年才学《周易》，所以一般的学生没有机会听到他的见解。孔子的分层教育理念是指，教学有不同的等级，根据学生理解与接受能力的不同，讲授不同的知识。性与天道，是高深的学问，故子贡没有机会听到。

5.14 子路有闻，未之能行，唯恐有闻。

评析

子路有所闻，还没有能够去做，便担心又有所闻。这一心理刻画，生动展现了子路急切冒进、行胜于言的性格。朱熹《论语集注》引范氏语："子路闻善，勇于必行。"《论语》善于塑造人物形象，三言两语，便如颊上三毫，栩栩如生。故李泽厚先生说："《论语》的形象性超过了其他许多著名典籍。"他举例说，《论语》中子路的急率勇敢，子贡的聪明灵活，曾参的谨慎迟缓，宰我的尖锐古怪，等等，似相当鲜明。

5.15 子贡问曰："孔文子①何以谓之'文'也？"子曰："敏②而好学，不耻下问③，是以谓之'文'也。"

注释

① 孔文子：卫国的大夫孔圉（yǔ），又名仲叔圉，"文"是他的谥号。

② 敏：聪敏、聪慧。一说勤勉。

③ 下问：指向地位、身份、知识不如自己的人请教。

评析

子贡问："孔文子凭什么封号叫'文'呢？"孔子说："他聪明好学，又谦虚下问,不以为耻,所以用'文'字做他的谥号。"成语"敏而好学""不耻下问",由此而来。这不仅是对孔文子的高度评价,也是孔子自己学习精神的夫子自道。朱熹说:"凡人性敏者多不好学,位高者多耻下问。"凡聪敏的人大多不好学,地位、身份、知识高的人不愿意向不如自己的人请教。所以,孔文子能够做到这些,是非常难得的。敏而好学、不耻下问,至今仍然值得我们反思和借鉴。

5.16　子谓子产①,"有君子之道四焉:其行己也恭,其事上也敬,其养民也惠,其使民也义。"

注释

① 子产:公孙侨,字子产,郑穆公之孙,为春秋时郑国的贤相,在郑简公、郑定公时期执政二十多年。当时晋、楚两国争胜,战乱频频,郑国地位冲要,周旋于这两大强国之间,子产展现出杰出的外交智慧和高超的政治水平。

评析

孔子评论子产,"有四种君子德行:他的行为态度谦逊、庄重,他侍奉君长严肃、尊敬,他教养老百姓有恩惠,他役使百姓合理而适当"。子产依靠这四种优秀品质,成为当时杰出的政治家和外交家,彪炳史册。子产居相位二十多年,施仁政,忠于职守,爱民惠民,成为后世政治家的楷模。

5.17　子曰:"晏平仲①善与人交,久而敬之②。"

注释

① 晏平仲:齐国的贤大夫,字平仲,名婴。他与孔子差不多是同时代人。《晏子春秋》虽为托名之作,但对晏子言行多有记载,一般认为是西汉以前的

著作。

② 之：指晏平仲。一说指相交之人，即虽然交往很久，晏平仲仍能对其保持恭敬。

评析

孔子说："晏平仲很善于与人交朋友，相交越久，别人越发恭敬他。"《史记·孔子世家》记载，孔子曾追随鲁昭公流亡齐国，齐景公打算重用孔子，但因为晏婴等人的阻挠而打消了念头。孔子却不计前嫌，在这里赞扬晏婴善于与人交往的优秀品德。由此可见孔子的胸襟及其对晏婴的尊重。正如李泽厚先生说："交朋友而能长久保持友谊，并非易事。常见的是：因太亲近反而刹那间反目成仇，太疏远又逐渐关系全失。古话说'君子之交淡如水'。虽淡如水，却品之有味，也大概只有靠虽极友好，却长期相互尊重和恭敬才能做到。"所以要做到像晏婴这样，是很不容易的，因此赢得了孔子的礼赞。

5.18 子曰："臧文仲居蔡①，山节藻棁②，何如其知③也？"

注释

① 臧文仲：鲁国的大夫臧孙辰，字仲，"文"是他的谥号。居：使动用法，使之居住。蔡：古人把大乌龟叫作"蔡"。《淮南子·说山训》记载，大蔡盛产神龟，因名其龟为大蔡。古人迷信，用龟卜卦，认为龟越大越灵。所以臧文仲将这种大龟视为珍宝，让它住在非常讲究的地方。

② 山节藻棁（zhuō）：指屋上装饰着山形的斗拱、绘有藻草的短柱。节：柱上斗拱。棁：梁上短柱。

③ 知：同"智"。

评析

孔子说:"臧文仲养着一只大神龟,用祖庙的装饰来供奉它,这怎么能叫聪明呢?"孔子批评臧文仲的不智之举:如此迷信、不守礼仪。臧文仲在当时号称智者,而孔子批评他够不上智者的称号,由此看出孔子对僭越礼仪的痛恨,以及对神龟卜卦的否定。这与他"不语怪力乱神",倡导"爱人""知人"的人文主义思想,前后一贯。

5.19　子张问曰:"令尹子文三仕为令尹①,无喜色;三已②之,无愠色。旧令尹之政,必以告新令尹。何如?"子曰:"忠矣。"曰:"仁矣乎?"曰:"未知③;——焉得仁?"

"崔子弑齐君④,陈文子⑤有马十乘,弃而违之。至于他邦,则曰:'犹吾大夫崔子也。'违之。之一邦,则又曰:'犹吾大夫崔子也。'违之。何如?"子曰:"清矣。"曰:"仁矣乎?"曰:"未知;——焉得仁?"

注释

① 令尹:楚国的宰相叫作令尹。子文:即鬬穀於菟(Dòu Gòuwūtú)。楚国贵族鬬伯比的私生子,相传他出生后遭到遗弃,被老虎哺乳长大,楚人称老虎为於菟,故名。子文在二三十年间多次被罢相,又多次被重新起用。三:不一定是实数,可能只是表示次数之多。

② 已:罢免。

③ 未知:杨伯峻先生认为,此处"未知"和上文 5.5"不知其仁"、5.8"不知也"的"不知"相同,不是真的"不知",只是否定的另一方式,孔子停了一下,又说"焉得仁",因此用破折号表示。

④ 崔子:齐国的大夫崔杼,他谋害了齐庄公。齐君:齐庄公,姜姓,名光。

弑：古代在下的人杀掉在上的人叫作弑，多指臣子杀死君主，子女杀死父母。"崔子弑齐君"，事见《左传》襄公二十五年。

⑤ 陈文子：齐国的大夫，名须无，"文"是他的谥号。

评析

子张问："楚国的令尹子文多次做令尹的官，没有喜悦的容颜；多次被罢免，没有怨恨的容颜。每次交接，一定把自己的一切政令全部告诉接位的人。这个人怎么样？"孔子说："可算尽忠于国家了。"子张问："算不算仁呢？"孔子说："不晓得。——这怎么能算是仁呢？"子张又问："崔杼杀掉齐庄公，陈文子是有十辆马车的人物，抛弃了它们而离开了齐国，到了另一个国家，说道：'这里的执政者同我们的崔杼差不多。'又离开。又到了一国，又说道：'这里的执政者同我们的崔杼差不多。'于是又离开。这个人怎么样？"孔子说："清白得很。"子张道："算不算仁呢？"孔子道："不晓得。——这怎么能算是仁呢？"在孔子的学说中，仁的标准很高，即使像令尹子文、陈文子这样的贤者，孔子也不认为达到了仁者的境界。故李泽厚先生解释说："这仍然是强调'仁'是内在情感本体，并非外在的某种行为、品德所能等同或替代。"

5.20 季文子三思而后行。①子闻之，曰："再②，斯可矣。"

注释

① 季文子：鲁国的大夫季孙行父，历仕鲁国文公、宣公、成公、襄公诸代。据杨伯峻先生考证，孔子生于襄公二十二年，文子死在襄公五年，孔子说这话的时候，文子死了很久了。三：不一定是实数，可能只是表示次数之多。

② 再：两次。此处承上文省去了动词"思"字。唐《石经》作"再思"，"思"字不省。

　　季文子每件事考虑多次才行动。孔子听到了,说:"想两次也就可以了。"成语"三思而行"由此而来。一般而言,凡事三思,总是利多弊少。但为什么孔子却不同意季文子这样做呢?古人解释说:"(季)文子生平盖祸福利害之计太明,故其美恶两不相掩,皆三思之病也。其思之至三者,特以世故太深,过为谨慎。"由此可见,孔子这是知人论事,凡事三思而行,也是因人而异的。孔子可能觉得季文子行事太过于慎重或不免怯懦,导致抱憾甚多。有时候,过多的考虑容易对利害估量太细,反而产生偏差,错失良机。正如李泽厚先生评析说:"多谋尚需善断,当断不断,反受其乱。"所以,三思、再思,宜根据个体差异而合理安排。历史上著名的"房谋杜断",开创了"开元盛世"。

　　5.22　子在陈①,曰:"归与!归与!吾党之小子狂简,斐然成章,不知所以裁之②。"

① 陈:国名。西周初年为舜的后裔分封的诸侯国,辖有今河南东部和安徽的一部分,都于宛丘(今河南淮阳)。春秋末为楚所灭。
② 不知所以裁之:《史记·孔子世家》作"吾不知所以裁之",有主语"吾"。裁:剪裁。引申为教导、指导。

　　孔子在陈国,说:"回去吧!回去吧!我们那里的学生志向高大得很,文采又都斐然可观,我都不知道怎样去指导他们。"孔子在陈受困,甚至没有饭吃,于是发此感慨,说还不如回去,回去大有事可干,何必在此受罪?与此同时,鲁哀公三年,鲁国执政大臣季桓子去世,临终叮嘱其子季康子召请孔子回国。孔子当年不满季康子等荒怠政事而出走,季康子主政后,孔子从内心也希望季康子汲取父亲遗训,以此为开端,革新政治,采纳自己的学说主张。鲁哀公十一年,季康子终于在冉求等人的鼓动下,迎请孔子归国,至此孔子结束了十多年的漂泊,回到鲁国。"归与!归与",是孔子在外漂泊多年的心声;"吾党之小子狂简,斐然成章,不知所以裁之",是对鲁国弟子的高度评价,体现出为师的自豪。

5.24　子曰:"孰谓微生高①直?或乞醯②焉,乞诸其邻而与之。"

注释

① 微生高:鲁国人,名高。《庄子》《战国策》等记载有尾生高守信的故事。说尾生高和一名女子相约,在桥梁之下见面。到了约会时间,女子不来,他却老等,水涨了都不走,终被淹死。"微""尾"古音相近,字通,因此很多人认为微生高就是尾生高。

② 醯(xī):醋。

评析

孔子说:"谁说微生高这个人直爽?有人向他讨点醋,他不说自己没有,却向邻居讨来绐人。"此微生高形象,与因守信用被水淹死的尾生高形象,似大不相同。此微生高不直爽,甚至以作假的方式帮人,因而遭到孔子的批评。古人评析说:"醯非人必不可少之物,有则与之,无则辞之,沾沾作此态,平日之得直名者可知矣。"(《四书翼注论文》)在这样一件小事上都尚且如此作假,那么遇到大事情就更可想而知了。这告诫我们:应该实事求是,不要为了一时的面子、荣誉、成绩而作假。此虽小事,可以喻大。

5.25　子曰："巧言、令色、足恭①，左丘明②耻之，丘亦耻之。匿怨而友其人，左丘明耻之，丘亦耻之。"

注释

① 足恭：过度谦敬，以取媚于人。足：过分。

② 左丘明：鲁国太史。历来相传左丘明为《左传》的作者，与此处左丘明是否为同一人，学术界看法并未一致。

评析

孔子说："花言巧语，虚容假色，过分恭顺，这种态度，左丘明认为可耻，我也认为可耻。内心藏着怨恨，表面上却同他要好，这种行为，左丘明认为可耻，我也认为可耻。"这段话赞誉左丘明爱憎分明，真诚待人。孔子借助左丘明，引左丘明以自重，表达自己的爱憎情感，再次强调真诚待人，忠厚待友。

5.26　颜渊季路侍①。子曰："盍②各言尔志？"

子路曰："愿车马衣轻裘与朋友共敝之而无憾。③"

颜渊曰："愿无伐④善，无施⑤劳。"

子路曰："愿闻子之志。"

子曰："老者安之，朋友信之，少者怀之。⑥"

注释

① 侍：陪从、伺候上级或长辈。

② 盍(hé)：何不。

③ 愿车马衣轻裘与朋友共敝之而无憾：一般认为"轻"字是后人加上去的，有很多证据可以证明唐以前的本子并没有这一"轻"字。此处还有另一种句

读：愿车马、衣裘与朋友共，敝之而无憾。

④ 伐：夸耀。

⑤ 施：表白、张扬。

⑥ 老者安之，朋友信之，少者怀之：即老者安我，朋友信我，少者怀我。但也有不同的理解。例如朱熹《论语集注》："老者养之以安，朋友与之以信，少者怀之以恩。"

评析

　　颜回、子路在孔子身旁，孔子说："你们何不谈谈自己的志向？"子路说："我愿意把自己的车、马、高贵皮衣和朋友们一同享用，即使用坏了，也没有什么遗憾。"颜回说："我愿意不夸耀自己的长处，不表彰自己的功劳。"子路说："希望听到您的志向。"孔子说："我的志向是，让老年人安心于我，让朋友们信任于我，让年轻人怀念于我。"孔子与颜回、子路的感情很深，三人的志向，再次展现了他们各自的性情和不同的人生追求。子路重然诺、讲义气、慷慨悲歌，施惠于自己的朋友；颜回谦虚、谨慎，注重自我修养；孔子将恩义施惠于众生，怜恤、关怀众生。

　　5.27　子曰："已矣乎①，吾未见能见其过而内自讼者也。"

注释

① 已矣乎：表示感叹。意思是算了吧、罢了。

评析

　　孔子说："算了吧，我未曾看见过能够发现自己的过失而内心自责的人。"曾参说："吾日三省吾身。"大约是受孔子的教诲而提炼的。孔子在这里批评人们不注重内心的反省，不注重从过去的过失中吸取教训。时至今日，这仍然值得我们反思、自省。

5.28　子曰："十室之邑，必有忠信如丘者焉，不如丘之好学也。"

评析

孔子说："十户人家的小地方，一定也有像我这样忠厚诚信的人，但不如我这么喜欢学习罢了。"《论语》中有不少地方记载了孔子的自我评价，但很少像这里那么不谦虚。其实在这里，也不是孔子不谦虚，而是意在强调自己对好学的重视。学习可以改变命运。孔子终其一生，始终好学不倦，从一介凡夫，成长为一代圣贤，对后世影响深远。究其成功之源，正是他孜孜不倦地不断学习。

雍也篇第六

6.1　子曰："雍也可使南面。^①"

注释

① 雍：冉雍，字仲弓，鲁国人，孔子弟子。南面：古代以坐北朝南为尊位，故帝王诸侯见群臣，或上级见下属，都面向南而坐。因此"南面"被用来称呼君主或地方长官。

评析

　　孔子说："冉雍这个人，可以让他做一部门或一地方的长官。"孔子对学生的性格、能力非常熟悉，故能很好地因材施教。他称赞冉雍的才德，给予其极高的评价。冉雍、冉求、冉耕兄弟三人，同为孔子弟子，世称"一门三贤"，传为佳话。

6.3　哀公问："弟子孰为好学?"孔子对曰："有颜回者好学，不迁怒，不贰过。不幸短命^①死矣，今也则亡，未闻好学者也。"

注释

① 短命：寿命短促。颜回去世时，年仅三十一。一说四十一岁，则似不宜归为短命。

评析

　　鲁哀公问孔子："你的学生中，哪个好学?"孔子说："有个叫颜回的好学。

他不拿别人出气,也不再犯同样的过失。却不幸短命死了,现在没有了,没有听见好学的人了。"从孔子对颜回"好学"的评价中不难看出:"好学"是内在思想品德修养与外在行为习惯的完美统一,是内在美与外在美的完美统一。李泽厚先生认为,"好学"指的是实践行为和心理修养。他还强调说:"自己有过失,却归罪他人,大发脾气(迁怒),是至今常见的现象。"这值得我们反思、警惕。

6.4 子华使于齐①,冉子为其母请粟②。子曰:"与之釜③。"

请益。曰:"与之庾④。"

冉子与之粟五秉⑤。

子曰:"赤之适齐也,乘肥马⑥,衣⑦轻裘。吾闻之也:君子周⑧急不继富。"

注释

① 子华:姓公西,名赤,字子华,孔子学生,比孔子小四十二岁。使:出使。

② 冉子:冉有。粟:谷物名。北方通称"谷子"。

③ 釜(fǔ):古代容量单位。容当时的量器六斗四升,约合现在的容量一斗二升八合。

④ 庾(yǔ):古代容量单位。容当时的量器二斗四升,约合现在的容量四升八合。

⑤ 秉(bǐng):古代容量单位,十六斛。五秉,八十斛。古代一斛为十斗,八十斛合八百斗。据研究,周秦的八十斛合现在的一百六十斗。

⑥ 乘肥马:杨伯峻先生特别指出,不能解释为"骑肥马",因为孔子时穿着大袖子宽腰身的衣裳,是不便于骑马的。直到战国时的赵武灵王才改穿少数民族服装,学习少数民族骑着马射箭,以便于作战。

⑦ 衣(yì):动词,穿。

⑧ 周：周济、救济。

评析

　　公西华出使齐国，冉有替他母亲向孔子请求粟米。孔子说："给她六斗四升。"冉有请求加一点。孔子说："再给她二斗四升。"冉有却给了她八百斗。孔子说："公西华到齐国去，坐着肥马驾的车子，穿着又轻又暖的皮袍。我听说过：君子只是雪里送炭，不去锦上添花。"雪里送炭难，锦上添花易，孔子深得其理。公西华家境并不困难，并不需要孔子周济，接济其母亲渡过眼前的难关就好了。冉有并不明白其中的道理，却给了她八百斗。关于"釜""庾""秉"到底是多少，历来考证甚多，但并不重要，重要在于其容量的对比中，反衬出孔子与冉有的不同态度，以及周急不救富的人生至理。

　　6.5　原思为之宰①，与之粟九百②，辞。子曰："毋！以与尔邻里乡党③乎！"

注释

① 原思：字子思，名宪，孔子学生，鲁国人。之：代词，他的，指孔子。
② 九百：下无量词，不知是斛是斗，还是别的。这里只言其多。
③ 邻里乡党：都是古代地方单位的名称。按西周制度，五家为邻，五邻为里，五百家为党，一万二千五百家为乡。

评析

　　原思任孔子家的总管，孔子给他粟米九百，他不肯受。孔子说："别拒绝，多余的可以分给你的邻居和老乡嘛。"这段对话与上一章，相互映照，相映成趣，勾画出孔子与弟子的生动形象。上一章孔子强调少拿，这一章孔子鼓励多拿。一般认为,粟米九百,是原宪作为孔子管家的正当俸禄,但原宪大概家境不错,又是学生,所以推让,但孔子并不因此少给,而是按照俸禄标准,如数付给,并提醒他若有富余,可以分给邻里乡亲。不因贫富,而有分别。

6.6　子谓仲弓,曰:"犁牛之子骍且角^①,虽欲勿用^②,山川^③其舍诸?"

注释

① 犁牛:杂色牛、耕牛。古代用于祭祀的牲牛,要求毛色纯一,杂色牛只能用来耕田,故称。杨伯峻先生还进一步解释说,古人的名和字,意义一定互相照应。从孔子学生冉耕字伯牛、司马耕字子牛的现象看来,足以知道生牛犁田的方法当时已经普遍实行。这是从汉字了解当时的文化史。
骍(xīng):赤色。周朝以赤色为贵,所以祭祀的时候也用赤色的牲畜。
角:指牛角长得周正。
② 用:指杀牲以祭。
③ 山川:这里指山川的神灵。

评析

孔子谈到冉雍,说:"耕牛的儿子长着赤色的毛、整齐的角,虽然不想用它作牺牲来祭祀,但山川之神难道会舍弃它吗?"意即即使没有机会用于国家祭祀,至少也可以用于祭祀山川。其最终能得到应有的承认,获得其用武之地。这段对话,通篇采用比喻的方式。以"犁牛"比喻冉雍的父亲,以"犁牛之子"比喻冉雍。据《史记·仲尼弟子列传》记载,冉雍的父亲出身低微,孔子通过"犁牛之子"的比喻勉励冉雍不必为出身而自卑,只要真正有才能,即使进入不了国君的视野,也总会有人赏识,总会派上用场。这一思想,与孔子开办私学,广收平民,是一贯的。这在当时的贵族世系制度下,是非常可贵的。冉雍父亲虽然出身低微,但他很有眼光,让三个儿子冉雍、冉耕、冉求,拜孔子为师,"一门三贤",再次体现了读书的重要性。

6.7　子曰:"回也,其心三月①不违仁,其余则日月②至焉而已矣。"

注释

① 三月:是个约数,指时间长久。杨伯峻先生强调,"三月""日月"这种词语必须活看,不要被字面所拘束。

② 日月:一日或一月,形容时间不能长久。指时间很短、偶然。

评析

孔子说:"颜回这个人呀,他的内心长久地不背离仁;其他人只是偶然或短暂地达到一下罢了。"孔子从不轻易肯定某人的德行达到了仁的境界,但对于颜回,他毫不吝啬溢美之词,并且强调颜回长久地不背离仁,评价极高。孔子将颜回与其他人进行比较,通过"三月"(长久)与"日月"(短暂)的对比,高下立判,极富有语言表现力。

6.10　伯牛①有疾,子问之,自牖执其手,曰:"亡之②,命矣夫! 斯人也而有斯疾也! 斯人也而有斯疾也!"

注释

① 伯牛:冉耕,字伯牛,孔子学生,冉雍、冉求之兄。

② 之:语助词。

评析

冉耕得了重病,孔子去探问他,从窗户里握着他的手,道:"没办法了,真是命呀,这样的人竟得了这样的重病!这样的人竟得了这样的重病!"此处孔子为什么"从窗外握手",而不入内看望,后人有各种猜想,但都不重要。重要的是,孔子由此发出的人生无常、生命脆弱的感伤与无奈。儒家的悲怆情怀、悯人意识,也由此体现。

6.11　子曰:"贤哉,回也!一箪①食,一瓢饮,在陋巷,人不堪其忧,回也不改其乐。贤哉,回也!"

注释

① 箪(dān):古代盛饭的竹器。

评析

孔子说:"颜回真有贤德呀,一盒饭,一瓢水,住在小巷子里,别人都受不了那穷苦的忧愁,颜回却不改变他自有的快乐。颜回真有贤德呀!"这则故事非常有名,颜回"安贫乐道"的生动形象,"贤哉,回也"回环往复的旋律,深入人心。颜回的可贵,不仅在于他安于这种贫困的生活,还在于他不因为物质环境和生活条件的恶劣而改变自己的初衷、改变自己的学习乐趣。"忧道不忧贫",值得倾心礼赞。

6.12　冉求曰:"非不说子之道,力不足也。"子曰:"力不足者①,中道而废。今女画②。"

注释

① 者:表示停顿的语气词。
② 画:停止。朱熹《论语集注》:"画者,如画地以自限也。"

评析

　　冉求道："不是我不喜欢您的学说，是我能力不足。"孔子说："如果真是能力不足，走到半道会再走不动了。现在你却没有开步走。"孔子认为，要致力于仁德，并不存在能力不足的问题。冉求以能力不够作为自己懒惰的托词，因而遭到孔子的批评。冉求在学业上不求上进，却将责任推向外部的客观环境，而且利口巧辩，这是孔子最反感的。任何时候，我们不要为自己学习不努力而找借口。

　　6.13　子谓子夏曰："女为君子儒！无为小人儒！"

评析

　　孔子对子夏说："你要去做个君子式的儒者，不要去做那小人式的儒者！"什么是"君子儒"，什么是"小人儒"，又是众说纷纭。但不管分歧如何，孔子已经将儒者分出君子、小人的高下不同，体现了早期儒家即开始出现上流、末流之别。我们后世提及儒家，往往将其混同，而孔子很早意识到其中的差别。这是应当有所留意的。

　　6.14　子游为武城①宰。子曰："女得人焉耳②乎?"曰："有澹台灭明③者，行不由径，非公事，未尝至于偃之室也。"

注释

① 武城：鲁国的城邑，在今山东费县西南。
② 耳：通行本作"尔"。唐《石经》、宋《石经》、皇侃《义疏》本作"耳"。
③ 澹台灭明：字子羽，《史记·仲尼弟子列传》将其列入孔门弟子。杨伯峻先

生指出，从这里子游的答话语气来看，说这话时还没有向孔子受业。因为"有……者"的提法，是表示这人是听者以前所不知道的。若果如《史记》所记，澹台灭明在此以前便已经是孔子学生，那子游这时的语气应该与此不同。

子游做武城地方官长。孔子问："你在那儿得到人才了吗?"子游说："有个人叫澹台灭明的，做事不抄小路;不是公事，从来不到我的办公室来。"李泽厚先生说："好像是对今天的抄小路走后门而讲。两千年后犹有用，可见由来久矣。"孔子与子游的对话，说明了为政者在政务活动中发掘人才、提拔贤才的重要性。选拔人才，不以与领导亲疏远近为标准，纯以公心，尤为可贵。

6.15　子曰："孟之反不伐①，奔而殿，将入门，策其马，曰:'非敢后也，马不进也。'"

注释

① 孟之反：鲁国大夫。一作"孟之侧"。伐：夸耀自己。

评析

孔子说："孟之反不夸耀自己，在抵御齐国的战役中，右翼的军队溃退了，他走在最后，掩护全军撤退，即将进城门时，他鞭打着自己的马说:'不是我敢于殿后，是我的马不肯快走啊。'"孟之反于国有功，本该受到表彰，但他以马作掩饰，深藏功与名，令人敬佩。

6.16　子曰："不有祝鲍之佞①，而有宋朝之美②，难乎免于今之世矣。"

注释

① 不有：表示假设语气，假若没有。祝鮀（tuó）：卫国的大夫，字子鱼，以善辩见长。佞：善辩、口才好。

② 而：表转折关系。一说表并列关系。宋朝（zhāo）：宋国的公子朝，当时的美男子。《左传》昭公二十年、定公十四年都记载着他因为美丽而惹起乱子的事情。

评析

孔子说："假设没有祝鮀的口才，而仅有宋朝的美丽，在今天的社会里，恐怕是很难避免灾祸的了。"孔子在此感慨世风日下，世人崇尚口才，而不重视真才实学。宋朝这样的花花公子，倘若拥有善辩的口才，竟也能免祸。李泽厚先生点评说："孔子的感叹，亦今古同慨。孔子的牢骚，鲁迅的感慨，历久仍新，此所以书虽旧而耐读。"

6.18　子曰："质胜文则野①，文胜质则史②。文质彬彬③，然后君子。"

注释

① 野：鄙俗、粗野。

② 史：虚饰、浮夸。

③ 文质彬彬：此处形容人既文雅又朴实，后来多用来指人文雅有礼貌。彬彬：配合均匀得当的样子。

评析

孔子说："质朴多于文采，就未免粗野；文采多于质朴，又未免虚浮。文采和质朴,配合适当,这才是个君子。"孔子认为,作为君子,必须注重内外协调统一,既有内在的质朴本质,也有外在的文采形式,二者相互协调,相得益彰。内容与形式协调统一,内在与外在协调统一。

6.19　子曰:"人之生也①直,罔②之生也幸而免。"

注释

① 也:语气词。在这里表停顿。
② 罔:诬罔的人、不直的人。

评析

孔子说:"人应该生活得正直,不正直的人也可以生活,不过那是他侥幸免于灾祸罢了。"孔子告诫:做个正直的人。假若很难做到,至少也应该守住道德的底线。李泽厚先生点评说:"人生也短促,如何过此一生,值得思考。"

6.20　子曰:"知之者不如好之者,好之者不如乐之者。"

评析

孔子说:"对于任何学问和事业,懂得它的人不如喜爱它的人,喜爱它的人又不如以它为乐的人。"此处"知之,好之,乐之",逐层递进,交相辉映,对应着三层次,循序渐进,渐入佳境。以此为乐,热爱之至。这是从事任何学问和事业的最高层次、最高境界。

6.21　子曰:"中人以上,可以语上也;中人以下,不可以语上也。"

评析

孔子说："中等水平以上的人,可以告诉他高深学问;中等水平以下的人,不可以告诉他高深学问。"这是孔子分层教育、因材施教的精辟论述。接受个体有差异性,理解能力有高低,认知速度有快慢,不搞一刀切,区分普遍性和特殊性,不拘一格。充分了解每个个体,关注每个个体,对其实施有针对性的启发和教育,发掘其内在潜力,发挥其主观能动性,这是因材施教的本质和真谛。当然,孔子所言不局限于教育,在管理科学领域,也同样适用,值得参考。

6.22　樊迟问知。子曰:"务民之①义,敬鬼神而远②之,可谓知矣。"问仁。曰:"仁者先难③而后获,可谓仁矣。"

注释

① 之:达到、趋句。

② 远:疏远、不去接近。

③ 难:付出艰辛和努力。

评析

樊迟问如何是"智"。孔子说:"务使民众趋向于'义',尊敬鬼神却疏远鬼神,这就可以叫智慧了。"又问如何是"仁"。孔子说:"仁就是艰难困苦在先,收获果实在后,可以称为仁了。"孔子这段回答,主要是针对樊迟因材施教的。其阐释"智""仁"的内容,与其他场合明显不同。这是因为樊迟与其他孔门弟子也明显不同。樊迟曾经向孔子请教稼穑、园圃之事,被孔子评价为"小人哉",后人多误读为对樊迟的鄙夷,其实不然。从樊迟请教、孔子答复中,可以看出樊迟的身份是一位普通农业劳动者,孔子称其"小人"是对其身份而言,并非鄙夷。只有了解了这些,才能更好地理解为什么此处孔子对樊迟强调"义",强调"敬鬼神而远之",强调"先难而后获"。樊迟作为普通农业劳动者,拥有正确的信仰、理念,才称得上"智";樊迟从事稼穑、园圃等农事活动,必须勤于耕种,才会有收获,懂得"先难而后获"的人生至理,才称得上"仁"。其实,不唯耕种是这样,各行各业也都如此。所以孔子这番话,为后世熟知,广为传诵。

6.23 子曰:"知者乐水,仁者乐山。知者动,仁者静。知者乐,仁者寿。"

> 评析

孔子说:"智者喜欢水,仁者喜欢山。智者活跃,仁者沉静。智者快乐,仁者长寿。"这是一则著名论断,李泽厚先生评析说:用山、水类比和描写仁、智,非常聪明和贴切。作为最高生活境界的"仁",其可靠、稳定、巩固、长久有如山;作为学习、谋划、思考的智慧,其灵敏、快速、流动、变迁有如水。真正聪明的人之所以常快乐,不仅是因为能够迎刃而解各种问题,而且是因为了解人生的方向和意义。"仁"则似乎更高一层,已无谓快乐不快乐。他(她)的心境是如此平和宁静、无所变迁,成了无时间的时间:寿。"乐山""乐水",是一种"人的自然化"。"乐山乐水",回归自然,免除各种社会异化,拾回失落感。它既是一种心境,也是一种身体—心理状态。李泽厚先生的上述解读,深契夫子精髓。

6.24 子曰:"齐一变,至于鲁;鲁一变,至于道。"

> 评析

孔子说:"齐国一变化可达到鲁国,鲁国一变化可达到理想境地。"此处

"一变"指什么,理解不一。一般认为,是礼乐制度和风俗文化。在礼乐制度和风俗文化方面,鲁国高于齐国。因为鲁国是周公的后代,对周朝礼制和风俗更为重视,保存也较完整。康有为说:"盖齐俗急功利,有霸政余习,纯为拨乱之治。鲁差重礼教,有先王遗风,庶近小康。"但李泽厚先生认为孔子的这种"变",是复古之道,是要求开倒车的改革,所以终于行不通。所以孔子最终只是教育家、思想家,而不是政治家。但他在思想文化领域对中华民族起了巨大作用,又远远高于任何政治和政治家。不过,孔子"堕三都"的政治改革、"夹谷盟会"的外交胜利,其实还都是颇有政治眼光的,并获得一定的成功,一度使齐国君臣慌乱、紧张,担心鲁国由此强大起来。从"堕三都""夹谷盟会"上,不难看出孔子所具有的政治家的执政水平,可惜最终没有机会施展。

6.25　子曰:"觚①不觚,觚哉! 觚哉!"

注释

① 觚(gū):古代盛酒的器皿。

评析

孔子说:"酒杯不像个酒杯,酒杯啊,酒杯啊!"孔子为什么说这话,引发后人的无限猜想。众说纷纭,未知孰是。孔子以"觚"做比兴,隐晦含蓄地表达自己感时伤世的感慨。《诗经》中的比兴手法,在《论语》中多见,钱穆先生专门谈及过。孔子强调"不学《诗》,无以言",《诗经》比兴传统的思维方式与文学表达手法,均受到他的重视。此处借"觚"(酒杯)以遣怀,开启后世酒杯与文学的先河。

6.26　宰我问曰:"仁者,虽告之曰:'井有仁①焉。'其从之也?"子曰:

"何为其然也？君子可逝②也，不可陷也；可欺也，不可罔③也。"

注释

① 仁：通"人"。一说仁人。

② 逝：往、去。朱熹说："逝，谓使之往救。"但杨伯峻先生认为，古代"逝"字的
意义和"往"字有所不同，"往"而不复返才用"逝"字。

③ 罔：愚弄。

评析

宰我问："有仁德的人，如果告诉他：'井里掉下一个人了。'他会不会下去
救呢？"孔子说："为什么要这样做呢？君子会去救人，却不可以陷害他；可以
欺骗他，却不可以愚弄他。"宰我为孔门"言语"科优等生，所以这个问题也提
得很尖锐，"甚为有趣，也显示确实聪明"，而"孔子回答得也好，说明'仁人'并
非笨蛋，可以随意欺侮陷害"。李泽厚先生就此感慨："可惜如今仁者多为老
实人，而老实人总受人欺侮、戏弄和陷害。"我们应礼敬仁者，弘扬正气。

6.27　子曰："君子博学于文，约之以礼①，亦可以弗畔②矣夫！"

注释

① 约：约束。一说简约，由博返约，与"博"相对。之：代指君子。

② 畔：同"叛"。

评析

孔子说："君子广泛地学习典章文献，再用礼节来加以约束，也就可以不
至于离经叛道了。"朱熹《论语集注》引程子曰："博学于文而不约之以礼，必至

于汗漫。"汗漫,即漫无标准、不着边际。孔子认为君子风范,应该是"文""礼"的有机结合。典章文献的学习,更多的是书本知识,而礼仪规范的约束,更多的是生活实践,因此从这个意义上看,"文""礼"的有机结合,也是书本知识与生活实践的有机结合。

6.28　子见南子①,子路不说。夫子矢②之曰:"予所③否者,天厌之!天厌之!"

注释

① 南子:卫灵公夫人,把持着当时卫国的朝政,名声不好。
② 矢:发誓。
③ 所:如果、假若。

评析

孔子拜会了南子,子路不高兴。孔子发誓说:"我如果做了坏事,老天会惩罚我! 老天会惩罚我!"孔子在这里指天发誓,不过是情急之辞,并不足以证明信奉神祇。但孔子发誓的样子,让人忍俊不禁,仿佛看到一位富有生活趣味的老者,而不是一位老师,可见师生间的平等亲近。《论语》中刻画的孔子性格形象,非常丰富细腻,给人留下深刻印象。李泽厚先生说:"孔子被逼得没办法的时候,也只好对天发誓以表白自己,和今天的人一样,神态可掬。《论语》中的孔子是生动活泼的活人,有脾气,有缺点。例如,虽然'即之以温',但也常常骂学生,而且骂得很凶,'其言也厉'。但也经常开各种小玩笑,根本不像后世把他抬入神龛内的那副完美无瑕,却失去活人气息的木偶面目。"这个评价全面而深刻。《论语》之所以更接近孔子的日常真实,正在于此。

6.29　子曰："中庸之为德也^①,其至矣乎!民^②鲜久矣。"

注释

① 中：折中、调和；无过无不及。庸：平常。

② 民：人们。杨伯峻先生说这"民"字不完全指老百姓,因以"大家"译之。

评析

　　孔子说："中庸这种道德,是最高的了。人们已经很久没拥有它了。"中庸,中和为美。孔子"中庸"原意与后世所讲的"中庸"并不完全相同。正如杨伯峻先生说："孔子拈出这两个字,就表示他的最高道德标准,其实就是折中的和平常的东西。后代的儒家又根据这两个字作了一篇题为'中庸'的文章,西汉人戴圣收入《礼记》,南宋人朱熹又取入"四书"。司马迁说是子思所作,未必可靠。从其文字和内容看,可能是战国至秦的作品,难免不和孔子的'中庸'有相当距离。"孔子中庸所强调的折中的、平常的东西,实际指"有普遍妥当性的行为",贴近人们的日常生活,在衣食住行中都能得到体现。

6.30　子贡曰："如有博施于民而能济众^①,何如?可谓仁乎?"子曰："何事于仁!必也圣乎!尧舜^②其犹病诸!夫仁者,己欲立而立人,己欲达而达人。能近取譬,可谓仁之方也已。"

注释

① 施：施舍、给予。济：救助、赈济。

② 尧舜：传说上古时代的两位贤君,也是孔子心目中的榜样。

评析

　　子贡道："假若有这么一个人,广泛地给人民以好处,又能帮助大家生活得很好,怎么样? 可以说是仁道了吗?"孔子道:"哪里只是仁道! 那一定是圣德了! 尧舜或许都难以做到! 所谓仁,是说自己要站得住,同时也使别人站得住;自己要事事行得通,同时也使别人事事行得通。能够从近处做起,从自我做起,可以说是实践仁道的方法了。"践行仁道,从自我做起,从近处做起。朱熹《论语集注》说:"以己及人,仁者之心也。"推己及人,博施于民,天下大同。

述而篇第七

7.1　子曰："述而不作①,信而好古,窃比于我老彭②。"

注释

① 述:传述、阐述。作:创制、创作。述而不作:阐述前人成说,自己并不创新。
② 窃:私下、私自。老彭:人名,即彭祖,商朝大夫,相传他长寿且好述古事。
　　孔子是商朝后裔,故称"我老彭"。一说指老子和彭祖两人。

评析

　　孔子说:"阐述而不创作,以相信的态度喜爱古代文化,我私自和我那老彭相比。"孔子晚年回到鲁国,开始系统地整理中国上古典籍,使之更好地流传于世。述而不作,既是实情,因为孔子本人并没有著作传世,也是谦辞,因为孔子在传述古籍的同时,有着自己的探索和思考,其实也是一种创作。孔子这段自述,透露出他与中国古代传统文化典籍之间的密切关系,影响深远。

7.2　子曰:"默而识①之,学而不厌②,诲人不倦,何有于我哉?"

注释

① 识(zhì):记住。
② 厌:满足。

评析

　　孔子说:"把所见所闻默默地记在心里,努力学习而不厌弃,教导别人而不疲倦,这些事情我做到了哪些呢?"这是孔子的自我省思,也是对学生的教导。其实,更多的是夫子自道。此处"默而识之",把所见所闻默默地记在心里,与孔子"入太庙,每事问",求学之用心、虔诚,如出一辙。"学而不厌",与孔子自述"发愤忘食,乐以忘忧,不知老之将至云尔",同一口吻。"诲人不倦",则是孔子日常教学敬业精神的体现,与孔子自述"自行束脩以上,吾未尝无诲焉",同样令人敬佩。

7.3 子曰:"德之不修,学之不讲,闻义不能徙,不善不能改,是吾忧也。"

┌─────┐
│ 评析 │
└─────┘

孔子说:"品德不培养;学问不讲习;听到义在那里,却不能亲身赴之;有缺点不能改正。这些都是我的忧虑啊!"朱熹将这四个方面称为"日新之要",每日践行。李泽厚先生说:"勤奋不息,孜孜不倦,这才是具体落实儒学的人生观。"孔子所强调的这四点,是儒家修身治学的重要内容。孔子说忧虑,既是自勉、省思,也是对学生的教导。后世的人们,也值得借鉴,学习者、教育者、管理者,都可以经常从中对照检查,提升自己,改造社会。

7.4 子之燕居①,申申②如也,夭夭③如也。

┌─────┐
│ 注释 │
└─────┘

① 燕居:闲居。燕:同"晏",安闲、闲适。

② 申申:和舒的样子。

③ 夭夭:和悦的样子。

评析

孔子闲居时,仪态舒缓,神情和悦。在家闲居时,一般人的仪态相对松懈,但孔子松而不弛,和乐舒缓,给人以亲近感。在《论语》中,孔门弟子记录的孔子的言传身教、仪态颜容,都给人一种活泼的温润的生活气息。"并非整天'作古振今',老是一副紧张面孔和'圣人气象'。后世'假道学'却往往如是,令人望而生厌。"(李泽厚《论语今读》)这是孔子与后世儒家的最大区别之一。

7.5 子曰:"甚①矣吾衰也! 久矣吾不复梦见周公②!"

注释

① 甚:厉害、严重。

② 周公:姓姬,名旦,周文王的儿子,武王的弟弟。相传他辅佐武王灭商后,制定了一整套礼仪典章制度。他是鲁国的始祖,也是孔子心目中最敬服的古代圣人之一。

评析

孔子说:"我衰老得多么厉害呀! 很久了,我没有再梦见周公了!"孔子一生积极奔走,为恢复周礼而努力,却无法实现。所以借此感叹自己年事已高,而理想却未实现。感慨很久没再梦见周公,既是对礼崩乐坏、社会失序的无奈,也是对自己理想未能实现的遗憾。有理想,就有梦想。孔子的理想破灭了,他的梦想也就没有了。

7.6 子曰:"志于道,据于德,依于仁,游于艺①。"

注释

① 游：游憩。艺：指礼、乐、射、御、书、数六艺。

评析

孔子说："目标在'道'，根据在'德'，依靠在'仁'，而游憩于礼、乐、射、御、书、数六艺之中。"李泽厚先生认为"这大概是孔子教学总纲"，这是很有道理的。道、德、仁，为内在修养；艺，为外在表现。道、德、仁、艺，四位一体，内外和谐，构成孔子教学总纲。志、据、依、游，四个动词，极为考究，生动形象地阐发了彼此的密切关系。

7.7　子曰："自行束脩以上①，吾未尝无诲焉。"

注释

① 自行：主动做某种行为。脩：干肉。束脩：十条干肉。古代用来作初次拜
　 见的礼物。后引申为古代入学敬师的礼物。一说束带修饰，指十五岁
　 以上。

评析

孔子说："只要是主动地给我一点见面薄礼，我从没有不教诲的。"孔子创办私学，有教无类，入学门槛很低。凡是主动前来学习的，他都愿意招收、教诲。这是非常了不起的。在只有贵族才能享有学习机会的春秋末世，孔子广收平民，更是伟大。不过，孔子一直很强调学习的主动性。所以，此处他特别说"自行"。只有具备了主动学习的强烈愿望，才会懂得学习的重要性，才会珍惜来之不易的学习机会，才会克服困难，学有所成。

7.8　子曰："不愤①不启，不悱②不发。举一隅③不以三隅反，则不复也。"

① 愤：朱熹说："心求通而未得之意。"指心里想求明白而不得的状态。
② 悱（fěi）：朱熹说："口欲言而未能之貌。"指想说出来却说不出的状态。
③ 隅：边角。比喻事物的一个方面。

孔子说："教导学生，不到他想求明白而不得的时候，不去开导他；不到他想说出来却说不出的时候，不去启发他。教给他东方，他却不能由此推知西、南、北三方，便不再教他了。"这是孔子启发式教学法的精髓。启发式教学法，讲究在恰当、合适的点位，去启发、诱导学生。其难点在于，由于个体的差异，学生"愤""悱"的状态，表现有千差万别，这需要教育者对学生个体有充分了解，有细心的考察，才能真正发挥出效果。与此同时，孔子还强调，若学生不能举一反三，则不再启发了。这是根据学生的知识基础和接受能力，随时加以调整，分层分级，灵活教学。所以中国古人往往强调"点到即止""不求说破"，让受教育者自启心灵，得大智慧。

7.9　子食于有丧者之侧，未尝饱也。

孔子在死者亲属旁边吃饭，不曾吃饱过。恻隐之心是孔子的真实写照。孔子对丧礼很熟悉，经常帮人办丧事。不进食，肚子饿；进食，不能大吃大喝。若大吃大喝，则对丧家不敬。这些礼节，仍然值得现代人学习。

7.10 子于是日哭,则不歌。

评析

孔子在这一天哭泣过,就不再唱歌。这里"是日哭",一般认为是孔子参加了当天的吊唁活动(《礼记·檀弓》),于是这一天便不再安排娱乐活动。因为他觉得,吊唁之后,倘若再安排唱歌等娱乐活动,则是对死者的不敬,同时显得自己此前的吊唁并不诚心。朱熹《论语集注》:"一日之内,余哀未忘,自不能歌也。"这一点,也值得现代人学习。

7.11 子谓颜渊曰:"用之则行,舍之则藏,惟我与尔有是夫!"

子路曰:"子行①三军,则谁与②?"

子曰:"暴虎冯河③,死而无悔者,吾不与也。必也临事而惧,好谋而成者也。"

注释

① 行:这里指统率、率领。

② 与:陪同、一同前往。

③ 暴虎:空手和老虎搏斗。冯(píng)河:徒步涉水渡河。引申为有勇无谋、冒险行动。

评析

孔子对颜渊说:"用我呢,就干起来;不用呢,就藏起来。只有我和你才能这样吧!"子路问:"老师若统率三军,将与谁同往呢?"孔子说:"赤手空拳打老虎,徒步渡河,因此死了都不后悔的人,我决不和他同往。我所同往的人,一定是面临任务更恐惧谨慎,善于谋划而能成事的人。"这段对话非常有趣,神态栩栩如生,画面感强,再次体现了孔子、子路、颜回三人的性格以及之间的情感。"子路嫉妒孔子盛赞颜回,从而夸耀自己的勇敢,跃然纸上。而孔子又一次挫折他,还是老话:光凭勇敢不行。"(李泽厚《论语今读》)子路询问孔子,答案不言而喻(子路有勇力,所以他估计老师的答案一定是带他同往),可孔子却故意调侃他(孔子知道子路询问这个话题,意在夸耀自己,可孔子故意不入子路圈套,反而变相地捉弄他),由此可见他们师生之间深厚的情谊,以及孔子的幽默、风趣。

7.12　子曰:"富而①可求也,虽执鞭之士②,吾亦为之。如不可求,从吾所好。"

注释

① 而:用法同"如",假设连词。

② 执鞭之士:杨伯峻先生解释,根据《周礼》,有两种人拿着皮鞭,一种是古代天子和诸侯出入之时,有二至八人拿着皮鞭使行路之人让道。一种是市场的守门人,手执皮鞭来维持秩序。这里讲的是求财,市场是财富所聚集之处,因此译为"市场守门卒"。

评析

孔子说:"钱财如果可以求得的话,就是做市场的看门人,那我也干。如果求它不到,那还是干我愿意干的事情吧。"《论语·颜渊》记载子夏说:"死生有命,富贵在天。"估计这一观念受孔子影响,或者孔子也表示认同。因为这段话也流露出"富贵在天"的意思。富贵在天,发财确实具有极大的偶然性,并非只要努力就能得到。得之,固然好;不得,亦无不可。钱财的追求,不像读书、做人,只要努力,总可以有所成就。这对于今天的人们,仍然有启发意义。

7.13　子之所慎：齐^①，战，疾。

注释

① 齐：同"斋"。古代于祭祀之前，一定先要做一番身心的整洁工作，这一工作便叫作"斋"或者"斋戒"。

评析

　　孔子所小心慎重的事有三样：斋戒，战争，疾病。《论语·乡党》说孔子"齐必变食，居必迁坐"，孔子斋戒是否素食，已不可考证。但"齐必变食"，体现了他对祭祀的重视和虔诚。《论语·述而》记载，孔子若统率三军，必求"临事而惧，好谋而成"的人，因为战争关系国家的安危。《论语·乡党》记载，孔子生病了，不敢随便乱吃药，因为它关系个人的健康。所有这些，都是孔子不能不谨慎的地方。

7.14　子在齐闻《韶》，三月不知肉味，曰："不图为乐之至于斯也。"

评析

　　孔子在齐国听到《韶》乐的演奏，很长时间尝不出肉的滋味，于是感慨："没想到欣赏音乐竟能达到这个地步。"钱穆先生《论语新解》说："此乃圣人一种艺术心情也。孔子曰：发愤忘食，乐以忘忧，此亦一种艺术心情也。艺术心情与道德交流合一，乃是圣人境界之高。"孔子自述当时欣赏音乐给他带来的无穷快乐，未必是出于圣人之境界，但真实地传递了高雅而经典的传统音乐带给人们的美妙。可能那些沉醉于高雅艺术的人，能够更好地领略这种美妙。

7.16　子曰："饭疏食饮水①，曲肱而枕之②，乐亦在其中矣。不义而富且贵，于我如浮云。"

注释

① 疏食：粗糙的食物。水：冷水。

② 肱(gōng)：胳膊。枕：名词作动词，当作枕头。

评析

孔子说："吃粗粮，喝冷水，弯着胳膊做枕头，快乐就在其中了。不正当的财富和官位，对于我而言，就像浮游在天上的云彩一般，与我毫无关系。"这种精神上所带来的愉悦感，"它高于任何物质生活和境遇本身，超乎富贵贫贱之上"，"而此语的诗情画意，更使人流连不已，千古传诵"（李泽厚《论语今读》）。

7.17　子曰："加我数年，五十以学《易》①，可以无大过矣。"

注释

①《易》：《周易》，又名《易经》。古代一部用以占筮的书，其中的卦辞和爻辞是孔子以前的作品。

评析

孔子说："让我多活几年，到五十岁时去学习《易经》，便可以没有大过错了。"《易经》是儒家经典中最难懂的典籍，孔子到五十岁才开始学习《易经》，由于《易经》不容易读懂，所以孔子反复阅读，以至于编联简册的牛皮带子都磨断了好多次，"韦编三绝"的典故由此而来。由于《易经》难学难懂，所以孔子在日常教学中只是有针对性地个别传授,并非给所有学生讲授。《史记·仲尼弟子列传》记载,商瞿是孔子《易经》的传承者。

7.18　子所雅言①,《诗》、《书》、执礼,皆雅言也。

注释

① 雅言:当时中国所通行的语言,即今天所说的普通话,与"方言"相对而称。

评析

　　孔子有用普通话的时候,读《诗》,读《书》,行礼,都用普通话。朱熹说:"《诗》以理情性,《书》以道政事,礼以谨节文,皆切于日用之实。"按此理解,孔子在重要的日常场合,都用普通话,以表示郑重,规范礼仪。以我们今天推广普通话的情况来看,在孔子时代,掌握并熟练运用当时的国家通用语,也并不是一件简单的事。孔子自觉推广国家通用语(普通话),更好地推动了文化的普及与传播。

7.19　叶①公问孔子于子路,子路不对。子曰:"女奚不曰,其为人也,发愤忘食,乐以忘忧,不知老之将至云尔②。"

注释

① 叶:地名,当时属楚,今河南叶县南三十里有古叶城。叶公是叶地的长官,
　　名叫沈诸梁,字子高,是一位比较贤能的人。
② 云:如此。尔:同"耳",而已、罢了。

评析

　　叶公问子路孔子为人怎么样,子路不回答。孔子对子路道:"你为什么不

这样说：他的为人，用功便忘记吃饭，快乐便忘记忧愁，不晓得衰老会要到来，如此罢了。"孔子所做的自我评价，再次表现了他的乐观、豁达，对理想的忘我追求。孔子究竟是一位怎样的人？子路没回答，的确他很难回答，很难用三言两语来概括、描述自己所崇拜的老师。而孔子自己的回答，"则生动平易，短短几句话，点出一个超脱世俗的人"。孔子多次讲到"乐"，"乐以忘忧"，"此'乐'即'仁'，乃人生境界，亦人格精神"。（李泽厚《论语今读》）"发愤忘食，乐以忘忧，不知老之将至""烈士暮年，壮心不已"，我辈更没有理由不努力。

7.20　子曰："我非生而知之者，好古，敏以求之者也。"

评析

孔子说："我不是生来就有知识的，而是爱好古代文化，勤奋努力去探求得来的。"这也是一段孔子的自我评价。"孔子再一次声明自己是后天努力学习的结果，从不炫耀自己的聪明才智，更不宣讲奇迹神启，总是强调孜孜不倦地学习，这正是孔子和孔学要点之一，亦为中国人谦逊美德之所本。后来儒者把孔子抬到'天纵之圣'，大失真意。"（李泽厚《论语今读》）的确如此，《论语》中的孔子，平凡而普通，所不同的是，他比别人更好学、乐学，更好古，更注重向他人、向古圣贤学习，并从他们身上吸收宝贵的人生智慧、历史经验。活到老，学到老，从不停歇。

7.21　子不语怪，力，乱，神。

评析

孔子不谈怪异、武力、叛乱和鬼神。朱熹《论语集注》引谢氏曰："圣人语

常而不语怪,语德而不语力,语治而不语乱,语人而不语神。"这从对比的角
度,精当地阐释了孔子日常谈论的内容。李泽厚先生进一步阐释说:"怪异、
鬼神,难以明白,无可谈也,故不谈。暴力、战乱,非正常好事,不足谈也,也不
谈。"深得其意。

7.22　子曰:"三人①行,必有我师焉:择其善者而从之,其不善者而
改之。"

> **注释**

① 三人:指三个人。一说指多个人。

> **评析**

孔子说:"三个人一起走路,其中一定有值得我学习的人:我选取那些优
点而学习,看到那些缺点而改正。"通过这段话,我们可以进一步了解孔子的
成长历程。他的自学能力远远超出常人。他非常善于向他人学习,学无常
师,学无定师。他不仅学习他人的优点,还善于通过别人的缺点,对照自身,
反省自身,"有则改之,无则加勉"。

7.23　子曰:"天生德于予,桓魋①其如予何?"

> **注释**

① 桓魋(tuí):向魋,宋国的司马(主管军政),因为是宋桓公的后代,所以又
　　叫桓魋。

> **评析**

孔子说:"上天赋予了我这样的品德,那桓魋将把我怎样?"据史书记载,

孔子周游列国,路过宋国,宋景公欲重用孔子,其宠臣桓魋听说后,担心孔子影响自己的权势,便背地里谋害孔子,弟子劝孔子赶紧离开,孔子因此说了上述这句话。李泽厚先生说:"这章常被后人引为孔子负有某种神秘使命或具有某种神秘'圣性',自有上天保护,因此不怕。其实这不过一句普通壮胆的话罢了。"而这种壮胆的话,"用以自勉自励,即孟子'虽千万人吾往矣'的大无畏气概"。(《论语今读》)确实不能因为这句话,而将孔子神化。孔子这句话,也是他自信人生的体现。他确定跋扈的宠臣桓魋,也不可能把他怎样。这种临危不惧的勇气,确实非常人可比,值得敬佩。

7.24　子曰:"二三子以我为隐乎? 吾无隐乎尔。吾无行而不与二三子者①,是丘也。"

注释

① 行:行动、经历。二三子:诸位、你们几个人。

评析

孔子说:"你们这些学生以为我有什么隐瞒吗? 我对你们没有隐瞒的。我没有一点不向你们公开,这就是我孔丘的为人。"有关这段话的背景,到底是什么,已不可详知。朱熹认为是诸弟子觉得孔子道行高深,不可企及,所以怀疑孔子传授时有所隐瞒。中国古代行业潜规则中,确实有"教会徒弟,饿死师傅"的说法,因此师傅教徒弟时,往往会留上一手。但很明显,孔子不是这样的人。所以他光明磊落地向学生表明心迹,难能可贵。其实,孔子之不可企及,在于他不断学习、追求卓越的精神。孔子最好学的弟子颜回,曾感慨自己老师的进步速度飞快:"瞻之在前,忽焉在后。"这才是孔子成功的秘诀,公开的秘诀。

7.25　子以四教：文，行①，忠，信。

注释

① 行：具体指什么，各家说法不一。有的认为是德行，有的认为是行为，有的认为是社会生活的实践。指社会生活的实践，是杨伯峻先生的观点，我们表示认同。

评析

　　孔子从四个方面教育、培养学生：文献典籍，社会生活的实践，对待别人的忠心，与人交往的诚信。这四项内容，也可以看作孔子授课的教学大纲。文，是基础理论知识；行，是社会生活实践。所以，文与行，是理论与实践，相互促进。忠、信，是与他人、社会交往应该遵守的道德准则。在《论语》中，孔子多次将忠、信并提，强调其重要性，并作为做人做事的根本。所以，"四教"：文、行、忠、信，实际上是两组关系。文、行，是学习上的理论与实践；忠、信，是道德上的行为准则。因此，文、行，是谈学习；忠、信，是讲做人。孔子的"四教"，强调学习、做人两不误。关于这一点，正如我们在《论语》首章开篇时候所谈及的，孔子的教育内容，是智性之知与德性之知的协调统一。

7.27　子钓而不纲①，弋不射宿②。

注释

① 纲：提网的总绳。这里用作动词，指用它来横断水流，拦网捕鱼。
② 弋(yì)：带丝绳的箭。这里用作动词。宿：歇宿在巢里的鸟。

评析

　　孔子钓鱼，不截断水流而渔；孔子射鸟，不射归巢的鸟。取物有节，取物有度,不妄杀滥捕,透过这两件小事,生活中的两个小细节,体现了孔子对动物的仁爱之心。

7.28 子曰:"盖有不知而作之者,我无是也。多闻,择其善者而从之;多见而识之;知之次也①。"

注释

① 知之次也:即《论语·季氏》:"孔子曰:'生而知之者上也,学而知之者次也。'"

评析

孔子说:"大概有那种无知而凭空妄作的人,我没有这种毛病。多多地听,选择其中好的加以接受;多多地看,全记在心里。这样的知,是仅次于'生而知之'的。"孔子在不同场合多次表示自己并不是"生而知之"的先天之才,而是"学而知之"的后天之才。这段话再次体现了他虚心学习、不断进步的秘诀:多闻、多见、多记,"择其善者而从之"。孔子的这段人生告白再次印证:学习,是进步的阶梯。

7.29 互乡①难与言,童子见,门人惑。子曰:"与②其进也,不与其退也,唯何甚?人洁己以进,与其洁也,不保③其往也。"

注释

① 互乡:地名,现在已不详其所在。

② 与:称赞、赞扬。

③ 保:守。杨伯峻先生译为"死记住"。

> 评析

互乡这地方的人很难打交道,孔子却接见这个地方的一个少年,弟子们都很疑惑。孔子说:"我们赞扬他的进步,不赞扬他的退步,何必做得太过呢?人家把自己弄得干干净净而来,便应当赞扬他现在的干净,不要死揪住他的过去。"孔子强调"有教无类",认为人人都可以成材。只要重视后天的学习,改正错误,就能取得进步。孔子在这里也同时强调要以变化的、发展的眼光看待人或事物,以宽容的心态去包容他人的进步、发展。这体现了孔子鼓励有错就改,不追究过往,与人为善,宽容他人的博大胸怀。

7.30　子曰:"仁远乎哉? 我欲仁,斯仁至矣。"

> 评析

孔子说:"仁很遥远吗? 我们如果真想要它,它就会来的。""仁"是儒家的最高道德标准,孔子对它的要求很高。但孔子同时又告诫人们:"仁"其实并不是高不可攀的,只要我们内心真的想去追求它,它其实还是可以达到的。可见,"仁不远人",内心的追求很重要。

7.32　子与人歌而善,必使反之,而后和之。

> 评析

孔子和别人一起唱歌,如果别人唱得好,一定请他再唱一遍,然后自己跟着又唱一遍。孔子喜欢音乐,也喜欢唱歌。遇到唱歌好的人,他一定虚心请教,让人再唱一遍,然后自己跟着学习、应和。孔子爱好生活,富有生活情趣,并非我们所想象的那般古板。

7.33　子曰:"文,莫吾犹人也①。躬行君子,则吾未之有得。"

注释

① 莫:大概、或许。一说"文莫"当连读,表示勉强的意思。犹:差不多、同样。

评析

孔子说:"书本上的学问,我大概和别人差不多。但在生活实践中做一个君子,那我还没有达到。"这也是孔子的自我评价。他认为自己在书本学问方面,和别人差不多,这当然是谦辞。他同时反思自己,在生活实践方面,距离"君子"还有一定差距。由此可见,孔子注重书本学问与生活实践的结合,尤其强调生活实践。这对于一名学者,或者书斋里的读书人,也是如此。

7.34　子曰:"若圣与仁①,则吾岂敢? 抑为之不厌,诲人不倦,则可谓云尔已矣。"公西华曰:"正唯弟子不能学也。"

注释

① 圣与仁:杨伯峻先生解释,《孟子·公孙丑上》载子贡对这事的看法说:"学不厌,智也;教不倦,仁也。仁且智,夫子既圣矣。"可见当时的学生就已把孔子看成圣人。

评析

孔子说:"如果说'圣'和'仁',那我不敢当。倘若说是学习和工作总不厌倦,教导别人总不疲劳,那可以说还差不多罢了。"公西华说:"这正是我们学生难以学到的。"这段对话,与本章 7.2 孔子自我评价"学而不厌,诲人不倦",大意相同。学而不厌,是孔子作为孜孜不倦的自学者的真实写照;诲人不倦,是孔子作为伟大的教育家的生动体现。钱穆先生说,孔子作为中国历史上第一大圣人,其最大贡献在于"自为学"和教人学。即"学而不厌,诲人不倦"。

7.35　子疾病①,子路请祷。子曰:"有诸?"子路对曰:"有之;《诔》②曰:'祷尔于上下神祇③。'"子曰:"丘之祷久矣。"

注释

① 疾病:古人称一般的病痛为疾,重病为病。这里疾病连称,指病得很重。

② 诔:向神灵祈祷的文辞。

③ 祇(qí):地神。

评析

　　孔子病重,子路请求祈祷。孔子问:"有依据吗?"子路说:"有。《诔文》说:'为你向天地神灵祈祷。'"孔子说:"我早就祈祷过了。"孔子主张"敬鬼神而远之",在重病之中当然也不会向鬼神祷告。但子路一片好心,想为他祈祷,孔子也不能明确拒绝,只好这样回复子路。这再次体现了孔子的智慧,很会说话,委婉拒绝。

7.36　子曰:"奢则不孙①,俭则固②。与其不孙也,宁固。"

注释

① 孙:同"逊",谦逊。

② 固：固陋、寒碜。一说固执。

评析

孔子说："奢侈豪华就显得骄傲，节俭朴素就显得寒碜。与其骄傲，宁可寒碜。"孔子在这里讨论"奢""俭"及其得失利害。奢、俭，是表象，但"不逊""固"，则是其弊害，均不合乎礼义。在现实中，奢侈与骄傲、节俭与寒碜，常常连在一起，人性往往如此，难以尽善尽美。两害相较取其轻。孔子认为，与其骄傲，宁可寒碜。

7.37　子曰："君子坦荡荡，小人长戚戚。"

评析

孔子说："君子心地平坦宽广，小人却经常局促忧愁。"不同修养的人，不同欲望的人，面对事物，往往会呈现不同的心理状态。孔子这里将君子、小人的心理状态与他们的为人结合起来，认为君子、小人在为人处世中，呈现不同的生活境界，给人们很大的启发。心胸宽广的人，物质欲望少的人，往往生活得轻松些；心胸狭窄的人，物质欲望多的人，往往有各种忧愁。坦荡、无私，则快乐多、幸福多；欲望是永无止境的。

7.38　子温而厉，威而不猛，恭而安。

评析

孔子温和而严厉，有威仪而不凶猛，庄严而安详。喜怒哀乐，人之常情，圣人与普通人，没有差别。不过圣人相较于普通人，更能懂得节制情感，将其尺度掌控得恰到好处。这里所描述的孔门弟子眼中的孔子的仪态，无过无不及，颇具中和之美，将孔子所说的"中庸"发挥到极致。可见孔子平日里非常留意自己的仪态，将其掌控得很好。一切细节皆学问。孔子对自己生活中的每个细节，都很重视。对于一名教师来说，言传身教，一点一滴的细节，确实都会给学生带来一定的影响，有的甚至会影响终生。

泰伯篇第八

8.1　子曰:"泰伯①,其可谓至德也已矣。三以天下让,民无得而称焉。"

注释

① 泰伯:亦作"太伯",周朝祖先古公亶(dǎn)父的长子。古公有三子,太伯、仲雍、季历。季历的儿子就是姬昌(周文王)。据传说,古公预见了姬昌的圣德,因此想打破惯例,把君位不传长子太伯,而传给幼子季历,从而传给姬昌。于是太伯便有意让出王位,偕同弟弟仲雍出走至勾吴(为吴国的始祖)。后来姬昌顺利继承王位,到他儿子姬发(周武王),便灭了殷商,统一天下。

评析

孔子说:"泰伯,那可以说是品德极崇高了。屡次把天下让给季历,老百姓简直找不出恰当的词语来称赞他。"李泽厚先生说:"什么是这'三让'? 为什么让? 它有何价值和意义? 历代考证虽多,但真相很难清楚,因此只能纯依字面解读为'让'本是'礼'的一个重要特征(见 4.13),而能多次出让那'圣人之大宝曰位'的最高领导位置,当然极不容易,所以老百姓都不知道如何来说明、称赞他。"孔子本来就高度称赞"让"的礼仪,更何况泰伯让的是王位,所以更是赞不绝口。

8.2　子曰:"恭而无礼则劳①,慎而无礼则葸②,勇而无礼则乱,直而无礼则绞③。君子笃于亲,则民兴于仁;故旧不遗,则民不偷④。"

注释

① 劳：疲劳、疲倦。

② 葸（xǐ）：胆怯、害怕。

③ 绞：尖刻刺人。一说急切。

④ 偷：这里指人与人的感情淡薄、不厚道。

评析

孔子说："恭敬却不知礼，就会疲倦；谨慎却不知礼，就会怯弱；勇猛却不知礼，就会闯祸；直率却不知礼，就会伤人。在上位者对待亲族厚道，老百姓就会走向仁德；在上位者不遗弃故人旧友，老百姓就不会待人淡薄。孔子在此强调"礼"的重要性。对于个体而言，没有"礼"的制约，将会疲倦、怯弱、闯祸、伤人，偏离正常的处世之道。对于国家而言，没有"礼"的引导，社会风气将会败坏。上行下效，民风所向。所以在上位者，尤须守礼知礼，敦厚待人，移风易俗。

8.3　曾子有疾，召门弟子曰："启①予足！启予手！《诗》云：'战战兢兢，如临深渊，如履薄冰。②'而今而后，吾知免夫！小子！"

注释

① 启：打开。这里指摆正。一说指看看。

② 战战兢兢，如临深渊，如履薄冰：这三句诗见《诗经·小雅·小旻》。履：步行、行走。

评析

曾参病重，把他的学生召集来，说："摆正我的脚！摆正我的手！《诗经》

上说：'战战兢兢，好像面临无底的深渊，好像行走在薄冰之上。'从今以后，我知道自己是可以免于祸害刑戮的了！学生们啊！"曾子病重临终前，为什么叫学生摆正手脚，又说了这番话，历来解说纷纭，莫衷一是。李泽厚先生说："战战兢兢，谨守无失，义也；吾知免夫，终于解脱，仁也。"可备一说。

8.4　曾子有疾，孟敬子问之①。曾子言曰："鸟之将死，其鸣也哀；人之将死，其言也善。君子所贵乎道者三：动容貌，斯远暴慢矣②；正颜色，斯近信矣；出辞气③，斯远鄙倍矣④。笾豆之事⑤，则有司⑥存。"

注释

① 孟敬子：鲁国大夫仲孙捷，"敬"是他的谥号。问：慰问。
② 暴：粗暴无礼。慢：懈怠不敬。
③ 辞气：语气、口气。
④ 鄙：粗野、鄙陋。倍：同"悖"，不合理，错误。
⑤ 笾豆：笾和豆。古代祭祀及宴会时常用的两种礼器。竹制为笾，木制为豆。后借指祭仪。笾豆之事：杨伯峻先生认为指礼仪中的一切具体细节。
⑥ 有司：有关部门、相关主管官员。

评析

曾参病重，孟敬子前来慰问。曾子说："鸟要死了，鸣声是悲哀的；人要死了，说出的话是善意的。在上位者待人接物有三方面应该注重：严肃自己的容貌，这样就可以避免别人的粗暴和懈怠；端正自己的仪态神色，这样就近于诚信可靠；说话的时候，多注意谈吐，这样就可以避免粗野和过失。至于那些祭祀礼仪的细节，自有专人负责。"曾子临终前，告诫孟敬子三项礼仪修养：容貌、颜色、辞令，足见其对修身的重视。"鸟之将死，其鸣也哀；人之将死，其言也善。"更体现了曾子的善意与郑重其事,这句话脍炙人口,传诵至今。

8.5 曾子曰:"以能问于不能,以多问于寡;有若无,实若虚;犯而不校——昔者吾友①尝从事于斯矣。"

注释

① 吾友:一般认为是指颜回。

评析

曾子说:"有才能的人却向无才能的请教,知识丰富的人却向知识不多的请教;有学问如同没学问一样,满腹经纶如同腹中空空一样;纵使被欺侮,也不计较。从前我的一位朋友便曾这样做了。"曾子所描述的这位朋友一般认为是颜回。颜回是孔子最满意的学生。从曾子的描述来看,颜回将孔子"不耻下问"、学无常师、学无定师的好学精神发挥到了极致。孔子、颜回都非常善于虚心向他人学习,因为他们懂得:才能再高,也总有办不了的事情;知识再多,也总有不会的知识;学问再高深,也总有不会的学问。而有时候,那些无才能的人所拥有的才能,可能正是才能高的人所缺乏的。同理,知识不多的人所掌握的知识,可能正是知识丰富的人所缺失的。正所谓"尺有所短,寸有所长",谦虚好学,永远不过时。

8.6 曾子曰:"可以托六尺之孤①,可以寄百里之命②,临大节③而不可夺也——君于人与? 君子人也。"

注释

① 六尺:约合现在的 138 厘米,按其身高,还是小孩子,一般指十五岁以下的

人。六尺之孤：指未成年的君王。

② 百里：指诸侯国。百里之命：指国家的命运。一说指国君的政令。

③ 大节：指关系国家存亡安危的大事。

$$\boxed{\text{评析}}$$

曾子说："可以把幼小的国君委托给他，可以把国家的命运交付于他，面临重大危难的紧要关头，也休想改变他。这种人，是君子的为人吗？当然是君子的为人。"一般认为，《论语》编撰，可能曾门弟子出力最多。本章引用曾子之语较多。康有为《论语注》："曾子之言皆守身谨约之说，惟此章最有力，真孔子之学也。"认为曾子此番所语，深得孔子真传。

8.7　曾子曰："士不可以不弘毅①，任重而道远。仁以为己任，不亦重乎？死而后已，不亦远乎？"

$$\boxed{\text{注释}}$$

① 弘毅：宽宏坚毅。谓抱负远大，意志坚强。朱熹《论语集注》："弘，宽广也；毅，强忍也。非弘不能胜其重，非毅无以致其远。"

$$\boxed{\text{评析}}$$

曾子说："读书人不可以不宽宏坚毅，因为责任重大，路程遥远。以实现仁德于天下为己任，这不是责任重大吗？到死方休，这不是路程遥远吗？"曾子在这里强调"仁以为己任"的重要与艰难，富有血性与力量。李泽厚先生说："曾子唯唯诺诺，战战兢兢……似乎刻板、迟钝和笨拙；孔子也说'参也鲁'。但同时也有如此感人的充满情感的不朽语言。"又说："（儒家学派）同时也要求在从小节做起的各种礼仪制度中，树立起刚强不屈的伟大人格。这伟大人格的建树以及各种道德行为的可能,并不是凭一时的勇敢、情绪、意气,而是从小处做起的长期锤炼的成果。"曾参"士不可以不弘毅,任重而道远",孟子"我善养吾浩然之气",孔子"岁寒知松柏之后凋",都非常强调这种不屈不挠、坚持到底的韧性精神,它已经融入中华民族文化精神的血液,影响深远。

8.8　子曰:"兴于《诗》,立于礼,成于乐①。"

注释

① 成于乐:杨伯峻先生解释,孔子所谓"乐"的内容和本质都离不开"礼",因此常常"礼乐"连言。他本人也很懂音乐,因此把音乐作为他教学工作的最后一个阶段。

评析

孔子说:"以《诗》来起步,以礼仪来立身,以音乐来完善。"孔子认为,从《诗经》到礼仪,再到音乐,仿佛人们成长的三部曲,从"兴"到"立",再到"成",由浅入深,不断完善。《诗经》是起步,是基础。孔子强调:"不学《诗》,无以言。"礼是人们成长的必经阶段,学礼、习礼、行礼,懂得各种行为规范,培养独立人格。音乐是人性情感、人生体验的最高境界。先秦文化非常强调音乐("乐教")在成人、完善自我中的作用。

8.9　子曰:"民可使由之,不可使知之。"

评析

孔子说:"老百姓,可以使他们照着我们的道路走,不一定使他们知道这是为什么。"这句话的解读历来分歧较大,众说纷纭,莫衷一是。有人借此批评孔子有"愚民"思想。其实,从情理上讲,作为统治者或者决策者,有时候他们某些政策的制定和实施,老百姓在当时不一定都能够理解。换言之,假若老百姓当时都能理解决策者的意图,那么他们也就不是普通的老百姓了。《论语集释》引刘开《论语补注》:"盘庚迁殷,民皆不欲,盘庚决意行之,诰谕再三,而民始勉强以从其后。子产治郑,都鄙有章,郑民始怨而后德之。故使之行其事,可也;而欲使明其事,则势有不能。"其中提到:盘庚迁殷、子产治郑,最初的决策都不能被百姓所理解,只能强迫执行,百姓怨声载道,但事后百姓逐渐都能明白过来,"始怨而后德之"。这样的案例,古今很多。所以,孔子所讲的这句话,其本身可能也是对一些历史经验的总结,并非"愚民"之意。

8.10　子曰:"好勇疾贫,乱也。人而不仁,疾之已甚,乱也。"

评析

孔子说:"以勇敢自喜却厌恶贫困,是一种祸乱。对于不仁的人,厌恶过头,也是一种祸乱。"好勇斗狠,又不甘于贫困,则必然不安分,成为祸乱之源。疾恶如仇,本身是好的,但对于那些不仁的人,假若逼得太紧太急,使之无法容身,没有活路,也可能导致他们铤而走险,酿成祸乱。好勇之人、不仁之人,虽然善恶各有不同,但都有可能是一种祸乱,宜谨慎待之。

8.11　子曰:"如有周公之才之美,使骄且吝,其余不足观也已。"

评析

孔子说:"假如有周公那样的完美才能,但只要骄傲而吝啬,别的方面也就不值得一看了。"孔子借这番表述,告诫人们要免于骄傲和吝啬,以此再次强调谦虚逊让的美德。骄傲、吝啬,是我们做人做事的最大敌人。

8.12　子曰："三年学,不至于谷①,不易得也。"

$\boxed{注释}$

① 至:指意念之所至。朱熹说:"至,疑当作'志'。"志:志愿、想法。谷:禄。古代以谷米为俸禄(作用相当于今日的工资),所以"谷"有"禄"的意义。

$\boxed{评析}$

　　孔子说:"读书三年,并不存做官的念头,这是难得的。"孔子非常赞赏这样的做法。李泽厚先生说:"'学而优则仕'是上古制度,'学'本来就是为了'仕'('做官'),所以这里说难得。大概自孔子始,'学'具有了或开创了自身的独立性,即不是为'仕'而学。曾子学派的重大意义当在于此⋯⋯颜回、曾子均以'学'本身为乐。"可见颜回、曾子以"学"为乐,受孔子影响很深。所以,过去一些学者将儒家"学而优则仕",归因于孔子的倡导,其实是一种误读。

8.13　子曰:"笃信好学①,守死善道②。危邦不入,乱邦不居。天下有道则见③,无道则隐。邦有道,贫且贱焉,耻也;邦无道,富且贵焉,耻也。"

$\boxed{注释}$

① 笃信好学:指对道德和事业抱有坚定的信心,并勤奋学习。
② 守死:坚持到死而不改变。善道:正道。
③ 见:同"现"。指出仕为官,造福一方。

$\boxed{评析}$

　　孔子说:"信仰坚定,喜爱学习,誓死捍卫正道。不去危险的国家,离开动

乱的国家。天下太平就出来工作,不太平就隐居起来。国家政治清明,自己
贫贱,是耻辱;国家政治黑暗,自己富贵,也是耻辱。"孔子这段话实际上强调
了四个方面的内容,但都指向了作为读书人如何在不同社会环境中自处。
"达则兼济天下,穷则独善其身",孔子虽然强调积极入世,不断进取,有必要
的时候,应挺身而出,誓死捍卫正道,但也很重视在乱世中保全自己的生命,
不做无谓的牺牲。孔子还强调作为读书人,既不刻意去追求贫穷,也不能昧
着良心发财。君子爱财,取之有道。

8.14　子曰:"不在其位,不谋其政。"

评析

孔子说:"不居于那个职位,便不考虑它的政务。"这是孔子提出的做人做
事原则,既不是远离官场,也不是对政事漠不关心。本分人,做本分事。依规
依矩,不插手分外之事。

8.16　子曰:"狂而不直,侗而不愿①,悾悾②而不信,吾不知之矣。"

注释

① 侗(tóng):幼稚无知。愿:老实忠厚。
② 悾(kōng)悾:无能的样子。一说诚实、诚恳的样子。

评析

孔子说:"狂妄而不直率,幼稚而不老实,无能而不讲信用,这种人我是不
知道该怎么办的。"人不怕有缺点,但是如果不能认识到自己的缺点,又不愿
改正缺点,依旧我行我素,那就很可怕了。

8.17　子曰："学如不及,犹恐失之。"

孔子说："学习好像追赶不上;追赶上了,还总害怕丢掉了。"孔子用打比方的方式,比喻学习一刻也不能放松。学习如同逆水行舟,不进则退。

8.18　子曰："巍巍乎,舜禹之有天下也而不与焉①!"

① 禹:夏朝开国之君。与(yù):占有、私有。

孔子说："舜和禹真是崇高得很呀! 贵为天子,富有四海,却整年地为百姓勤劳,一点也不为自己。"舜、禹都是原始社会民众所推选出来的杰出领袖,一心为公,执政为民,深受百姓爱戴。所以孔子深为赞叹。

8.19　子曰："大哉尧之为君也! 巍巍乎! 唯天为大,唯尧则①之。荡荡乎,民无能名②焉。巍巍乎其有成功也,焕乎其有文章③!"

① 则:取法、效法。
② 名:形容、称赞。无能名:无法形容、不知如何赞美。
③ 焕:光亮、光明。文章:礼法、礼制。

孔子说："伟大啊! 尧! 崇高啊! 天! 只有尧能仿效! 广大啊! 老百姓

简直不知道如何赞美他！崇高啊，他的成功！光明啊，他的礼制文采！"孔子
这是称颂尧帝的伟大。从上一章称赞舜、禹的伟大，连贯而下。尧、舜、禹，是
儒家典籍极为称颂的上古三位贤君。他们作为一国之君，心系苍生，一心为
民、坦荡无私的崇高品质，屡为儒家所赞叹。

8.21　子曰："禹，吾无间①然矣。菲饮食而致孝乎鬼神，恶衣服而致
美乎黻冕②，卑宫室而尽力乎沟洫③。禹，吾无间然矣。"

注释

① 间(jiàn)：批评、非议。
② 黻(fú)冕：祭祀时穿的礼服。冕：古代大夫以上的人的帽子都叫冕，后来
　只有帝王的帽子才叫冕。这里指祭祀时的礼帽。
③ 沟洫：沟渠。这里指农田水利。

评析

孔子说："对于禹，我是毫无挑剔了。他自己吃得很差，却把祭品办得极
丰盛；他自己穿得很差，却把祭服做得极华美；他自己房子住得很差，却把力
量完全用于农田水利。对于禹，我是毫无挑剔了。"孔子极力称赞禹大公无私
的崇高品质。禹对自己的吃、穿、住，都毫不放在心上，却对国家、人民的公共
事业非常用心，一心为民，一心为国家，毫不利己，专门利人。这种崇高的品
质，令孔子赞叹不已。"禹，吾无间然矣。"首尾呼应，回环往复，如余音绕梁，
激荡人心。

子罕篇第九

9.1　子罕言利与命与仁。[①]

注释

① 罕：少。表示动作频率。第一个"与"：连词，和、及。第二个"与"：称赞、
　　称扬。

评析

　　孔子很少主动谈论利益、命运，称扬仁德。有关这句话，历来争议较多，
主要在于其理解不一，句读标点也不一致。有的认为"子罕言利与命与仁"，
即孔子很少谈论利益、命运和仁德。有的认为"子罕言利与命与仁"，即孔子
很少谈论利益，称扬命运和仁德。从《论语》文本来看，孔子确实很少谈论
"利"，"命"也谈得少，但"仁"谈论得比较多，有一百多次，所以我们认为是孔
子很少主动谈论"利"与"命"，屡次称扬"仁"。孔子并非完全不谈"利"，譬如
对子贡有"亿则屡中"的赞赏；孔子敬畏"天命"，还说"五十知天命"，对"天命"
神秘敬而远之，谈得不多；但对于"仁"是什么，如何做到"仁"，谈论得很多，甚
至认为若主动追求"仁"，"仁"还是可以达到的，并非高不可攀(7.30)。

9.4　子绝四——毋意，毋必，毋固，毋我。

评析

　　孔子断绝了四种毛病：不瞎猜，不独断，不固执，不自以为是。这四个毛
病，都是个人修身、自律所忌讳的。四者之中，"意"(瞎猜)是起因，"必"(独

断）、"固"（固执）是发展，"我"（自以为是）是结果。这四者，都不合乎孔子所强调的"中庸之道"，所以要断绝。孔子所说的"四毋"，对现代人的修身处世，仍有一定的启迪意义。

9.5　子畏于匡①，曰："文王既没，文不在兹乎？天之将丧斯文也，后死者不得与②于斯文也；天之未丧斯文也，匡人其如予何？"

$$\boxed{\text{注释}}$$

① 畏：通"围"，围困。一说拘禁。匡：地名，在今河南长垣市西南。

② 与（yù）：参与、享有。

$$\boxed{\text{评析}}$$

孔子被围困在匡地，说："周文王死了以后，一切文化遗产不都在我这里吗？上天如果真要消灭这种文化，那么从我之后的人也就不会掌握这种文化了。上天如果不愿消灭这一文化，那么匡人又能把我怎么样呢？"这里的"后死者"是指孔子本人，还是指孔子之后的人？历来说法不一。但有一点是共识：孔子以传道者自居，以保存、传递周文王等"先王之道"自许，即今之所谓文化责任感、历史责任感。这段话中，孔子也含蓄表露了：传承文化遗产，舍我其谁。这份责任、担当、自信，令人感动。

9.6　太宰①问于子贡曰："夫子圣者与？何其多能也？"子贡曰："固天纵之将圣，又多能也。"

子闻之，曰："太宰知我乎？吾少也贱，故多能鄙事②。君子③多乎哉？不多也。"

① 太宰：官名，相当于后世的宰相。

② 鄙事：鄙人之事。古代多指各种技艺或体力劳动。古代上层人士一般很

　　少参加此类劳动，故称。

③ 君子：对统治者和贵族男子的通称。此处与从事"鄙事"者对举。一说"君

　　子"指才德出众、道德修养高的人。所以最后一句也可以理解为："这些技

　　艺对于君子来说太多了吧？这其实是不多的。"

　　太宰问子贡："你的老师是位圣人吧？为什么这样多才多艺呢？"子贡说：

"这本来就是上天让他成为圣人，又使他多才多艺。"孔子听到了，说："太宰了

解我吗？我小时候穷苦，所以学会了不少底层的生存技艺。君子需要这么多

的技艺吗？这其实是不多的。"尽管对末句的理解有分歧，但不影响这段话的

总体把握。孔子委婉表示，太宰、子贡都不完全了解他，由此带叙他少时贫苦

的不寻常经历，正是这段经历磨炼了他，成就了他。"君子多乎哉？不多也。"

技多不压身，或许是孔子对"君子"寄予的厚望。

　　9.7　牢①曰："子云，'吾不试②，故艺'。"

① 牢：郑玄说是孔子学生，但《史记·仲尼弟子列传》没有记载。据《孔子家

　　语》记载，孔子弟子琴张，名牢，字子开，亦字子张，卫国人。但有学者认为

　　《孔子家语》是伪书，其记载更不可信。

② 试：任用。这里指出仕为官。

牢说："老师说过,我因为没做官,所以才学得许多技艺。"牢这段转述孔子的话,再现了孔子孜孜不倦的学习精神。上章说他少时贫苦,所以学会不少技艺;此章说他不出仕为官,有更多的自我支配时间,所以学会许多技艺。"君子多乎哉? 不多也。"技多不压身,在此也得到了进一步印证。孔子活到老,学到老,不仅学"文",而且学"艺",不仅掌握典籍文献等书本知识,还注重各项技艺的学习,理论与实践相结合。确实是善于学习者的榜样,值得倾心。孔子从一位平凡人成长起来,主要靠的是后天的不断努力学习,并非"天纵之圣"生而知之。

9.9　子曰:"凤鸟不至,河不出图①,吾已矣夫!"

注释

① 凤鸟河图:杨伯峻先生认为:"古代传说,凤凰是一种神鸟,祥瑞的象征,出现就是表示天下太平。又说,圣人受命,黄河就出现图画。孔子说这几句话,不过借此比喻当时天下无清明之望罢了。"

评析

孔子说:"凤凰不飞来了,黄河也没有祥瑞图画出来了,我这一生恐怕是没有指望了吧!"这是孔子非常悲观的话。这种悲观,与《论语·述而》"甚矣吾衰也! 久矣吾不复梦见周公!"大体相近。李泽厚先生说:"《论语》中多次记载孔子的这种悲观情绪,这并不奇怪,人之常情。"确实,《论语》中记载了不少孔子作为平凡人所共有的喜怒哀乐。面对理想的破灭,他同样也会悲伤。不过,他虽然悲伤,但从不消沉。知其不可而为之,穷其一生,始终都在为理想而努力奋斗。

9.10　子见齐衰①者、冕②衣裳者与瞽者，见之，虽少，必作③；过之，必趋④。

> 注释

① 齐衰(zī cuī)：丧服名。为五服之一。服用粗麻布制成，以其缉边缝齐，故称"齐衰"。
② 冕：古代天子、诸侯、卿、大夫等行朝仪、祭礼时所戴的礼帽。杨伯峻先生说："冕衣裳者，即衣冠整齐的贵族。冕是高等贵族所戴的礼帽，后来只有皇帝所戴才称冕。"
③ 作：起来、起身。
④ 趋：快步走。"作""趋"，都是一种敬意的表示。

> 评析

孔子看见穿着丧服的人、穿戴着礼帽礼服的人和盲人，会见的时候，他们即使年轻，孔子也一定站起来；经过他们身边的时候，一定会快走几步。孔子对待这三种人的生活细节，表达出特别的敬意和礼仪，体现了他的人文关怀和道德修养。生活在于细节，举手投足之间，见出个人修养。

9.11　颜渊喟然叹曰："仰之弥高，钻之弥坚。瞻之在前，忽焉在后。夫子循循然善诱人，博我以文，约我以礼，欲罢不能。既竭吾才，如有所立卓尔①。虽欲从之，末由也已。"

> 注释

① 卓尔：形容超群出众。卓：高。

评析

颜回深深感叹说："老师的大道，越仰望，就越感到崇高；越钻研，就越感到坚实。看着它就在前面，忽然间又落到了后面。老师善于一步步地引导我，以广博的知识丰富我，以严肃的礼仪约束我，使我想停止学习都不可能。我已经用尽我的才力，似乎能够高高地站立起来了。但想要继续向前迈进一步，又不知从何入手了。"钱穆先生《论语新解》说："学者熟读《论语》，可见孔子之道，实平易而近人。而细玩此章，可知即在此平易近人之中，而自有其高深不可及处。"在日常生活中，孔子平易近人，却蕴含着至深的做人做事的道理。李泽厚先生说："'欲罢不能'四字佳甚，展示学习之不断深入状态。"颜回对孔子之道的学习体会，折射了孔子平凡而伟大的人格力量。

9.12　子疾病，子路使门人为臣①。病间，曰："久矣哉，由之行诈也！无臣而为有臣。吾谁欺？欺天乎！且予与其死于臣之手也，无宁②死于二三子之手乎！且予纵不得大葬，予死于道路乎？"

注释

① 为臣：杨伯峻先生解释：和今天的组织治丧处有相似之处，所以译文用来比附。但也有不同之处。相似之处是死者有一定的社会地位才给他组织治丧处。古代，诸侯之死才能有"臣"；孔子当时，可能有许多卿大夫也"僭"行此礼。不同之处是治丧处人死以后才组织，才开始工作。"臣"却不然，死前便工作，死者的衣衾手足的安排以及剪须诸事都由"臣"去处理。所以孔子这里也说"死于臣之手"的话。

② 无：同"毋"，发语词，无义。无宁：同"毋宁"，宁可、不如。

评析

孔子病得厉害,子路便命孔子的学生组织治丧处。后来,孔子的病渐渐好了,就道:"太长久了呀,仲由干这种欺假的勾当! 我本不该有治丧的组织,却一定要使人组织治丧处。我欺哄谁呢? 欺哄上天吗? 况且我与其死在治丧人的手里,不如死在你们这帮学生们的手里,不还好些吗? 我即使不能被热热闹闹地隆重安葬,难道我会被扔在路上吗?"这是孔子对子路违反礼制规定办理丧事的激烈批评。按照当时规定,孔子即使以前担任过大夫,但去世时已经离职,只能按照士人的等级办理丧事。家臣,在当时是只有卿大夫治丧时才起用的人员。而子路等孔门弟子为了表示对孔子的敬意,私下设置了家臣,引起了孔子的反感。从弟子的情感角度来看,这是尊师的体现。朱熹《论语集注》说:"子路欲以家臣治其丧,其意实尊圣人。"但孔子宁愿死于弟子之手,"以弟子情益亲"。因此,这则故事,一方面反映了孔子恪守礼制、实事求是的人生态度,另一方面反映了孔子与学生之间的深厚情谊。看似对子路等人的批评,实则饱含着浓浓的亲情;看似学生起用家臣办丧,有违当时礼制,实则饱含着对老师深深的爱敬。正如李泽厚先生评价说:"非只严遵礼制,且更重亲情。'天地国亲师'均情感崇拜敬爱对象,信然。"

9.13 子贡曰:"有美玉于斯,韫椟①而藏诸? 求善贾②而沽诸?"子曰:"沽之哉! 沽之哉! 我待贾者也。"

注释

① 韫(yùn)椟:藏在柜子里。后比喻怀才珍藏,待价而沽。韫:珍藏、收藏。椟:柜子。

② 贾(gǔ):商人。一说"贾"同"价",价钱。"善贾"即"好价钱","待贾"即"等

好价钱"，意思也通。但杨伯峻先生比较说："不过与其说孔子是等价钱的人，不如说他是等识货者的人。"似更合乎情理。

评析

子贡说："这里有一块美玉，把它放在柜子里藏起来，还是找一个识货的买主卖掉呢？"孔子说："卖掉吧，卖掉吧，我在等着识货的买主哩。"这段对话，语义双关，孔子以美玉自喻，在等待识货的买主。孔子对于仕途的态度是："用之则行，舍之则藏。"（《论语·述而》）遇有良主，他便出仕为官，借此推行自己的政治主张；倘若不遇，他也不愿意主动去求官，而是选择等待。等待则不免落空，所以孔子晚年或慨叹"凤鸟不至，河不出图，吾已矣夫"，或感慨"甚矣吾衰也！久矣吾不复梦见周公"，理想破灭。这是时代的不幸，也是孔子的不幸。所以，孔子为选择良主，曾一度产生了离开中原，到九夷居住的想法。

9.14　子欲居九夷①。或曰："陋，如之何？"子曰："君子②居之，何陋之有③？"

注释

① 九夷：泛指东方的少数民族。一说指箕子建立的朝鲜半岛。

② 君子：指吴国的始祖泰伯（太伯）。一说指朝鲜半岛的箕子，箕子在朝鲜建立王国，将商朝的礼仪制度带到了朝鲜半岛，开创了"东方君子国"。另一说指孔子本人。

③ 何陋之有：有什么简陋呢？

评析

孔子想搬到九夷去住。有人说："那地方非常简陋，怎么行呢？"孔子说：

"有君子居住过,有什么简陋呢?"此处"君子"具体指谁,历来存有分歧,但不影响总体大意。孔子之所以想离开中原,到九夷去,与他所说"道不行,乘桴浮于海"(《论语·公冶长》)大体相近,是既愤激又无奈的话,是他理想破灭时不开心的牢骚语,算不得真。

9.17　子在川上,曰:"逝者如斯夫！不舍^①昼夜。"

注释

① 舍：居住、停留。

评析

孔子在河边,感叹道:"消逝的时光就像这河水一样呀！日夜不停地流去。"这一慨叹,将光阴之奔驰与水之流逝,有机地对接起来,成为千古名句,传诵不息。李泽厚先生说:"这大概是全书中最重要的一句哲学话语。儒家哲学重实践重行动,以动为体,并及宇宙","这是对时间的咏叹调"。"逝者如斯夫"正在于"动",在于一去不复返。又,从水流之动,联想到时间之动,从水流之不返,联想到时间之不返,由此领悟到光阴飞逝,应当珍惜光阴。由水流到光阴,由物及我,感慨时不我待,由此奋发努力。

9.18　子曰:"吾未见好德如好色者也。"

评析

孔子说:"我没有看见喜爱道德能像喜爱女色那样的人啊。"《史记·孔子世家》记载:孔子居卫,卫灵公与夫人同车,使孔子为次乘,招摇过市。或认为孔子由此感发。钱穆《论语新解》:"孔子此章所叹,古固如此,今亦同然。"

又说:"读《论语》,贵亲从人生实事上体会,不贵多于其他书籍上牵说。"李泽厚先生认为,此处"好色"之"色"可作宽泛意义理解,不必止于女色,对一切过度的华美文饰都是如此。之所以这样,大概是人的感性、惰性使然。因此,人性的自我约束、管理,反省、提升,才显得更为可贵。

9.19　子曰:"譬如为山,未成一篑①,止,吾止也。譬如平地,虽覆一篑,进,吾往也。"

注释

① 篑(kuì):盛土的竹筐。

评析

孔子说:"譬如堆土成山,只要再加一筐土便成山了,一旦停止就中断了,这是我自己停止的。又譬如在平地上堆土成山,虽然只是倒下一筐土,但如果继续努力,迟早会完成,这是我自己始终在坚持的。"孔子以堆土成山作为比喻,强调毅力、恒心、坚持的重要性。学习、修身、成功,都是一个不断累积的过程,积少成多,不达目标,不轻易放弃。一旦半途而废,即使前面的成绩再大,积累再深,也将前功尽弃,毁于一旦。

《荀子·劝学》:"积土成山,风雨兴焉;积水成渊,蛟龙生焉……故不积跬步,无以至千里;不积小流,无以成江海。骐骥一跃,不能十步;驽马十驾,功在不舍。锲而舍之,朽木不折;锲而不舍,金石可镂。"是对此章最好的注解和延伸。后世倡导的"愚公移山"精神——坚韧不拔、坚持不懈,继承了这一优秀传统,成为中华民族文化精神的动人写照。

9.20　子曰:"语之而不惰者,其回也与!"

孔子说："听我说话，始终不懈怠的，大概只有颜回吧！"这是对颜回好学、勤奋的最高赞誉。《论语·为政》也有"吾与回言终日"的记载，可见颜回学习的刻苦、用心。"不惰"，是进步的阶梯。不仅学习如此，各项事业都是如此。

9.21　子谓颜渊，曰："惜乎！吾见其进也，未见其止也。"

评析

孔子谈到颜渊，说："真可惜呀！我只看见他不断地进步，从没看见他停止过。"上一章谈颜回听从孔子教诲的不懈怠，此章谈颜回自主学习的不懈怠，只是颜回过世太早，令人难过，甚为惋惜。这也提醒我们在刻苦学习、拼搏事业的同时，即使再繁忙，也要注意锻炼身体，增强体质，劳逸结合，有节有度。

9.22　子曰："苗而不秀①者有矣夫！秀而不实者有矣夫！"

注释

① 秀：指禾黍的吐花。

评析

孔子说："庄稼生长了，却不吐穗开花的，有过的吧！吐穗开花了，却不凝浆结出果实的，有过的吧！"汉唐人多认为孔子这话是为颜回短命而感发。但一般认为颜回只是"秀而不实"，而"苗而不秀"又指谁呢？难有定论。朱熹《论语集注》："谷之始生曰苗，吐华曰秀，成谷曰实。盖学而不至于成，有如此者,是以君子贵自勉也。"抛弃旧说,认为孔子是就学习、成长而言,勉励君子。

李泽厚先生说:"常见年轻人稍有成就即沾沾自喜甚至骄傲自大,很快便不再长进,终于无成。无果实的花朵,绚灿惑人,一时而已。"他认为孔子这里"用苗之秀、实即生命之成长来喻人生、学问","中国画论、文论、诗画亦常用骨、肉、血、气等身体词汇来描述论理,盖均与生命有关。中国重生命,重感性,这个生气盎然的'一个世界'观,几乎无处不在"。孔子在这里用比兴的修辞手法,勉励人们坚持不懈,努力拼搏,充分绽放自己生命的青春,打造自己事业的天地;切忌半途而废,"苗而不秀""秀而不实"。

9.23　子曰:"后生可畏,焉知来者之不如今也? 四十、五十而无闻焉,斯亦不足畏也已。"

评析

孔子说:"年轻人是可敬畏的,怎能断定他们的将来赶不上现在的人呢?一个人到了四五十岁还一事无成,这也就不值得敬畏了。"成语"后生可畏"即由此而来。据此看来,孔子时代似乎也有轻视年轻人的陋习,故孔子提出反对。孔子觉得年轻人锐气十足,只要肯努力,一切成功皆有可能。反倒是那些到了四五十岁,胸无大志,暮气沉沉,并不愿意努力拼搏,一辈子浑浑噩噩,一事无成的人,才应该被轻视! 孔子这番话,既激励后生,又对四五十岁的人提出鞭策。"四十无闻,斯不足畏。"年过不惑,更当及时努力。而"后生"富有青春,朝气蓬勃,"木欣欣以向荣,泉涓涓而始流",一切美好的未来才刚刚开始。只要肯努力,希望总会实现。

9.25　子曰:"主忠信,毋友不如己者①,过则勿惮改。"

注释

① 毋：不要。如：像、如同。一说及、比得上。不如己：不像自己,即志趣不
投。一说比不上,即不如自己。

评析

孔子说："要注重忠诚、守信这两种道德。没有志趣不相投的朋友。有了
过失,就不怕去改正。"这三个方面,是讲君子自我修养的功夫,也依然在讲如
何做人。"忠""信"是我们做人做事的重要准则,也是我们人格高下的试金
石。"毋友不如己者",提出了交友的重要原则,"物以类聚,人以群分",志趣
不同,话不投机。"过则勿惮改",是交友之道,更是修身之道。每个人都不免
会犯错,有了过错,要敢于认错,勇于改错。认错、改错,并不丢人,反而会赢
得众人的尊敬、爱戴和信任。反之,不敢认错、改错,甚至以撒谎、欺骗的方式
试图掩饰过错,只会让众人伤心、失望,甚至愤怒。

9.26　子曰："三军①可夺帅也,匹夫②不可夺志也。"

注释

① 三军：周朝制度,诸侯中的大国可以拥有三军。中军最尊,上军次之,下军
又次之。后以"三军"作军队的通称。
② 匹夫：古代指平民中的男子。亦泛指平民百姓。

评析

孔子说："一支军队,可以剥夺主帅的权力;一个普通百姓,却不可以剥夺
他的志向。"以对比的方式,强调"志向"的重要性。孔子非常重视志向的树立

与培养。他曾经说:"吾十有五而志于学。"(《论语·为政》)强调青少年时代,就应该树立远大的理想与志向,这对中华文化影响深远。他也强调志存高远,为学要"志于道"(《论语·述而》),以立志为发端,涵养自身。

9.27　子曰:"衣敝缊袍①,与衣狐貉②者立,而不耻者,其由也与?'不忮不求,何用不臧?③'"子路终身诵之。子曰:"是道也,何足以臧?"

注释

① 衣(yì):动词,穿。缊(yùn):旧絮。杨伯峻先生说,古代没有草棉,所有"絮"字都是指丝绵。一说乱麻。

② 狐貉(hé):指狐、貉的毛皮制成的皮衣。

③ 不忮(zhì)不求,何用不臧(zāng):语出《诗经·邶风·雄雉》。忮:嫉妒、忌恨。求:贪求。何用:为什么、哪能。臧:善、好。

评析

孔子说:"穿着破旧的丝袍与穿着高贵皮衣的人站在一起,而不感到羞惭耻辱的,恐怕只有子路吧?《诗经》上说:'不嫉妒,不贪求,哪能不好?'"子路终生念着这两句诗。孔子说:"这个样子,怎么好得起来呢?"这是孔子对子路的培养和教育。子路性格直爽大气,当物质富有时与朋友共享,即使用坏了也不遗憾(5.26);当物质窘迫时与富贵公子在一起也不觉得寒碜自卑,拿得起放得下。孔子很是喜欢,便引用了《诗经》中的两句诗,赞扬子路落落大方的性格。子路因此颇为自得,一直将这两句诗挂在嘴边,于是孔子提醒他不要自满。否则,便什么都不是。李泽厚先生说:"孔子对子路的教育方法是:当人们满足其学问、道德时,便又猛击一掌,使之继续前行。"这是孔子培养子路所采用的独特的教学方法,不可复制。这是孔子因材施教教育方法的直接体现。

9.28　子曰："岁寒,然后知松柏之后凋①也。"

注释

① 凋：凋零、零落。

评析

孔子说："天冷了,才知道松树柏树是最后落叶的。"这是用了比喻和象征的手法,以松柏比喻和象征君子人格、君子节操。岁寒三友(松、竹、梅),松居其首。岁寒,比喻和象征着恶劣环境;松柏,比喻和象征着崇高的意志和韧性精神,以及与恶劣环境斗争的高洁和伟岸。由物及人,"以自然景物喻人事品德,乃充满情感特征的诗意语言(审美),此中国文字乃及文化特征之一"(李泽厚《论语今读》)。在中国,"以松柏象征喻韧性精神,以肯定的情感态度来激励人们"(李泽厚《论语今读》),成为一种常见的传统艺术题材,入诗入画,早已深入人心。其文化源头,就在孔子这里。

9.29　子曰："知者不惑,仁者不忧,勇者不惧。"

评析

孔子说："聪明的人不疑惑,仁爱的人不忧愁,勇敢的人不畏惧。"知(智)者、仁者、勇者,也是孔子所倡导的三种君子人格,值得仿效。君子乐天知命,不忧不惧;君子明辨是非,不疑不惑;君子敢作敢为,勇于担当。

9.30　子曰："可与共学,未可与适道;可与适道,未可与立①;可与立,未可与权。"

注释

① 立：杨伯峻先生认为，《论语》的"立"经常包含着"立于礼"的意思，所以这里译为"事事依礼而行"。

评析

孔子说："可以与之一起学习，未必可以与之一起取得同样的成就；可以与之一起取得同样的成就，未必可以与之一起事事依规而行；可以与之一起事事依规而行，未必可以与之一起通权达变。"这是孔子分层教育思想的又一直接体现。不同的个体差异，导致理解力、执行力的差别，不能同步，不能一刀切。孔子这里所划分的四个层次：共学、适道、与立、与权，体现了为学为人的不同境界和人生层次。由浅入深，逐层递进，体现了不同群体的差异性，从共性逐步走向差异性，共性逐步减少，差异性逐步增多，形成从共性到差异性的金字塔。

其中，"与立""与权"，李泽厚先生做了特别引申。他说："'经'与'权'是孔学一大问题，我以为译为'原则性'与'灵活性'最贴切……如何掌握此二者，就是所谓'领导的艺术''做人的艺术'，亦即根据具体情况掌握适当的'度'，这才是真正的'道'。"他还提及，早期儒家重视个体性、灵活性（主动性），与宋明理学仅强调"经"（原则性的伦理规范），应该区别开来，这是我们今天更应注意的。注重个体差异，掌握灵活性与主动性，在依规依据中学会变通，将原则性与灵活性相结合，这是孔子思想的可贵之处。

10.1　孔子于乡党,恂恂①如也,似不能言者。

其在宗庙朝廷,便便②言,唯谨尔。

注释

① 恂(xún)恂:温和恭敬。

② 便(pián)便:形容言语明白流畅。

评析

　　孔子在老乡中间,随和恭敬,好像不会说话。他在宗庙和朝堂中,讲话明白晓畅,但很谨慎。以上描述了孔子在不同场合的言谈举止。在乡里,因为礼敬长辈,所以恭敬随和,木讷少言;在宗庙、朝堂上,因为关系到国家祭祀、政务等活动,所以"当仁不让"(《论语·卫灵公》),雄辩是非,但态度保持谨慎,言辞不激烈。康有为指出,孔子的上述言谈举止,与世俗人的刚好相反。世俗人往往是在乡里雄辩滔滔,傲气凌人,而在国家的朝堂上木讷少言,战战兢兢。这一现象,值得人们反思。

10.3　君召使摈①,色勃如②也,足躩③如也。揖所与立,左右手④,衣前后⑤,襜⑥如也。趋进⑦,翼如⑧也。宾退,必复命曰:"宾不顾矣。"

注释

① 摈(bìn):接待宾客。

② 勃如:矜持庄重。

③ 躩(jué)：疾行貌。快步走。

④ 左右手：指分别向左向右拱手。

⑤ 衣前后：指衣裳向前向后俯仰。

⑥ 襜(chān)：整齐的样子。

⑦ 趋进：小步疾行而前，表示敬意的一种动作。

⑧ 翼如：形容姿态端好，像鸟展开翅膀一样。

评析

鲁君命他去接待外国的贵宾，他面色矜持庄重，脚步也快起来。向两旁的人作揖，或者向左拱手，或者向右拱手，他的衣服前后飘动，却很整齐。他快步向前，好像鸟儿舒展了翅膀。送别贵宾后，一定向君主回报说："客人已经不回头了。"以上描述了孔子接待外宾时的仪态举止。接待外国贵宾，一言一行，都代表着国家形象，所以孔子此时的仪态，与在乡里、在宗庙、在朝堂上，大有不同。一直等宾客走远不再回头作别时，自己才回来，以示慎重和礼貌。送别的这个礼仪细节，今天有些特别注重礼仪的人，依然做得很好。

10.5　执圭①，鞠躬如也，如不胜②。上如揖，下如授。勃如战色，足蹜蹜③如有循。

享礼④，有容色⑤。

私觌⑥，愉愉⑦如也。

注释

① 圭：一种玉器，是古代大臣代表国君出使时所执的信物。

② 胜：能够承受，禁得起。

③ 蹜(sù)蹜：紧凑狭窄的样子。

④ 享礼：使臣向朝聘国君主进献礼物的仪式。

⑤ 容色：指形貌神色从容舒缓。

⑥ 觌（dí）：相见。

⑦ 愉愉：和悦的样子。

评析

孔子出使到外国，举行典礼，拿着圭，恭敬谨慎地，好像举不起来。向上举好像在作揖，向下拿好像在交给别人。面色矜庄好像在作战。脚步也紧凑狭窄，好像在沿着一条线走过。献礼物的时候，从容舒缓。用私人身份和外国君臣会见，显得轻松愉悦。以上描述了孔子出使外国时的仪态，庄重而从容，不失使臣风度。

10.7　齐①，必有明衣②，布。

齐必变食③，居必迁坐④。

注释

① 齐：同"斋"，斋戒。

② 明衣：沐浴后所穿的衣服。

③ 变食：改变平时饮食的内容。杨伯峻先生认为，变食的内容，古人有三种说法：一是指不饮酒，不茹荤（荤是有浓厚气味的蔬菜，如蒜、韭、葱之属）；二是指不吃回锅的剩菜，取其洁净；三是不但不饮酒、不食葱蒜等，也不食鱼肉。

④ 迁坐：改换平时起居的场所。

评析

斋戒沐浴的时候，一定有浴衣，用布做的。斋戒的时候，一定改变平时的饮食;居处必须改换往常的寝室,不和妻妾同房。以上描述了孔子斋戒时的仪态。斋戒,是祭祀之前洁净身心的重要仪式,体现了孔子对待祭祀的虔诚态度。中国佛教后来也盛行斋戒习俗,从本章看来,春秋时期的斋戒习俗已经非常讲究,影响深远。据杨伯峻先生考证,春秋时期的斋戒,已经有不饮酒、不食葱蒜、不食鱼肉等内容,可见这些礼仪风俗由来已久。

10.8　食不厌精,脍不厌细。

食饐而餲①,鱼馁而肉败②,不食。色恶,不食。臭恶,不食。失饪,不食。不时③,不食。割不正④,不食。不得其酱,不食。

肉虽多,不使胜食气⑤。

唯酒无量,不及乱⑥。

沽酒市脯不食。

不撤姜食,不多食。

注释

① 饐(yì):食物经久而腐臭。餲(ài):食物经久而腐臭变味。
② 馁(něi):鱼腐烂叫"馁"。败:肉腐烂叫"败"。
③ 时:时令、季节。一说指时候、时间。
④ 割不正:杨伯峻先生说,"割"指宰杀猪牛羊时肢体的分解。古人有一定的分解方法,不按那方法分解的,便叫"割不正"。说本王夫之《四书稗疏》。
⑤ 气:同"饩",泛指粮食。
⑥ 乱:指饮酒至醉,神志昏乱。

评析

粮食不嫌舂得精,鱼和肉不嫌切得细。粮食霉烂发臭,鱼和肉腐烂,都不吃。食物变了颜色，不吃。气味变臭，不吃。烹制不熟，不吃。季节不到，不吃。砍割不对的肉，不吃。没有酱醋调味，不吃。席上肉虽然多，但是吃它不超过主食。只有酒不限量，却不至醉。市场买来的酒和肉干不吃。进食时不撤除姜，但吃得不多。以上描述了孔子在饮食方面的礼仪。这些饮食礼仪，确实非常有讲究，有的出于礼仪考虑，有的出于食物安全考虑，有的出于身体健康考虑，有的出于个人口味考虑，从而形成了孔子独特的饮食习惯。李泽厚先生说："全章均记述孔子很讲究饮食起居，这正是儒学重生的具体表现，它们也确乎大体符合现代卫生，有益于健康。"孔子享年七十三岁，迈入古稀之年，或得益于他对饮食的讲究，对健康的重视。

10.9　祭于公，不宿肉①。祭肉②不出三日。出三日，不食之矣。

注释

① 不宿肉：杨伯峻先生解释，古代的大夫、士都有助君祭祀之礼。天子诸侯的祭礼，当天清早宰杀牲畜，然后举行祭典。第二天又祭，叫作"绎祭"。绎祭之后才令各人拿自己带来助祭的肉回去，或者又依贵贱等级分别颁赐祭肉。这样，祭于公的肉，在未颁下来以前，至少是放了一两宵了，因之不能再存放一夜。
② 祭肉：这里指私祭的肉。与公祭的肉相对而言。

评析

　　参与国家祭祀典礼，不把祭肉留到第二天。别的祭肉留存不超过三天。若是存放过了三天，便不吃了。祭祀的肉，作为祭品，一般都会分享品尝。但孔子以食品安全为原则，兼顾礼仪，再次体现了他的灵活性与原则性相结合。如果超过了食品安全期，即使是分享的祭祀之肉，他也不再贸然食用。

10.10　食不语，寝不言。

$\boxed{\text{评析}}$

　　吃饭的时候不交谈，睡觉的时候不说话。李泽厚先生说："食不语寝不言，免影响消化及睡眠，但并非绝对。"确实如此。可能孔子当时讲这番话，有一定的语境，并非如此简单绝对化。可能孔子要强调的是，吃饭时候的交谈、睡觉时候的交谈，要把握火候、中庸，不过头。

10.11　虽疏食菜羹，瓜祭①，必齐如也。

$\boxed{\text{注释}}$

① 瓜祭：杨伯峻先生解释，有些本子作"必祭"，"瓜"恐怕是错字。这是食前将席上各种食品拿出少许，放在食器之间，祭最初发明饮食的人，《左传》叫泛祭。

$\boxed{\text{评析}}$

　　即使是糙米饭、蔬菜羹，也必须在饭前先祭一祭，也必定像斋戒那般虔诚。这种饭前的祭祀仪式，也是一种古老的礼仪活动，祭祀最初发明饮食的人，以示不忘本。既是祭祀仪式，也是一种纪念仪式。西方宗教人士进餐前的祷告，大约与之有些类似，但中国的这一仪式，历史更为悠久。

10.12　席不正①，不坐。

$\boxed{\text{注释}}$

① 席：杨伯峻先生解释，古代没有椅和凳，都是在地面上铺席子，坐在席子

上。席子一般是用蒲苇、蒯草、竹篾以至禾穰为质料。现在日本人还保留着席地而坐的习惯。席不正：是指布席不合礼制。一说指座席不端正。

$$\boxed{\text{评析}}$$

座席摆的方向不合礼制，不坐。《墨子·非儒》记载："哀公迎孔子，席不端，不坐。"《墨子》记载意在批评孔子摆架子，无礼于国君，从而达到"非儒"的意图。这与本章记载的本意，相去甚远。本章意在通过生活细节，展现孔子对礼仪的重视与尊崇。细节处见精神。座席虽小，可以喻大。试想一下，连摆座席这样的礼仪小事，都做不到位，怎么能够做好那些更大的礼仪之事呢？

10.13 乡人饮酒①，杖者出，斯出矣。

$$\boxed{\text{注释}}$$

① 乡人饮酒：杨伯峻先生解释，即行乡饮酒礼，据《礼记·乡饮酒义》，"少长以齿"。《王制》也说："习乡尚齿"。既论年龄大小，所以孔子必须让杖者先出。

$$\boxed{\text{评析}}$$

与乡里人饮酒，要等老年人都出去了，自己才出去。本章再次描述孔子在乡里的举止仪态，对老者礼敬有加，入乡随俗，亲切随和，不失礼仪，老人"未出不敢先，既出不敢后"（朱熹《论语集注》）。

10.15 问①人于他邦，再拜②而送之。

注释

① 问：问讯、问好。古代问讯，一般要代为赠送礼物，以表达情意。

② 拜：一般是拱手并弯腰。

评析

孔子托人给在外国的朋友问候送礼，两次拜谢后送行。为何"再拜"，历来理解不一。一般礼仪，一次拜谢，但孔子拜谢两次，似为特别重谢之意。这体现了孔子对友情的重视和对使者的尊重。

10.16　康子馈药，拜而受之。曰："丘未达①，不敢尝。"

注释

① 达：明白、了解。

评析

季康子给孔子送药，孔子拜谢后接受，说："我对这药性不很了解，不敢试服。"孔子不乱吃药，体现了对养生的重视。这对今天仍然有启发意义。"是药三分毒"，不能随便乱吃药。即使是补药，也不一定对所有人适用。对症下药，才有益于健康。

10.17　厩焚。子退朝，曰："伤人乎?"不问马。

评析

马棚失火。孔子从朝廷回来后，问："伤了人吗?"没有问马。此处断句，历来有分歧。另一种断句为："伤人乎？不（否）。问马。"即问伤人后，如没有，再问马。前一种断句，古人认为"非真贱畜，置马于度外"，"伤人乎？不问马，盖仓卒之间，以人为急"。后一种断句，体现了孔子先问人后问马，由人及物的博爱情怀。

10.19　疾，君视之，东首①，加朝服，拖绅②。

注释

① 东首：杨伯峻先生解释，指孔子病中仍旧卧床而言。古人卧榻一般设在南窗的西面。国君来，从东边台阶走上来，所以孔子面朝东来迎接他。
② 加朝服，拖绅：杨伯峻先生解释，孔子卧病在床，自不能穿朝服，只能盖在身上。绅是束在腰间的大带。束了以后，仍有一节垂下来。绅：束于礼服外的大带。

评析

孔子病了，国君来探望，他便脑袋朝东，把上朝的礼服披在身上，拖着大带。孔子侍奉国君，始终保持恭敬的态度。即使在病中，仍然以君臣的礼节相见，体现了他对礼仪的重视和对国君的尊重。

10.20　君命召，不俟①驾行矣。

注释

① 俟（sì）：等待。

评析

国君有命令召见，孔子不等待车辆驾好马，立即先步行。国君召唤，孔子即动身前往,甚至不等待车马准备好,体现了对国君的尊重。

10.21　入太庙,每事问。

$\boxed{评析}$

孔子到了太庙,每件事情都发问,问得很详细。太庙是周公的神庙,而孔子对周公有很深的感情,所以这里的"每事问",既反映了孔子谦虚好学的求学精神,也体现了孔子对周公浓郁的敬慕之情。

10.22　朋友死,无所归,曰:"于我殡①。"

$\boxed{注释}$

① 殡:停放灵柩叫殡,埋葬也可以叫殡,这里当指一切丧葬事务。

$\boxed{评析}$

朋友死了,没有人收殓,孔子说:"由我来负责丧事。"孔子主动为朋友安排后事,体现了对友情的重视,有义气,重感情。

10.23　朋友之馈,虽车马,非祭肉,不拜。

$\boxed{评析}$

朋友的赠品,即使是车马,只要不是祭肉,孔子在接受的时候,都不行礼。真正朋友的交往,不在于繁文缛节的客套形式。孔子很重感情,但对于朋友的馈赠,只要不是祭肉,一般都不行礼,因为祭肉涉及祖先,礼物的意义重大,所以行礼。众所熟知,孔子是一个极讲究礼仪的人,但他在朋友面前,从不拘泥于外在的形式,坦诚相待。这一点特别值得我们珍视。《庄子·山木》云:"君子之交淡若水,小人之交甘若醴。君子淡以亲,小人甘以绝。"可以和孔子的交友态度并观,将深化我们对此的认识。

10.24　寝不尸,居不客^①。

注释

① 居:坐。客:宾客。一作"容"。《经典释文》和唐《石经》作"客"。杨伯峻先生解释,古人的坐法有几种,恭敬的是屈着两膝,膝盖着地,而足跟承着臀部。做客和见客时必须如此。不过这样难以持久,居家不必如此。省力的坐法是脚板着地,两膝耸起,臀部向下而不贴地,和蹲一样。所以《说文》说:"居,蹲也。"最不恭敬的坐法是臀部贴地,两腿张开,平放而直伸,像箕一样,叫作"箕踞"。孔子平日的坐式可能像蹲。

评析

孔子睡觉不像死尸一样直躺着;平日坐着,也不像接见客人或者自己做客时一样,跪着两膝在席上。古人认为睡觉应微曲侧卧,而摊开手脚仰睡,姿态不雅,且不利于身体健康。家居不像做客或招待客人时那般拘礼,以示轻松自在,但并非懈怠。

10.25　见齐衰者,虽狎,必变。见冕者与瞽者,虽亵,必以貌。
凶服者式^①之。式负版^②者。
有盛馔,必变色而作。
迅雷风烈必变。^③

注释

① 式：同"轼"。古代车辆前的横木叫"轼"。这里作动词用，用手扶轼。

② 版：国家图籍。

③ 迅雷：疾雷。风烈：烈风、大风。

评析

　　孔子看见穿孝服的人，即便关系亲密，也一定改变态度。看见戴着礼帽和瞎了眼睛的人，即使关系亲近，也一定有礼貌。在车中遇见拿了送死人衣物的人，便把身体微微地向前一俯，手扶着车前的横木，表示同情。遇见背负国家图籍的人，也手扶车前横木，表示敬意。遇有丰富的菜肴，一定改变神色，站起身来，致以谢意。遇见疾雷、大风，一定改变神色。以上集中描述了孔子在不同场合，面对不同的个体，随时调整自己的仪态。或表示哀怜，或表示敬意，或表示感激，或表示同情。孔子根据场合的不同，变化仪态，再次体现了他对待礼仪的原则性与灵活性，并不刻板、教条，而是体现出人性的光辉，温暖、仁爱。

10.26　升车，必正立，执绥①。

车中，不内顾，不疾言，不亲指②。

注释

① 绥（suí）：登车的绳索、扶手带。

② 亲指：清代学者刘宝楠《论语正义》认为，《礼记·曲礼》"车上不妄指"，故此处"亲"即可能是"妄"字之讹。

评析

孔子上车，一定先端正地站好，拉着扶手的绳索。在车中，不环顾车内，不高声说话，不随意指点。以上描述孔子上车、坐车时的仪态。这些仪态，不仅是出于安全考虑，而且是公共场所的礼仪规范。所有这些，表现了孔子对待生活、人生的严肃、认真，对待礼仪、对待他人的敬畏之心。这些礼仪规范，即使到了现代社会，也对我们有一定的启发和借鉴意义。

先进篇第十一

11.1 子曰:"先进^①于礼乐,野人^②也;后进于礼乐,君子也。如用之,则吾从先进。"

注释

① 先进、后进:或认为是从学的先后,或认为是仕进的先后,或认为前辈、后辈。

② 野人、君子:朱熹认为,野人即郊外之民,君子谓古士大夫。

评析

孔子说:"先学习礼乐而后做官的是未曾有过爵禄的一般人,先有了官位而后学习礼乐的是卿大夫的子弟。如果要我选用人才,我主张选用先学习礼乐的人。"本章对于"先进""后进""野人""君子"的解读分歧较大。但孔子对于"先进于礼"的赞赏,再次体现了他对礼乐地位的重视。

11.2 子曰:"从我于陈、蔡^①者,皆不及门^②也。"

注释

① 从我于陈、蔡:指孔子东游时,路过陈国、蔡国(今河南、安徽一带),遭遇围困,一度断粮。后世一般称之"陈蔡绝粮"或"厄于陈蔡"。

② 不及门:解释也比较多,或认为"不及仕进之门",或认为"不仕于卿大夫之门",或认为"不在门下"。斟酌语境,此番话似为孔子晚年返回鲁国时所说,故"门"应为孔子家的门堂。郑珍《巢经巢文集》:"古之教者家有塾,塾

在门堂之左右,施教受业者居焉。所谓'皆不及门',及此门也。"已谈及此意。

> **评析**

孔子说:"跟着我在陈国、蔡国之间忍饥受饿的人,都不在我这里了。"孔子重感情,晚年思念那些与他共患难的学生,"追思往昔,情不自胜",以"不忘其相从于患难之中"。故朱熹将下章与本章合二为一,以表孔子思念之意。"无情未必真豪杰,怜子如何不丈夫。"孔子多情,不忘患难之交,于此可见。

11.3　德行:颜渊,闵子骞,冉伯牛,仲弓。言语:宰我,子贡。政事:冉有,季路。文学①:子游,子夏。

> **注释**

① 文学:一般认为指古代文献。即孔子所传的《诗经》《尚书》《周易》等。

> **评析**

孔子的学生各有所长。德行好的:颜渊、闵子骞、冉伯牛、仲弓。善于辞令的:宰我、子贡。能办理政事的:冉有、季路。熟悉古代文献的:子游、子夏。这十位高才生,后世称为"孔门十哲",他们分属于四个门类,称为"孔门四科",影响深远。孔门十哲,从唐代开元三年(715)开始,唐玄宗诏令祭祀孔子时,十哲配享孔庙。

宋儒对此有所质疑,程颐认为,本章是因为上一章孔子的感叹而记录的,这十位只是跟随孔子流亡时的高足,"门人之贤者固不止此"(朱熹《论语集注》引)。但杨伯峻先生认为,这一章和上一章"从我于陈、蔡者"不相连。朱熹《四书集注》说这十人即当在陈、蔡之时随行的人,是错误的。杨伯峻先生

《论语译注》考证说,根据《左传》,冉有其时在鲁国为季氏之臣,未必随行。根据《史记·仲尼弟子列传》,当时随行的还有子张,何以这里不说及? 根据各种史料,确知孔子在陈绝粮之时为鲁哀公四年,时孔子六十一岁。又据《史记·仲尼弟子列传》,子游小孔子四十五岁,子夏小孔子四十四岁,那么,孔子在陈、蔡受困时,子游不过十六岁,子夏不过十七岁,都不算成人。这么年幼的人即使已经在孔子门下受业,也未必都跟去了。可见这几句话不过是孔子对这十个学生一时的叙述,由弟子转述下来的记载而已。

11.4　子曰:"回也非助我者也,于吾言无所不说。"

评析

孔子说:"颜回不是对我有所帮助的人,他对我的话没有不喜欢的。"看似批评,实则表扬;看似遗憾,实则深喜。孔子强调教学相长,师生互动,鼓励学生提问。例如子夏对《诗经》的提问,孔子称赞他为"起予者"(启发我的人)。而颜回对于孔子教诲,从不主动提问,只是"默识心通",以至于孔子感慨"吾与回言终日,不违,如愚",但孔子通过观察发现,颜回"退而省其私,亦足以发,回也不愚"(《论语·为政》)。可作为本章的注脚。颜回不爱提问,一方面可能是性格使然,另一方面体现了对孔子及学问的足够虔诚、膜拜。学生顶礼膜拜老师,老师深喜学生好学。古来师生情谊,莫过于此。

11.5　子曰:"孝哉闵子骞! 人不间于其父母昆弟之言。①"

注释

① 间:非议、批评。昆弟:兄弟。

　　孔子说:"闵子骞真是孝顺呀,别人没法不认同他父母兄弟称赞他的话。"这是赞扬闵子骞的孝顺,众人有口皆碑,声名远播。闵子骞至孝事迹,被编入"二十四孝",流传久远。孔子宣扬孝道文化,闵子骞又是至孝之人,所以获得孔子赞叹。闵子骞以至孝之德,成为孔门十哲,位次紧列颜渊之后。所有这些,体现了当时以及后世的人们对至孝之人的青睐。

　　11.6　南容三复白圭①,孔子以其兄之子妻之。

①　三:这里指屡次、多次。白圭:即《诗经·大雅·抑》:"白圭之玷,尚可磨也;斯言之玷,不可为也!"这首诗大意是说:白圭的污点,还可以磨掉;我们言语中的污点,便没有办法去掉。杨伯峻先生推断说,大概南容是一个谨小慎微的人,所以能做到"邦有道,不废;邦无道,免于刑戮"(5.2)。

　　南容(南宫适)经常诵读"白圭"诗篇,孔子把侄女嫁给了他。"诗言志",南宫适经常诵读"白圭"这首诗,意在随时警醒自己,确实可以看出他的谨言慎行,非常稳重,可托付终身。本章体现了孔子对南宫适为人处世的喜爱。

　　11.7　季康子问:"弟子孰为好学?"孔子对曰:"有颜回者好学,不幸短命死矣,今也则亡。"

　　季康子问:"你学生中谁用功?"孔子回答说:"有一个叫颜回的,很用功,不幸短命死了,现在就再没有这样的人了。"《论语·雍也》记载鲁哀公也问过同样的问题,但回答鲁哀公时,孔子多强调了一句"不迁怒,不贰过"(不迁怒于人,不重犯过错)。为什么同样的问题,而回答有些不一样?有不同的解说,有人认为鲁哀公有"迁怒贰过"之事,故孔子的答语,意在委婉规劝;有人认为"臣之告君,不可不尽",孔子对于国君,应该知无不言,言无不尽。不管真相到底是什么,都体现孔子智慧、灵活的一面,不讲套话,不固执,不呆板。这与他因材施教的教育理念,是一以贯之的。

11.8　颜渊死,颜路请子之车以为之椁①。子曰:"才不才,亦各言其子也。鲤②也死,有棺而无椁。吾不徒行以为之椁。以吾从大夫之后③,不可徒行也。"

注释

① 颜路:颜回的父亲,名无繇,字路,也是孔子学生。椁(guǒ):古代套于棺外的大棺。古代大官棺木至少用两重,里面的一重叫棺,外面又一重大的叫椁,即所谓"内棺外椁"。
② 鲤:字伯鱼,孔子的儿子,年五十而死,时年孔子七十。
③ 从大夫之后:杨伯峻先生解释,孔子在鲁国曾经做过司寇的官,是大夫之位。不过此时孔子已经去位多年。他不说"我曾为大夫",而说"吾从大夫之后"(在大夫行列之后随行的意思),只是一种谦逊的口气罢了。

评析

颜渊去世,他父亲颜路请求孔子卖掉车子来替颜渊置办外椁。孔子说:"不管有才能或者没有才能,但总是自己的儿子。我的儿子鲤死了,也只有内棺,没有外椁。我不能卖掉车子步行来替他买椁。因为我也曾做过大夫,是不可以步行的。"本章有三个层面值得仔细品味。一是从对话来看,按当时礼制规定,孔子出门乘车,不能步行,所以孔子委婉地拒绝了卖车的提议。但担心颜路误解,所以用自己儿子来类比,由此体现孔子直率、坦诚的性格。二是孔子不肯破坏礼制,卖车置椁,实际上是不敢以私情而殉公德。李泽厚认为,孔子"即使对其最喜欢的学生,也不肯丧失'原则性'。此'原则性'应视作当时的公共法规,即社会性道德(公德)所在,而一己之感情则私德也"(《论语今读》)。三是孔子无力为孔鲤、颜回置办外椁,可见他晚年的经济也并不景气,大不如当年。孔子晚年,孔鲤、颜回、子路相继去世,对他打击也很大,晚景落魄凄凉。

11.9　颜渊死。子曰:"噫! 天丧予! 天丧予!"

$\boxed{\text{评析}}$

颜渊死了,孔子说:"啊! 天老爷要我的命呀! 天老爷要我的命呀!"孔子悲伤痛惜之情,跃然纸上。李泽厚先生说:"'仁者寿'。屡次被孔子赞赏的仁者颜回而竟早夭。这不仅是悼颜回,亦感伤于'仁'也。"确然。故孔子有感于此,呼天抢地,沉痛至极。孔子既为颜回早夭而痛,也为"仁"之理想破灭而痛。

11.10　颜渊死,子哭之恸①。从者曰:"子恸矣!"曰:"有恸乎? 非夫人之为恸②而谁为?"

$\boxed{\text{注释}}$

① 恸(tòng):极度悲痛。

② 非夫人之为恸:即"非为夫人恸"的倒装形式,强调"夫人"。夫(fú):代词。

表示第三人称。这里指颜回。

评析

颜渊去世,孔子哭得很伤心。跟随的人说:"您太伤心了!"孔子说:"真的太伤心了吗? 不为这样的人伤心,还为谁呢?"孔子因为颜回的去世而过度伤心,其原因是多方面的。如上一章所言,孔子既哭颜回,也在哭自己。颜回是孔子最得意的弟子,是孔子衣钵的继承者,深得师门喜爱。孔子说:"自吾有回,门人益亲。"(《史记·仲尼弟子列传》)颜回早夭,可以说是孔门最大的损失,对孔子理想和事业的传承与发展打击很大。随后,孔子多次向鲁哀公、季氏表示,颜回夭亡,现今再没有这样好学的人了。

11.11　颜渊死,门人欲厚葬①之。子曰:"不可。"

门人厚葬之。子曰:"回也视予犹父也,予不得视犹子也。非我也,夫二三子也。"

注释

① 厚葬:杨伯峻先生解释,根据《檀弓》所记载孔子的话,丧葬应该"称家之有亡,有,毋过礼。苟亡矣,敛首足形,还葬,县棺而封"。颜子家中本穷,而用厚葬,在孔子看来,这是不应该的。孔子的叹,实是责备那些主持厚葬的学生。

评析

颜渊去世,孔子的学生们想要厚葬他。孔子说:"不行。"学生们厚葬了他。孔子说:"颜回啊,你把我当父亲对待,我却不能像儿子一般地看待你呀。这不是我的主意啊,是你那帮同学干的呀。"

儒家主张厚葬,不主张节葬。但是孔子认为,厚葬与否,应该根据地位、财力等量力而行。颜回家境贫寒,颜回父亲提出让孔子卖车置椁,遭到孔子委婉拒绝,学生们又想厚葬,也遭到孔子的反对。孔子之所以如此,主要还是当时的礼制要求。所以,这样看起来,似乎孔子是矛盾的两个人。但李泽厚先生对此解释得很清楚,他说:"孔老夫子把个体的情感表达(如上两章)与社会礼制的遵守(此章及 11.7)分别得很清楚……所以一面纵情痛哭,过分伤心;另一面反对厚葬,坚持礼制。社会行为坚持原则,个人情感有灵活性。"再次体现了孔子原则性与灵活性的结合,不像后世理学家那样,"过于机械、单调","一板一眼,将人生、生活弄得枯槁之至"。(《论语今读》)这正是孔子的伟大而平凡之处。

11.12 季路问事鬼神。子曰:"未能事人,焉能事鬼?"曰:"敢[①]问死。"曰:"未知生,焉知死?"

> **注释**

① 敢:敬词,无实际意义。郑玄说:"敢,冒昧之词。"

> **评析**

子路问如何侍奉鬼神。孔子说:"还没能侍奉好活人,怎么能侍奉鬼呢?"子路又问:"请问什么是死?"孔子说:"还不懂得生,怎么能懂得死呢?"这是一段著名的对话,对于中华传统文化影响深远。孔子对鬼神"敬而远之",对未知世界"存而不论",更多关注现实世界,这是儒家文化的特质。面对子路的提问,孔子强调将"事人""知生"作为第一要务,告诫子路只有懂得了"事人""知生"的人生道理,才有资格去谈死和鬼。这是儒家关注现实,关怀人生,讲究务实、理性精神的集中体现,也是儒家积极入世、勇于提升自我、改造社会的天下情怀的体现。

11.13　闵子侍侧,訚訚①如也;子路,行行②如也;冉有、子贡,侃侃③如也。子乐。"若由也,不得其死然。"

注释

① 訚(yín)訚：恭敬而正直的样子。

② 行(hàng)行：刚强而负气的样子。

③ 侃侃：温和而快乐的样子。

评析

闵子骞站在孔子身旁,恭敬而正直的样子;子路刚强负气的样子;冉有、子贡温和而快乐的样子。孔子很高兴,说："像子路这样啊,怕不得好死的样子。"这是孔门师生非常快乐的温馨瞬间。每位学生的个性、神态,都描摹得活灵活现,甚至孔子说话时的语气,都可以直接感受得到。孔子本来是一句玩笑话,逗大家开心,却不承想孔子知人论事,一语成谶。后来子路死于卫国内乱,果然不得好死。孔子听说卫国内乱了,即伤心地预判："子路恐怕要丧命了。"噩耗传来,孔子伤痛欲绝。子路、颜回与孔子情同父子,他们的去世,对孔子打击很大,孔子如失左右手,不久也离开了人世。

11.15　子曰："由之瑟①奚为于丘之门?"门人不敬子路。子曰："由也升堂矣,未入于室也。②"

注释

① 瑟：古代的乐器,和琴同类。杨伯峻先生解释,这里孔子不是不高兴子路

弹瑟,而是不高兴他所弹的音调。

② 堂:正厅。室:内室。升堂入室,比喻学问到家了。

评析

孔子说:"子路鼓瑟,为什么到我这里来弹呢?"于是学生们瞧不起子路。孔子说:"子路,学问已经不错了,只是还不够精深罢了。"子路鼓瑟,"有北鄙杀伐之声"(《孔子家语》),缺乏中正平和之气,故受到孔子的批评。"升堂矣,未入于室也",成语"升堂入室"由此而来。"升堂",比喻子路已经很有水平了;"未入室",比喻虽然有较高水平但还需进一步提升。后世往往将学问分为三个阶段:先入门,次升堂,最后入室。

11.16 子贡问:"师与商也孰贤?"子曰:"师也过,商也不及。"
曰:"然则师愈与?"子曰:"过犹不及。"

评析

子贡问孔子:"颛孙师(子张)和卜商(子夏)两个人,谁强一些?"孔子说:"子张呢,有些过头了;子夏呢,有些赶不上。"子贡说:"那么,是子张强一些吗?"孔子说:"过头和赶不上,同样不好。"成语"过犹不及"由此而来,体现孔子所强调的中庸之道的思想。"度"的把握,才是最好的,即所谓"恰到好处"。

11.17 季氏富于周公①,而求也为之聚敛而附益之②。子曰:"非吾徒也。小子鸣鼓而攻③之,可也。"

注释

① 周公:具体指谁,看法有分歧。或认为是周公旦,或认为泛指在周王朝任

职的王族。

② 聚敛而附益之：杨伯峻先生解释，事实可参阅《左传》哀公十一年和十二年文。季氏要用田赋制度，增加赋税，使冉求征求孔子的意见，孔子则主张"施取其厚，事举其中，敛从其薄"。结果冉求仍旧听从季氏，实行田赋制度。聚敛，《礼记·大学》说："百乘之家，不畜聚敛之臣。与其有聚敛之臣，宁有盗臣。"可见儒家为了维护统治，反对过分剥削人民。其思想渊源或者本于此章。

③ 鸣鼓而攻：指宣布罪状而加以声讨。

$$\boxed{\text{评析}}$$

季氏比周公还富裕，冉求却替他搜刮，增加更多的财富。孔子说："冉求不是我学生，你们可以大张旗鼓地公开声讨他。"孔子反对苛捐杂税，主张藏富于民（"庶之富之"），曾有"苛政猛于虎"之叹，而冉求身为孔子弟子，却为季氏敛财，这违背了孔子教诲，也有违士人初心，故孔子斥其"非吾徒"，并号召大家声讨他。孔子晚年落魄，有学生在孔子生前，开始有违师训，冉求即为一例。

11.18 柴①也愚，参也鲁，师也辟②，由也喭③。

$$\boxed{\text{注释}}$$

① 柴：即高柴，字子羔，孔子学生，比孔子小三十岁，卫国人（一说齐国人）。

② 师：即颛孙师，字子张，孔子学生，比孔子小四十八岁，陈国人。辟（pì）：偏激、偏执。

③ 喭（yàn）：鲁莽、粗俗。

评析

高柴愚笨,曾参迟钝,子张偏激,子路鲁莽。孔子指出四位学生的性格缺点,以便于他们改正不足。孔子强调,通过后天不断学习,可以弥补性格上的缺憾。孔子说:"知(智)者,知人。"他因材施教的教育理念,正是建构在"知人"基础上的。他对于学生们性格的优缺点,都能如数家珍。孔子对于学生不同性格的评判,颇有利于"因材施教"理念的教育实践和仁德教化。

11.19 子曰:"回也其庶①乎,屡空②。赐不受命③,而货殖焉,亿则屡中。"

注释

① 庶:庶几、差不多。

② 空:杨伯峻先生解释,古代财货的缺少叫"贫",生活无着落,前途无出路叫"穷"。"空"字却兼有这两方面的意思,所以用"穷得没有办法"来译它。

③ 赐不受命:杨伯峻先生解释,此语古今颇有不同解释,关键在于"命"字的含义。有把"命"解为"教命"的,则"不受命"为"不率教",其为错误甚明显。王弼、江熙把"命"解为"爵命""禄命",则"不受命"为"不做官",自然很讲得通,可是子贡并不是不曾做官。《史记·仲尼弟子列传》说他"常相鲁卫",《货殖列传》又说他"既学于仲尼,退而仕于卫,废著鬻财于曹鲁之间",则子贡的经商和做官是不相先后的。那么,这一说既不合事实,也就不合孔子原意了。又有人把"命"讲为"天命"(《皇疏》引或说,朱熹《论语集注》),俞樾《群经平议》则以为古之经商皆受命于官,"若夫不受命于官而自以其财市贱鬻贵,逐什一之利,是谓不受命而货殖"。两说皆言之成

理,而未知孰是,故译文仅以"不安本分"言之。

评析

孔子说:"颜回的学问道德差不多了吧,可是常常穷得没有办法。子贡不安本分,去经商投资,猜测行情,竟每每猜对了。"孔子有意将颜回、子贡作对比,颜回安于本分,一心向学,穷困潦倒,而子贡不安本分,经商投资,生活富足。孔子对颜回、子贡各自的人生追求,没有褒贬的评价。李泽厚先生说:"孔子对子贡此语并非贬词,毋宁有赞许意。颜回不接受官禄安排而安贫乐道,固然好;子贡不接受官禄安排而凭才智致富,也不坏。可见孔子并不反对做生意发财,只是没有正面提倡罢了。"

11.20　子张问善人①之道。子曰:"不践迹②,亦不入于室。"

注释

① 善人:即君子。有道德的人、善良的人。
② 践迹:踩着前人的足迹。

评析

子张问怎样才是善人。孔子说:"善人不踩着前人的脚印走,学问道德也难以到达高深境界。"这是强调学习与实践的重要性。朱熹《论语集注》:"善人,质美而未学者也。"此强调学习。翟灏《四书考异》:"善人生质虽美,不由实践,则亦不能造于深奥。"此强调实践。合而观之,方得孔子此言深意。善于学习,重视实践,才能使我们更行更远。

11.22　子路问:"闻斯行诸?"子曰:"有父兄在,如之何其闻斯行之?"

冉有问："闻斯行诸?"子曰："闻斯行之。"

公西华曰："由也问闻斯行诸,子曰,'有父兄在';求也问闻斯行诸,子曰,'闻斯行之'。赤也惑,敢问。"子曰："求也退,故进之;由也兼人①,故退之。"

注释

① 兼人：指一人做两人的事情。比喻好胜斗狠。

评析

子路问："听到了就去做吗?"孔子说："有父亲、兄长健在,怎么可以听到了就去做?"冉求问："听到了就去做吗?"孔子说："听到了就去做。"公西华问："子路问听到了就去做吗? 您说有父、兄健在。冉求问听到了就去做吗? 您说听到了就去做。两个人问题相同,而您的答复相反,我有些疑惑,请问。"孔子说："冉求性格退缩犹豫,所以我鼓励他前进。子路性格鲁莽好胜,所以我要压压他。"这段记载孔子对子路、冉求的教育方式,是他"因材施教"的经典案例,被后世屡屡提及。但值得特别注意的是,这种教育方式首先建立在"求也退""由也兼人"充分的"知人"基础之上,而这种"知人"只是手段,"进之""退之"才是其教育的最终目的。李泽厚先生说："孔子的教育,不只是空谈心性,而是结合具体心性而施教。这种'因材施教'的意义正在于对各不相同的人的个性心理特殊性的发掘和实现,注重个体的独特性,这应被看作孔子思想的一大特色。"这种教育模式,建构在对个体独特性的关注与洞察的基础上。若缺乏这个基础,"因材施教"也就成了一句空话。但对于不同个体心理特殊性的发掘,并非一朝一夕之功,任重而道远。

11.23　子畏于匡,颜渊后。子曰："吾以女为死矣。"曰："子在,回何敢死?"

评析

孔子在匡地被囚禁，颜回后到。孔子说："我还以为你已经遇难死了。"颜回说："您活着，我怎么敢死呢？"这段师生对话，朴实动人，体现了师生间真诚挚爱的情感。孔子问语，殷切关爱；颜回答语，忠厚虔诚。或许只有经历过生死劫难的人，才更能懂得这段师生间的妙言。

11.24 季子然①问："仲由、冉求可谓大臣与？"子曰："吾以子为异之问，曾②由与求之问。所谓大臣者，以道事君，不可则止。今由与求也，可谓具臣矣。"

曰："然则从之者与？"子曰："弑父与君，亦不从也。"

注释

① 季子然：为季氏的同族之人，生平事迹不详。
② 曾：乃、竟。

评析

季子然问："子路、冉求可以说是'大臣'吗？"孔子说："我以为你问别的，原来是问子路、冉求。所谓'大臣'，是以道义侍奉国君，如果行不通，就辞职不干。如今子路和冉求，只可以说具备做臣子的条件了。"季子然又问："那么，他们会一切顺从上级吗？"孔子说："如果要杀父亲、杀君主，那也是不会顺从的。"孔子答话大概具体有所指，现在难以考知。金良年先生说："孔子表面上在谈论臣属侍奉君主之道，实际上是通过轻视子路、冉求来讥讽季氏的不臣行为。当时，子路、冉求正担任季氏的家臣，季氏无道，他们既不能匡正（见本篇11.17章），又不能罢手，所以孔子说他们是'备位充数的臣属'。其中的话外之音,尤其在'谋害父亲和君主,是不会顺从的'这句话中表示得更明显。"(《论语译注》)孔子强调,作为臣子,其中最关键的是忠心服从国君,不做篡逆之事。这是基于春秋末期政治失序、季氏专权所提出的。孔子担任鲁国大司寇,"摄相事",想大力改革内政,可惜阻力太大,未能成功。

11.25　子路使子羔为费宰。子曰:"贼夫人之子。"

子路曰:"有民人焉,有社稷焉,何必读书,然后为学?"

子曰:"是故恶夫佞者。"

评析

　　子路叫子羔去做费地的官长。孔子说:"害了人家孩子。"子路说:"那地方有老百姓,有土地和五谷,为什么定要读书才叫做学问呢?"孔子说:"所以我讨厌强嘴利舌的人。"孔子反对子路的做法,是基于他对子羔(高柴)性格和能力的认知,认为他出仕费宰,只会误人子弟。孔子为什么极力反对,《论语》里没有明确说明缘由。但从子路反问孔子"何必读书,然后为学"推测,不难理解孔子反对的原因。东汉王充《论衡》中两次提及孔子反对的原因:"子路使子羔为郈宰,孔子以为不可:未学,无所知也。"(《艺增篇》)又说:"子路使子羔为费宰,孔子曰:'贼夫人之子。'皆以未学不见大道也。"(《量知篇》)根据王充的解释,我们知道,孔子反对的原因,是子羔"不明大道"。大道,在古代是指君臣之道。子羔不明君臣、上下之道,于国家、百姓不利。

　　事实证明,孔子的先见之明是正确的。当卫国内乱的时候,子羔弃城出逃,而子路在城外听到城内发生内乱,驰援城内。在城门外时,子羔劝子路不要为此遭受祸殃,子路却表示"食其食者不避其难"。结果正如孔子所预言,子羔生逃,子路死于内乱。这个事件体现了子路、子羔为人、为政的巨大差异,更体现了孔子从弟子们的学习中把握弟子性格的精准。如我们前面所说，在孔子看来，学习不仅包含知识层面的内容，而且包含德行方面的内容，孔子对自己的弟子太熟悉了，正因为他熟悉子羔的为人，所以才会反对子羔"为费郈宰"，所以才会说"贼夫人之子"。因此，"大道"不明，一直被儒家视为学习的大忌。后生小子，可不慎哉！

11.26　子路、曾晢①、冉有、公西华侍坐。

子曰："以吾一日长乎尔，毋吾以②也。居③则曰：'不吾知也！'如或知尔，则何以哉？"

子路率尔而对曰："千乘之国，摄乎大国之间，加之以师旅，因之以饥馑；由也为之，比及④三年，可使有勇，且知方也。"

夫子哂⑤之。

"求！尔何如？"

对曰："方六七十，如⑥五六十，求也为之，比及三年，可使足民。如其礼乐，以俟君子。"

"赤！尔何如？"

对曰："非曰能之，愿学焉。宗庙之事，如会同，端章甫⑦，愿为小相焉⑧。"

"点！尔何如？"

鼓瑟希，铿尔，舍瑟而作⑨，对曰："异乎三子者之撰⑩。"

子曰："何伤乎？亦各言其志也。"

曰："莫⑪春者，春服既成，冠者五六人，童子六七人，浴乎沂⑫，风乎舞雩⑬，咏而归。"

夫子喟然叹曰："吾与点也！"

三子者出，曾晢后。曾晢曰："夫三子者之言何如？"

子曰："亦各言其志也已矣。"

曰：“夫子何哂由也？”

曰：“为国以礼，其言不让，是故哂之。”

“唯求则非邦也与？”

“安见方六七十如五六十而非邦也者？”

“唯赤则非邦也与？”

“宗庙会同，非诸侯而何？ 赤也为之小，孰能为之大？”

注释

① 曾晳：名点，曾参的父亲，也是孔子的学生。

② 以：同“已”，停止。这里指顾虑、拘束。

③ 居：平日、平时。

④ 比及：等到。

⑤ 哂（shěn）：微笑。

⑥ 如：或者。

⑦ 端：古代礼服之名。章甫：古代礼帽之名。

⑧ 小：是谦逊的说法。相：诸侯祭祀、盟会时的司仪官。

⑨ 作：起来、起身。

⑩ 撰：述。这里指想法、志向。

⑪ 莫：同“暮”。

⑫ 沂：水名。源出山东邹县（今邹城市）东北，西流经曲阜与洙水合，入于泗水。

⑬ 舞雩（yú）：祭天求雨的祭坛。在当时沂水边。

评析

子路、曾晳、冉求、公西华陪孔子坐着。孔子说：“我不过大你们几岁，不要顾虑我是老师。你们平日说：'没人了解我呀！'如果有人了解你们，那你们打算干什么事情呢？"子路不假思索地说："千辆兵车的国家，处于几个大国的中间，外有别国军队的威胁，内有灾荒。我去治理，等到三年光景，可以使百姓勇敢无畏，而且明白事理。"孔子微微一笑。又问："冉求，你怎么样？"冉求说："六七十里或五六十里的小国家，我去治理，等到三年光景，可以使百姓富足。至于礼乐教化，就有待贤人君子了。"又问："公西华，你怎么样？"公西华说："不敢说有能力，我愿意学习尝试：宗庙祭祀、接待外宾，我愿意穿着礼服，戴着礼帽，做一个小小司仪。"孔子又问："曾皙，你怎么样？"曾皙弹瑟正近尾声，铿的一声把瑟放下，站了起来说："我的想法不同于他们三位。"孔子说："这有什么关系呢？正是要各人说说自己的志向啊！"曾皙说："暮春三月，春装做好了，和五六个青年、六七个少年，在沂水边沐浴，在祭坛上兜风，一路唱着歌，一路走回家。"孔子长叹一声说："我同意曾皙的志向呀！"

子路、冉求、公西华三人都出来了，曾皙后走。曾皙问："他们三位讲得怎么样？"孔子说："也不过各人说说自己的志向罢了。"曾皙又问："您为什么笑子路呢？"孔子说："治理国家，应该讲求礼让，可是他的话却一点不谦虚，所以笑笑他。""难道冉求所讲的就不是国家吗？"孔子说："怎么见得六七十里或五六十里就不是国家呢？""公西华所讲的不是国家吗？"孔子说："祭祀宗庙，会见外宾，不是国家是什么？但他只愿做小司仪，谁又能做大司仪呢？"

这是《论语》中非常著名、非常重要的经典篇章，历来备受重视。从字句到内容，有各种解说，争议分歧也较多。之所以逐字意译，也旨在"奇文共欣赏，疑义相与析"。四位学生的志向和事业，都得到了孔子的鼓励和认同。但由于孔子"吾与点也"的感慨，后世尤其是到了宋儒，便大谈特谈曾皙志向的"天地气象"。朱熹《论语集注》称誉曾皙："胸次悠然，直与天地万物上下同流，各得其所之妙，隐然自见于言外。"相比之下，则不免轻视或贬低前三位学生的志向和事业。其实，这并非孔子的原意与初衷。孔子"吾与点也"的感慨，源于他当时的心境。正如郑玄所说："以仲尼一生值乱时而君不用，三子不能相时，志在为政，唯曾皙独能知时，志在澡身浴德，咏怀乐道，故夫子与之也。"(《论语集解》)但孔子的伟大之处在于：他从不因为自己仕途不利，而反对学生出仕。所以，后世不少学者因此误解了本章的深刻内涵。在本章中，四位学生对各自的志向和事业，都谈得很直率，也很符合各自的性格与能力。孔子对此都很满意，只是觉得子路说话不够谦逊，公西华说话过于谨慎。总体而言，这是孔子因材施教的教学理念与实践的再次体现。

颜渊篇第十二

12.1　颜渊问仁。子曰："克己①复礼为仁。一日克己复礼，天下归仁②焉。为仁由己，而由人乎哉？"

颜渊曰："请问其目。"子曰："非礼勿视，非礼勿听，非礼勿言，非礼勿动。"

颜渊曰："回虽不敏，请事斯语矣。"

注释

① 克己：约束自己。

② 归仁：称仁。

评析

颜回问仁。孔子说："约束自己以符合礼制就是仁。一旦这样做到了，天下的人都会称许你是仁人。实践仁德，全凭自己，还凭别人吗？"颜渊道："请问具体要点。"孔子道："不合礼的事不看，不合礼的话不听，不合礼的话不说，不合礼的事不做。"颜渊道："我虽然愚钝，也要奉行这些教诲。"这是孔子谈"仁"的重要篇章。其中提到"克己复礼"这一重要命题。《左传》昭公十二年记载："仲尼曰：'古也有志：克己复礼，仁也。'"与《论语》记载略有差别。若按《左传》记载，"克己复礼"是古人的话，而孔子赋予了它新的内涵。如何理解孔子所提出的"克己复礼为仁"，说法不一。如何"仁"，在于"克己复礼"；如何"克己复礼"，在于"四勿"：非礼勿视、非礼勿听、非礼勿言、非礼勿动。在个体的自我约束中，在个体人格的完善中，完成了"礼"与"仁"的实践。"克己"与"四勿"，互为表里，成为完善自我、从外到内的必由之路。非礼勿视、非礼勿听、非礼勿言、非礼勿动,作为重要的修身准则,被后世儒家奉为圭臬,影响深远。

12.2　仲弓问仁。子曰:"出门如见大宾,使民如承大祭。己所不欲,勿施于人。在邦无怨,在家①无怨。"

仲弓曰:"雍虽不敏,请事斯语矣。"

注释

① 家:家族、家庭。古代大夫有"家",此处理解不应拘泥于"大夫"阶层。

评析

冉雍问仁。孔子说:"出去工作如同去会见重要外宾,治理百姓好像去承担重大祭典。自己所不想要的,不要强加于他人。在国家工作中没有怨恨,在家族生活中没有怨恨。"冉雍说:"我虽然愚钝,也要奉行这些教诲。"李泽厚先生说:"《论语》中学生问仁甚多,可见'仁'乃孔子之重点和新说。所答各不相同,大都涉及实在。"(《论语今读》)仁,既是个人修养,也是社会公德。孔子说:"己所不欲,勿施于人。"凡事将心比心,换位思考。尊重他人,也即尊重自己。"在邦无怨,在家无怨。"个人私德、社会公德,二者之间没有必然鸿沟,而是紧密相连。"己所不欲,勿施于人""在邦无怨,在家无怨",对于我们有效地处理个人、他人、家事、国事,至今仍然有借鉴意义。

12.3　司马牛①问仁。子曰:"仁者,其言也讱②。"

曰:"其言也讱,斯谓之仁已乎?"子曰:"为之难,言之得无讱乎?"

注释

① 司马牛:名耕,字子牛,孔子的学生。

② 讱（rèn）：指言语谨慎迟缓。

评析

司马牛问仁。孔子说："一个有仁德的人，他讲话谨慎迟缓。"司马牛问："言语谨慎迟缓，这样就可以叫作仁了吗？"孔子说："做起来很难，说起来怎能不谨慎迟缓呢？"孔子因材施教，不同学生问"仁"，他的答语都是根据学生性格"量身定做"。据《史记·仲尼弟子列传》记载，司马牛"多言而躁"（话多、性子急躁），孔子的答语，很明显是针对司马牛的缺点而说的。而且，这也是孔子一贯的主张。例如，他说"君子欲讷于言""刚毅木讷，近仁"，与此相互呼应。慎言、讷于言，凡事三思而行。俗话说："覆水难收。"说出的话，如同泼出的水，难以收回。可不慎哉？

12.4 司马牛问君子。子曰："君子不忧不惧。"

曰："不忧不惧，斯谓之君子已乎？"子曰："内省不疚，夫何忧何惧？"

评析

司马牛询问君子。孔子说："君子不忧愁，不恐惧。"司马牛问："不忧愁，不恐惧，这样就可以叫作君子了吗？"孔子说："自己问心无愧，那还有什么忧愁和恐惧呢？"从下一章来看，司马牛可能平时有无端的忧虑、恐惧，所以孔子用这番话来教导他，足见孔子的良苦用心。"仁""君子"，都是儒家修身的崇高境界。从上一章、本章来看，孔子结合司马牛的性格及其缺憾，为他"量体裁衣"，教诲司马牛："仁"或"君子"的境界，其实也是不难达到的；改正目前的这些缺点，也就达到了"仁"或"君子"的境界。这样的教诲，无疑给司马牛很大鼓舞。司马牛是否因此改正了自己的缺点，我们无从知晓，伹孔子如此用心教诲学生，令人感动。

12.5　司马牛忧曰："人皆有兄弟，我独亡。^①"子夏曰："商闻之矣：死生有命，富贵在天。君子敬而无失，与人恭而有礼。四海之内，皆兄弟也——君子何患乎无兄弟也？"

注释

① 人皆有兄弟，我独亡：一般认为这个司马牛就是宋国桓魋的兄弟。桓魋为人很坏，结果是谋反失败，他的几个兄弟也都跟着失败了。其中只有司马牛不赞同他这些兄弟的行为。但结果也是逃亡在外，死于道路（事见《左传》哀公十四年）。但据杨伯峻先生考证，孔子的学生司马牛和宋国桓魋的弟弟司马牛可能是两个不同的人，不能混为一谈。第一，《史记·仲尼弟子列传》既不说这一个司马牛是宋人，也没有把《左传》中司马牛的事情记载上去，太史公如果看到了这类史料而不采取，可见他是把两个司马牛当作不同的人看待的。第二，说《论语》的司马牛就是《左传》的司马牛者始于孔安国。孔安国又说司马牛名犁，又和《史记·仲尼弟子列传》说司马牛名耕的不同。如果孔安国之言有所本，那么，原本就有两个司马牛，一个名耕，孔子弟子；一个名犁，桓魋之弟。但自孔安国以后的若干人却误把名犁的也当作孔子学生了。

评析

司马牛忧愁地说："别人都有兄弟，而我没有。"子夏说："我听说过：'死生有命，富贵在天。'君子严肃认真，不出差错，待人谦恭而有礼，四海之内，都是兄弟。君子何必担忧没有兄弟呢？"子夏的安慰非常感人，作为知心朋友，他的知心话，既解决了司马牛的忧愁，又勉励司马牛向"君子"人格迈进。早日成为"君子"，不愁没有朋友。成语"四海之内皆兄弟"由此而来。"死生有命，富贵在天"，被认为是孔子的言论，后世流传很广，与上一章"不忧不惧"相呼应,成为儒家安天乐命的心灵慰藉。

12.6 子张问明。子曰:"浸润之谮①,肤受之诉②,不行焉,可谓明也已矣。浸润之谮,肤受之诉,不行焉,可谓远也已矣。"

$$\boxed{\text{注释}}$$

① 浸润:朱熹说:"如水之浸灌滋润,渐渍而不骤也。"比喻不知不觉间一点一滴积累。谮(zèn):谗毁、诬陷。浸润之谮:钱穆先生说:"谮者之言,如水渐渍,初若不觉,久自润湿也。"

② 肤受:朱熹说:"谓肌肤所受,利害切身。"诉:诬告、毁谤。肤受之诉:钱穆先生说:"一说,如皮肤尘垢,当时不觉,久乃睹其不净。一说,如肌肤亲受,急切迫身,骤听之,易于动信也。"

$$\boxed{\text{评析}}$$

子张问怎样才叫作见事明白。孔子说:"点滴而来、日积月累的谗言和肌肤所受、急迫切身的诬告,都在你这里行不通,那你可以说是看得明白了。点滴而来、日积月累的谗言和肌肤所受、急迫切身的诬告,也都在你这里行不通,那你可以说是看得远了。"这里提出了"明"与"远"两个概念,对于做人做事,极为重要。人言可畏,"众口铄金,积毁销骨"。可惜真正看得明、看得远,难矣。李泽厚先生说:"历代君主甚至所谓'明君'受浸润之谮,拒善言,'杀忠良',误大事者,多矣。"亲君子,远小人,明辨是非,或许能稍稍看得明、看得远。

12.7 子贡问政。子曰:"足食,足兵①,民信之矣。"

子贡曰:"必不得已而去,于斯三者何先?"曰:"去兵。"

子贡曰："必不得已而去,于斯二者何先?"曰："去食。自古皆有死,民无信不立。"

① 兵:军器、军备。

子贡询问政事。孔子说："粮食充足,军备充足,百姓对政府有信心。"子贡问:"如果迫于不得已,在这三项中去掉一项,先去哪个?"孔子说："去掉军备。"子贡又问:"如果迫于不得已,在剩余两项中再去掉一项,先去掉哪个?"孔子说："去掉粮食。没有粮食,不过死亡,但自古以来谁都免不了死亡。如果人民对政府缺乏信心,国家便维持不住。"子贡这几个问题设计得好,孔子回答得很精妙。宋代理学家程颐说："非子贡不能问,非圣人不能答也。"(朱熹《论语集注》引)孔子指出国家政事的三大要点:粮食、军备、百姓信任。粮食、军备,都是外在的重要物质基础。但相较之下,百姓信任才是灵魂、核心。没有了军备,但还有粮食和百姓,国家还有希望;没有了粮食,但还有百姓,民心还在,国家还有希望。但没有百姓的信任,即使有军备、粮食,国家也将如一盘散沙,名存实亡。百姓信任政府,国家就可以凝聚人心,战胜一切困难,无往而不胜。

12.8　棘子成①曰："君子质而已矣,何以文为?"子贡曰:"惜乎,夫子之说君子也!②驷不及舌。文犹质也,质犹文也。虎豹之鞟③犹犬羊之鞟。"

① 棘子成:卫国大夫。杨伯峻先生解释,古代大夫都可以被尊称为"夫子",

所以子贡这样称呼他。

② 惜乎,夫子之说君子也:朱熹《论语集注》把它作两句读:"惜乎!夫子之说,君子也。"大意是说:"先生的话,是出自君子之口,可惜说错了。"此处从杨伯峻先生标点。

③ 鞟(kuò):去毛的兽皮。

> 评析

棘子成说:"君子只要有好的本质便够了,还要那些礼仪文采干什么?"子贡说:"可惜呀,你这样来谈论君子。一言既出,驷马难追。如果文采就是本质,本质就是文采,那么去了毛的虎豹皮与去了毛的犬羊皮就没有区别了。"棘子成与子贡,就"文"与"质"的关系展开讨论。棘子成认为君子有"质"就可以了,否定"文"的作用。子贡因此强调"文""质"二者的区别与联系。但由于子贡本身对此体会不深,故朱熹批评子贡虽然纠正了棘子成的偏颇,可是自己也同样犯了另一偏颇的毛病。孔子曾经阐述过"文""质"关系:"质胜文则野,文胜质则史。文质彬彬,然后君子。"(6.18)文质彬彬,方为完美、和谐。

12.9　哀公问于有若曰:"年饥,用不足,如之何?"

有若对曰:"盍彻乎?①"

曰:"二,吾犹不足,如之何其彻也?"

对曰:"百姓足,君孰与不足?百姓不足,君孰与足?"

> 注释

① 盍:何不、为什么不。彻:相传为周代的田税制度。其税率是十分抽一。

> 评析

鲁哀公问有若:"荒年收成不好,国家用度不够,应该怎么办?"有若说:

"为什么不实行十分抽一的税率呢?"哀公说:"十分抽二,我还不够,怎么能十分抽一呢?"有若说:"如果百姓的用度够,您怎么会不够呢? 如果百姓的用度不够,您又怎么会够呢?"降低赋税,表面上看国家似乎减少了国库收入,但从长远来看,赋税减少,百姓富裕,对国库收入将会起到一定的促进作用。这体现了儒家反对暴税、"藏富于民"的观念。朱熹《论语集注》说:"民富,则君不至独贫;民贫,则君不能独富。"现代经济学上,有俗语说"大河有水小河满,小河无水大河干",讲的道理与此相似。二者相辅相成,唇齿相依。

12.10　子张问崇德辨惑。子曰:"主忠信,徙义,崇德也。爱之欲其生,恶之欲其死。既欲其生,又欲其死,是惑也。'诚不以富,亦只以异。①'"

注释

① 诚不以富,亦只以异:《诗经·小雅·我行其野》诗句,引在这里,很难解释。程颐说是"错简"(别章的文句,因为书页次序错了,误在此处),但无证据。这里参考杨伯峻先生的观点,依朱熹《论语集注》的解释而意译之。

评析

子张问如何去提高品德,辨别迷惑。孔子说:"以忠诚信实为主,唯义是从,这就可以提高品德。爱一个人,希望他长寿;厌恶起来,恨不得他马上死去。既要他长寿,又要他短命,这便是迷惑。这样,的确对自己毫无好处,只是使人奇怪罢了。"《论语》中多次强调"主忠信",足见孔子的重视。此处再次提及,并提升至"崇德"层面。"爱之欲其生,恶之欲其死",摹尽世俗人的喜怒无常之态,值得警惕。

12.11 齐景公①问政于孔子。孔子对曰："君君,臣臣,父父,子子。"公曰:"善哉! 信如君不君,臣不臣,父不父,子不子,虽有粟,吾得而食诸?"

注释

① 齐景公:齐国的国君,名杵臼,公元前 547 至前 490 年在位。据《史记·孔子世家》记载,鲁昭公二十五年(前 517 年),鲁昭公因鲁国内乱,流亡到齐国,孔子追随鲁昭公,到了齐国,他与齐景公的这段对话就发生在这时。孔子时年三十五岁。

评析

齐景公向孔子询问政务。孔子说:"国君要像个国君,大臣要像个大臣,父亲要像父亲,儿子要像儿子。"景公道:"对呀! 若是国君不像国君,大臣不像大臣,父亲不像父亲,儿子不像儿子,即使粮食很多,我能吃得着吗?"孔子认为国家治理的根本在于确立统治秩序,区分上下尊卑。在春秋末期,鲁国内乱、齐国弊政,礼崩乐坏、社会失序,都让孔子切身感受到重塑尊卑秩序的重要性。

"君君,臣臣,父父,子子",在封建时代,常被用来维护传统伦理纲常秩序,到了反封建时代,常被用来做反封建批判的靶子。倘若了解当时的历史背景,有"了解之同情",或许能够体会孔子这番话的深刻含义。鲁昭公因为斗鸡事件,听信谗言,攻伐季氏,反被孟氏、叔孙氏、季氏三家联合击败,流亡齐国。季氏三家从此联合掌控鲁国国政。鲁国内乱,"君不君,臣不臣"。而齐国,"是时景公失政,而大夫陈氏厚施于国;景公又多内嬖,而不立太子。其君臣父子之间,皆失其道,故夫子告之以此。景公善孔子之言而不能用,其后果以继嗣不定,启陈氏弑君篡国之祸"(朱熹《论语集注》)。齐景公时,危机四伏,外有权臣田桓子家族野心勃勃,内宠嬖女,不立太子,"父不父,子不子"。从《论语》记载来看,虽然当时齐景公对孔子之语深以为然,但可惜最终还是将孔子的告诫,当作耳边风。齐景公去世,田氏家族完全掌握齐国国政。由此可见,提出"君看,臣臣,父父,子子",孔子并非简单地维护传统伦理纲常秩序,而是改革内政、重振王纲的得力举措,可惜不被当时齐、鲁国君所重视。

12.12 子曰:"片言可以折狱者^①,其由也与?"

子路无宿诺。^②

注释

① 片言折狱:杨伯峻先生解释,"片言"古人也叫作"单辞"。打官司一定有原告和被告两方面的人,叫作两造。自古迄今从没有只根据一造的言辞来判决案件的(除掉被告缺席裁判)。孔子说子路"片言可以折狱",不过表示他的为人诚实直率,别人不愿欺他罢了。

② 子路无宿诺:指从不拖延诺言。这句话与上文有什么逻辑关系,从来没有人说得明白。唐代陆德明《经典释文》云:"或分此为别章。"建议独立为一章。宿:过夜。

评析

孔子说:"根据一方面的语言就可以判决案件的,大概只有子路吧?"子路没有过夜的诺言。古今断案,都不是一件容易的事情,而子路通过单方面的话语,即能判决,可见他明辨是非的精审能力。而子路从没有过夜的诺言,体现了他办案、办事能力的快捷高效,力争在有效时间内解决争端,兑现承诺。从这些描述来看,子路的执政能力和行政热情都很高,的确没有辜负孔子的一番苦心栽培。他在卫国内乱中忠于职守,不避其难,"食君之禄,忠君之事"，死得其所。

12.13　子曰："听讼^①，吾犹人也。必也使无讼乎！"

注释

① 听讼：听理诉讼、审理案件。

评析

孔子说："审理诉讼，我同别人差不多。一定要使诉讼的事件完全消灭才好。"《史记·孔子世家》记载，孔子在鲁定公时，曾为大司寇，司寇为治理刑事的官，一般认为孔子这番话或许出于此时。"无讼"，是儒家主张以德治国的一大体现。中国人处理纠纷，处理与他人的关系，秉持道德—仁义—礼法的秩序。当道德不足以维系时，求之于仁义，当仁义不足以维系时，再求之于礼，最后才是法。李泽厚先生说，至今中国人一般不喜"打官司"、上法庭、公堂对簿，宁愿协调、商量而"和解""私了"，孔子这种"必也使无讼乎"似乎贯串了数千年的中国传统社会，才产生（亦即积淀成）这种文化—心理结构。

12.14　子张问政。子曰："居之无倦，行之以忠。"

评析

子张问政务。孔子说："在职位上不要疲倦懈怠，执行政令要忠心。"朱熹认为，"无倦"，是强调始终如一，"以忠"，则强调表里如一。始终如一，表里如一，确实是对从政者在个人素养上提出的高标准、严要求。又，程颐说："子张少仁。无诚心爱民，则必倦而不尽心，故告之以此。"若按此解说，那么这番话，孔子也是很有针对性的，是对子张"倦而不尽心"的教诲。

12.15 子曰:"博学于文,约^①之以礼,亦可以弗畔^②矣夫!"

> 注释

① 约:约束。一说简约,由博返约,与"博"相对。

② 畔:同"叛"。

> 评析

孔子说:"广泛地学习典章文献,再用礼节来加以约束,也就可以不至于离经叛道了。"朱熹《论语集注》引程子曰:"博学于文而不约之以礼,必至于汗漫。"汗漫,即漫无标准、不着边际。李泽厚先生说:"后人常以'博'与'约'讲学问之道。胡适名言'学问要如金字塔,既能博大又能高'。但谈何容易?博而寡要,汗漫无所归宿,乃常见现象;美之曰百宝箱,活字典;丑之曰垃圾堆、旧仓库;虽或有用,在计算机时代,也不足夸耀了。'专'则只攻一点,不及其余,其他不知,世事莫晓,乃今日艳称之'专家'⋯⋯今日不可能也不必要再有百科全书式的'通人',但也不能一味赞美只知一点的'专家'。"因此,如何处理好"博"与"约"的关系,仍然是棘手的难题。

12.16 子曰:"君子成人之美,不成人之恶。小人反是。"

> 评析

孔子说:"君子成全别人的好事,不促成别人的坏事。小人与此相反。"这段教诲,至今人们仍然耳熟能详。一方面见证圣人的教诲,具有穿透时空的恒久生命力,另一方面也反映了有些人性虽然历经两千年,但依然没有太大变化。君子、小人,好事、坏事,作为矛盾的双方,从古纠缠至今。

12.17　季康子问政于孔子。孔子对曰："政者,正也。子帅以正,孰敢不正?"

评析

　　季康子向孔子询问政务。孔子说："政字的意思就是端正。您自己带头端正,谁敢不端正呢?"上层统治者治国理政,应该以身作则,行为表率,发挥道德的感化力量,发挥先锋的示范作用。这是比任何行政命令、法律制度,都更行之有效的办法。孔子强调"其身正,不令而行;其身不正,虽令不从"(13.6),与此处遥相呼应。孔子借季康子问政的良机,委婉地讽劝季康子作为鲁国的实际掌权者,应该以身作则,发挥带头示范作用。既是对他的警戒,也是对他的期望。

12.18　季康子患盗,问于孔子。孔子对曰:"苟子之不欲,虽赏之不窃。"

评析

　　季康子苦于盗贼太多,向孔子求教。孔子说："假若你不贪求太多的财货,即使奖励偷抢,他们也不会干。"本章与上一章,可以相互参照。孔子借季康子求教的机会,委婉规劝季康子尽量少敛财,也是对他自身不正、自身不廉洁的委婉批评。由这两章,可以看出,孔子晚年虽然不再参政议政,但对于国事,仍然挂怀于心,一旦有机会,就会委婉地向季康子进谏。可惜,季康子作为鲁国的执政者,并不能领会孔子的良苦用心。

12.19　季康子问政于孔子曰:"如杀无道,以就有道,何如?"孔子对曰:"子为政,焉用杀?子欲善而民善矣。君子之德风,小人之德草。草上之风，必偃。"

评析

　　季康子向孔子请教政务，说："假若杀掉坏人来亲近好人，怎么样？"孔子说："您治国理政，干吗使用杀戮的方法呢？您如果想把国家治理好，百姓就会好起来。领导人的德行好比风，老百姓的德行好比草，风向哪边吹，草就向哪边倒。"孔子提出"慎杀"主张，强调以"善"以"德"，通过仁德的力量，感化百姓，治理百姓，再次鲜明地体现了儒家的仁政思想。

　　12.20　子张问："士何如斯可谓之达矣？"子曰："何哉，尔所谓达者？"子张对曰："在邦必闻，在家必闻。"子曰："是闻也，非达也。夫达也者，质直而好义，察言而观色，虑以下人。在邦必达，在家必达。夫闻也者，色取仁而行违，居之不疑。在邦必闻，在家必闻。"

评析

　　子张问："读书人要怎样做才可以叫达？"孔子说："你所说的达是什么意思？"子张说："在国家中有名气，在宗族中有名气。"孔子说："这个叫闻，不叫达。怎样才是达呢？秉性正直，讲究信义，善于留意他人的言语，观察他人的容色，考虑对他人退让。这种人在国内一定普遍受敬重，在族内一定普遍受敬重。至于闻，表面上似乎爱好仁德，实际行为却不如此，以仁人自居而毫不疑惑。这种人在国家中骗取名望，在宗族中骗取名望。"诸葛亮《出师表》说："不求闻达于诸侯"，观《论语》此章，才知道"闻达"二字，有高下不同。"达"重在自身的修养，"闻"迷恋于社会声誉。从境界上看，"达"明显高于"闻"。"达"虽然也会带来社会声誉，但并不以此为最终目标。宋代理学家程颐说："学者须是务实，不要近名。有意近名，大本已失，更学何事？为名而学，则是伪也。今之学者,大抵为名。"(朱熹《论语集注》引)这是批评"闻"者为求名利,最终将失去人生更为重要的东西。李泽厚先生说:"为名而学,自古已然,如今更烈矣。"(《论语今读》)值得反思、警惕。学习、学问,应该始终以提升自身修养为最终目标,不为世俗名利所累,而影响自身的成长。

12.21　樊迟从游于舞雩之下,曰:"敢问崇德,修慝①,辨惑。"子曰:"善哉问! 先事后得,非崇德与? 攻其恶,无攻人之恶,非修慝与? 一朝之忿,忘其身,以及其亲,非惑与?"

注释

① 修慝(tè):消除恶念、改正过错。

评析

樊迟陪同孔子在舞雩台下游逛,问孔子:"请问如何尊崇道德,消除恶念,明辨是非?"孔子说:"问得好! 先努力而后收获,这不就是尊崇道德吗? 纠正自己的缺点错误,而不去批判别人的缺点错误,这不就是消除恶念吗? 一时愤怒就忘了自己,甚至忘记了父母亲,这不就是糊涂吗?"樊迟所提的问题,与子张的相近,但孔子的回答,内容完全不同,很明显是具体针对樊迟的性格而言的。《论语·雍也》樊迟问仁,孔子告诉他"仁者先难而后获,可谓仁矣"(6.22),此处孔子又告诉他"崇德"就是"先事后得",这两处都强调:先努力而后收获。与此同时,孔子还告诫樊迟,严于律己,宽于恕人,这是消除恶念的好办法。

12.22　樊迟问仁。子曰:"爱人。"问知。子曰:"知人。"
樊迟未达。子曰:"举直错诸枉,能使枉者直。"

樊迟退,见子夏曰:"乡①也吾见于夫子而问知,子曰,'举直错诸枉,能使枉者直',何谓也?"

子夏曰:"富哉言乎! 舜有天下,选于众,举皋陶②,不仁者远矣。汤有天下,选于众,举伊尹③,不仁者远矣。"

> 注释

① 乡:同"向",刚才。

② 皋陶(yáo):舜的大臣,掌管刑法,以执法公平闻名。

③ 伊尹:商汤的大臣,辅佐商汤建国,有名德的贤臣。

> 评析

樊迟询问仁。孔子说:"爱人。"又询问知(智)。孔子说:"知人。"樊迟没弄明白。孔子说:"将正直的人提拔出来,位置在不正直的人之上,能够使不正直的人变得正直。"樊迟退出来,去找子夏,说:"刚才我去见老师问他什么是'知',老师说:'将正直的人提拔出来,位置在不正直的人之上,能够使不正直的人变得正直',这是什么意思?"子夏说:"这话内容多么丰富啊! 舜有了天下,在众人之中挑选,选拔了皋陶,不好的人便走远了。汤有了天下,在众人之中挑选,选拔了伊尹,不好的人便走远了。"《论语·雍也》记载,樊迟向孔子询问"知""仁"(6.22),孔子以"敬鬼神而远之""先难而后获",分别作答,通俗易懂。此处又询问同样的问题,而孔子的回答完全不同。由此可见,孔子即使面对同一个体、同一问题,在不同场合、不同语境,答案也不相同。这充分体现了孔子因材施教教育理念的机动性与灵活性。相较于《论语·雍也》,此处孔子的回答显得比较高深,所以樊迟一时弄不明白,追问孔子,并私下请教子夏,这也反映出樊迟确实基础较弱,理解能力不及子夏等高才生。选贤与能,是儒家所倡导的。亲贤臣,远小人,是国家兴盛的标志。

12.23　子贡问友。子曰："忠告而善道①之，不可则止，毋自辱焉。"

> **注释**

① 道(dǎo)：引导、教导。

> **评析**

　　子贡询问如何结交朋友。孔子说："忠心地劝告他，好好地引导他，如果他不听从，也就算了，不要自找侮辱。"这个方法很重要。作为朋友，要忠言相告，不能明知不好，还放任自流；同时又要注意分寸，要婉言相劝，循循善诱，不能对朋友干预过头。钱穆先生说："友有非，不可不告，然必出于对友之忠忱，又须能善为劝导。如此而尤不可，不见从，则且止不再言。若言不止，将自取辱。"这是很吻合孔子对子贡所说的原意的。孔子强调"忠告而善道之"的同时，也要注意"不可则止，毋自辱焉"，给予对方回旋的余地。这样，才不至于伤害彼此的感情，有利于长期交往。这些忠告，仍然对我们今天有着重要的启迪和参考。

12.24　曾子曰："君子以文会友，以友辅仁。"

> **评析**

　　曾子说："君子用文章、学问来聚会朋友，用朋友来帮助自己培养仁德。"《礼记·学记》："独学而无友，则孤陋而寡闻。"独自学习，而没有朋友切磋交流，自我封闭，则不免故步自封，孤芳自赏。"尺有所短，寸有所长。"相互学习交流，可以取长补短，共同进步，增进友谊。

13.1　子路问政。子曰:"先之^①劳之。"请益。曰:"无倦。"

注释

① 先之:朱熹《论语集注》:"以身先之。"指率先垂范。

评析

　　子路问政务。孔子说:"自己带头,大家努力。"子路请求多讲一点。孔子又说:"永远不要懈怠。""劳之"是自己劳还是百姓劳? 有不同解说。此处采用李泽厚先生的观点:大家一起努力。如何更好地开展政务,孔子连用三词:先之、劳之、无倦,言约义丰,字字珠玑。三者之间,层层递进,后者是前者的"加强版"。孔子多次强调"无倦"的重要性,他自己一生也始终在努力践行着,"不知老之将至"。

13.2　仲弓为季氏宰,问政。子曰:"先有司,赦小过,举贤才。"

曰:"焉知贤才而举之?"子曰:"举尔所知;尔所不知,人其舍诸?"

评析

　　冉雍做了季氏的总管,向孔子询问政务。孔子说:"首先注意管事人员,不计较小过错,提拔优秀人才。"冉雍问:"如何识别优秀人才,并提拔他们呢?"孔子说:"提拔你所知道的。那些你所不知道的,别人难道会埋没他吗?"人无完人,孰能无过? 孔子的这种"先有司,赦小过"的举贤模式,成为后世"举贤勿拘品行"开明政治的源头。"举尔所知"的举贤方式,对汉代以后的察举制影响深远。与此同时,孔子特别憎恶知贤不举。知贤不举,是"尸位素餐",极不称职。《论语·卫灵公》记载:"子曰:'臧文仲其窃位者与!知柳下惠之贤而不与立也。'"严厉批评臧文仲知贤不举。李泽厚先生说:"'人才难得',千古同调,其实不然。只要有好的制度,何愁不出人才。"确实如此,优秀人才的选拔,有完善的选拔与考核制度,才是长久之策。

13.4　樊迟请学稼。子曰:"吾不如老农。"请学为圃①。曰:"吾不如老圃。"

樊迟出。子曰:"小人哉,樊须也!上好礼,则民莫敢不敬;上好义,则民莫敢不服;上好信,则民莫敢不用情。夫如是,则四方之民襁②负其子而至矣,焉用稼?"

> **注释**

① 圃:种菜。
② 襁(qiǎng):背负婴儿用的宽带。

> **评析**

樊迟请求学种庄稼。孔子说:"我不如老农民。"又请求学种菜蔬。孔子说:"我不如老菜农。"樊迟退了出来。孔子说:"樊迟真是小人,统治者讲究礼节,百姓就没有人敢不尊敬;统治者行为正当,百姓就没有人敢不服从;统治者诚恳信实,百姓就没有人敢不用真诚相待。如果这样,四方的百姓都会背负着小儿女来投奔,哪里用得上自己去种庄稼呢?"樊迟曾经向孔子请教稼穑、园圃之事,被孔子评价为"小人哉",后人多误读为孔子对樊迟的鄙夷,其实不然。孔子所说的"小人",即平民百姓,并非道德贬义。士农工商,各有恒业。孔子作为士人阶层,以改造社会、移风易俗为己任,而樊迟却请教庄稼、园圃等农园之事,确实非孔子所长。孔子通过樊迟的例子,勉励学生追求更高远的人生目标。

13.5　子曰:"诵《诗》三百,授之以政,不达;使于四方,不能专对①;虽多,亦奚以为?"

① 不能专对:杨伯峻先生解释,古代的使节,只接受使命,至于如何去交涉应对,只能随机应变,独立行事,更不能事事请示或者早就在国内一切安排好,这便叫作"受命不受辞",也就是这里的"专对"。同时春秋时代的外交酬酢和谈判,多半背诵诗篇来代替语言(《左传》里充满了这种记载),所以《诗》是外交人才的必读书。

　　孔子说:"熟读《诗经》三百篇,交给他以政治任务,却办不通;叫他出使外国,又不能随机应变,独立应酬;即使读得多,又有什么用处呢?"春秋时期,《诗经》是重要的外交辞令。孔子说:"不学《诗》,无以言。"孔子反对一味死读书,强调学以致用,将书本知识灵活运用到社会实践之中。学有所长,学有所用。学须有益于社会,有益于人生。

13.6　子曰:"其身正,不令而行;其身不正,虽令不从。"

　　孔子说:"自身行为端正,不发命令,事情也行得通。自身行为不端正,即使三令五申,也没人听从。"学高为师,身正为范。做任何事情,上位者如果能够以身作则,率先垂范,就没有不成功的。这作为领导艺术、管理艺术的理论总结,流传至今,仍然给人以启迪和思考。

13.7　子曰:"鲁卫之政,兄弟也。"

评析

孔子说:"鲁国的政治和卫国的政治,有如兄弟一般。"这是孔子对鲁国、卫国政治的批评,但措辞很巧妙、委婉。表面上看,好像是说鲁、卫两国的政治像兄弟一般的和谐亲密,实际是借古讽今。过去鲁国的始祖周公与卫国的始祖康叔是兄弟,现在鲁国与卫国政治状况也极为相似,宛如一对难兄难弟。朱熹《论语集注》:"鲁,周公之后。卫,康叔之后。本兄弟之国,而是时衰乱,政亦相似,故孔子叹之。"卫国是卫出公以儿子对抗父亲,父子争夺王位,"父不父,子不子";鲁国是君权旁落,形同傀儡,季氏等三家专权,"君不君,臣不臣"。

13.8　子谓卫公子荆①,"善居室②。始有,曰:'苟合矣。③'少有,曰:'苟完矣。'富有,曰:'苟美矣。'"

注释

① 卫公子荆:字南楚,卫献公的公子,吴季札曾把他列为卫国的君子,见《左传》襄公二十九年。杨伯峻先生解释,有人说:"此取荆之善居室以风有位者也。"因为当时的卿大夫,不但贪污,而且奢侈成风,所以孔子"以廉风贪,以俭风侈"。似可备一说。

② 居室:指居家过日子。

③ 苟:暂且、差不多。合:足够、充分。

评析

　　孔子谈到卫国的公子荆,说:"他善于居家过日子,刚有一点财产,便说:'差不多够了。'增加了一点,又说:'差不多完备了。'多有一点,便说:'差不多完美了。'"孔子对公子荆的知足恬淡大为赞赏。《四书反身录》赞叹:"居室不求华美,其居心平淡可知,真翩翩浊世之佳公子也。"孔子善于叙事,从"始有",到"少有",再到"富有";从"苟合",到"苟完",再到"苟美",逐层揭开公子荆的人格魅力,仰之弥高。从公子荆的事迹中,李泽厚先生强调说:"人生易老,世事难长;生活应别有追求,非徒华美居室、物质享受而已。"这样的忠告,值得我们珍视。

　　13.9　子适卫,冉有仆①。子曰:"庶矣哉!"
　　冉有曰:"既庶矣,又何加焉?"曰:"富之。"
　　曰:"既富矣,又何加焉?"曰:"教之。"

注释

① 仆: 驾驭车马。

评析

　　孔子到卫国,冉求驾车。孔子说:"人口真多呀。"冉有问:"人口够多了,下步该怎么办?"孔子说:"使他们富裕起来。"冉求又问:"已经富裕了,又该怎么办?"孔子说:"教育他们。"《管子·治国》:"凡治国之道,必先富民。"而孔子主张"富之,教之",并且是先"富"后"教"。孔子主张民众富庶之后,教育更为重要。先"富"后"教",方为治国大道。将教育建立在富国、富民的基础之上。虽然物质基础并不是一切,但没有一定的物质基础也是不行的。"富而好礼",是孔子倡导的盛世气象。

13.10 子曰："苟有用我者,期月①而已可也,三年有成。"

注释

① 期(jī)月:一年。

评析

孔子说:"如果有用我的人,一年便可以搞得差不多,三年就会很有成绩。"同时孔子还说过:"如有用我者,吾其为东周乎?"孔子对自己的政治能力期许甚高。有人怀疑此章非孔子言。其实还是不了解孔子生平。按《史记·孔子世家》记载,孔子由司空为大司寇后,鲁定公十年(前500)夏,即有齐国大夫黎鉏对齐景公说:"鲁用孔丘,其势危齐。"建议齐、鲁和好,于是安排夹谷会盟。在夹谷会盟中,由于孔子的智勇双全,以大国傲居的齐国反而陷入被动,鲁国不动一兵一卒,促使齐国主动归还了所侵占鲁国的郓、汶阳、龟阴等领土。外交胜利之后,鲁定公十三年,孔子又着手解决鲁国内政:"堕三都",严重削弱了季氏、叔孙氏、孟孙氏三家的军事实力,在一定程度上提升了鲁国公室的威望。到鲁定公十四年,孔子"由大司寇行摄相事","齐人闻而惧,曰:'孔子为政必霸,霸则吾地近焉,我之为先并矣。盍致地焉?'黎鉏曰:'请先尝沮之;沮之而不可则致地,庸迟乎!'"。从齐人的恐惧中,可以推断出他们对孔子政治能力的真切体会,所谓"孔子为政必霸",绝非虚言。从鲁定公十三年孔子以大司寇"堕三都",到鲁定公十四年孔子"行摄相事",都不满一年,所以他自信地说:"苟有用我者,期月而已可也,三年有成。""如有用我者,吾其为东周乎?"绝非虚言。

可惜孔子执政,竟被齐人以女乐离间,以致鲁国权臣季桓子死不瞑目,充满懊恼与悔恨,临终前"喟然叹曰:'昔此国几兴矣,以吾获罪于孔子,故不兴也。'",并交代他的子嗣季康子说:"我即死,若必相鲁;相鲁,必召仲尼。"因此,尽管孔子仕鲁,遭遇百般坎坷,但他的政治期许,以及他的实际政治才干所产生的巨大影响,也造就了孔子的政治神话。

13.11 子曰:"'善人为邦百年,亦可以胜残去杀矣①。'诚哉是言也!"

注释

① 胜残:遏制残暴的人,使之不能作恶。去杀:免除刑杀。

评析

孔子说:"'善人治国理政一百年,也可以克服残暴、免除刑杀了。'这句话说得真对呀!"孔子有感而发,呼吁仁政,"胜残去杀"。当然,时至今日,是否废除死刑,消除暴力,还有一个漫长的进步历程。

13.12 子曰:"如有王者,必世而后仁①。"

注释

① 世:三十年。仁:仁政。一说指仁心、仁德。

评析

孔子说:"如果有圣王兴起,也一定需要三十年才能使仁政大行。"仁政的教化,不是一蹴而就的事情。古人以三十年为"小变"周期,也称为"一世"。所谓"三十年河东,三十年河西"。我们现在说:"十年树木,百年树人。"所以,教育是一个国家和民族的未来,教育成就未来,但并非一朝一夕之功。

13.13　子曰:"苟正其身矣,于从政乎何有? 不能正其身,如正人何?"

$$\boxed{\text{评析}}$$

　　孔子说:"如果端正了自身,治国理政还有什么困难呢? 如果连自身都不能端正,又怎么能端正别人呢?"这是孔子反复强调的,治国理政要先从端正自身做起,以身作则,发挥表率作用。管理者、领导者或带头人的自身品格,决定了其团队的高度。

13.14　冉子退朝。子曰:"何晏也?"对曰:"有政。"子曰:"其事也。如有政,虽不吾以①,吾其与②闻之。"

$$\boxed{\text{注释}}$$

① 以:用。不吾以:即"不以吾"。

② 与:参与、干预。杨伯峻先生解释,《左传》哀公十一年曾有记载,季氏以用田赋的事征求孔子意见,并旦说:"子为国老,待子而行。"可见孔子"如有政,吾其与闻之"这话是有根据的。

$$\boxed{\text{评析}}$$

　　冉求从朝廷回来,孔子说:"为什么这么晚?"回答说:"有政务。"孔子说:"那不过是事务罢了。如有重大政务,虽然不用我了,我也会知道和干预的。"这段普通的日常对话,体现了孔子"位卑未敢忘忧国"的责任和担当。孔子虽然被尊为"国老",但不参与任何事务性工作。孔子不忘关注朝局动态,在季康子"问政"时,也不忘对其委婉规劝。

13.15　定公问:"一言而可以兴邦,有诸?"

孔子对曰:"言不可以若是其几也。人之言曰:'为君难,为臣不易。'如知为君之难也,不几乎一言而兴邦乎?"

曰:"一言而丧邦,有诸?"

孔子对曰:"言不可以若是其几也。人之言曰:'予无乐乎为君,唯其言而莫予违也。'如其善而莫之违也,不亦善乎? 如不善而莫之违也,不几乎一言而丧邦乎?"

评析

鲁定公问:"一句话便可以使国家兴盛,有这样的事吗?"孔子说:"说话不可以像这样简单机械。不过,人家都说:'做国君艰难,做臣子也不容易。'如果知道做国君的艰难,这不近乎一句话便使国家兴盛吗?"定公又问:"一句话可以使国家灭亡,有这回事吗?"孔子说:"说话不可以像这样简单机械。不过,人们都说:'我做国君并不快乐,只是我讲的话没人敢违抗罢了。'如果话讲得对,没人敢违抗,不也很好吗? 如果话讲得不对,也没人违抗,这不近乎一句话便使国家灭亡吗?"我们前面多次提过,孔子很会说话,这里也不例外。鲁定公"原想走捷径,希望一句话就能解决问题。孔子却说,要知道做君王做臣下都不容易,这回答也只是一句话,很巧妙"(李泽厚《论语今读》)。成语"一言兴邦""一言丧邦"即由此而来。全篇采用回环往复的结构手法,如余音绕梁,令人回味无穷。

13.16 叶公问政。子曰:"近者悦,远者来。"

评析

叶公问政务。孔子说:"近处的人使他们高兴,远处的人使他们来归顺。"近者悦,远者来·康有为《论语注》:"《墨子·耕柱篇》引作'远者近之,旧者新之',当是齐《论》原本。"近者悦,远者来,描绘的是儒家仁德政治的美好愿景。中华民族自古讲究睦邻友好的双边关系,对待周边国家或部族,采用怀柔政策,影响深远。

13.17 子夏为莒父①宰,问政。子曰:"无欲速,无见小利。欲速,则不达;见小利,则大事不成。"

注释

① 莒父(Jǔfǔ):鲁国城邑名。《山东通志》认为在今山东高密市东南。

评析

子夏做了莒父的官长,询问政务。孔子说:"不要图快,不要贪小利。图快,反而不能达到目的;贪小利,就办不成大事。"成语典故"欲速则不达"由此而来。孔子的教诲,对今天仍然具有重要的启发意义。俗话说,新官上任三把火。在新的工作岗位上,每个人都急切想做出一些成绩来。而孔子却教诲我们:不要一味图快,不能只顾眼前的蝇头小利;要有长远目标,要有大智慧,要有集中力量办大事的气度和胸襟。

13.18 叶公语孔子曰:"吾党有直躬者,其父攘羊,而子证①之。"孔子曰:"吾党之直者异于是:父为子隐,子为父隐。——直在其中②矣。"

注释

① 证:告发、揭发。
② 直在其中:杨伯峻先生解释,孔子伦理哲学的基础就在于"孝"和"慈",因之说父子相隐,直在其中。

评析

叶公告诉孔子说:"我那里有个坦白直率的人,他父亲偷了羊,他便告发。"孔子说:"我们乡里坦白直率的人不这样做。父亲替儿子隐瞒,儿子替父亲隐瞒。坦白直率就体现在其中了。"这是一个颇有争议的大问题,曾经一度引起学术界热烈的讨论。在古代社会,以"孝慈"为首位,"父为子隐,子为父隐",中国传统法律允许家人一定程度内的隐瞒。步入现代社会,对此质疑的声音越来越多。其中涉及亲情伦理与现代法治的矛盾与冲突,如何兼顾家庭人伦与法治精神,如何兼顾私德与公德,成为人们热议的焦点。

13.19 樊迟问仁。子曰:"居处恭,执事敬,与人忠。虽之夷狄①,不可弃也。"

注释

① 夷狄:古称东方部族为夷,北方部族为狄。泛称除华夏族以外的各族。

评析

樊迟问仁。孔子说:"生活起居端庄谨慎,办事严肃认真,与人交往忠心诚意。这几种品德,即使到了边地蛮族,也不能废弃。"樊迟三次向孔子问"仁",孔子都认真回答。此次"仁"的内涵丰富。"居处恭",是自我修身;"执事敬",是职业操守;"与人忠",是人际交往。从小我,到大我,再到他人。恭、敬、忠,即谨慎、敬业、忠诚。这对现代人修身、交往,也有启发意义。

13.20 子贡问曰:"何如斯可谓之士矣?"子曰:"行己①有耻,使于四方,不辱君命,可谓士矣。"

曰:"敢问其次。"曰:"宗族称孝焉,乡党称弟焉。"

曰:"敢问其次。"曰:"言必信,行必果②,硁硁③然小人哉!——抑④亦可以为次矣。"

曰:"今之从政者何如?"子曰:"噫!斗筲之人⑤,何足算也?"

注释

① 行己:立身行事。一说对自己的行为。

② 果:果敢、有决断。

③ 硁(kēng)硁:形容行为固执。

④ 抑:表转折,但是、然而。

⑤ 斗筲(shāo)之人:比喻度量和见识狭小的人。斗:古代的量器名。筲:古代的饭筐。

评析

子贡说:"怎样才可以叫作'士'?"孔子说:"立身行事保持羞耻之心,出使外国不辜负国君的任命,这可以叫作'士'了。"子贡说:"请问次一等的。"孔子说:"宗族称赞他孝顺父母,乡里称赞他尊敬长者。"子贡说:"请问再次一等的。"孔子说:"说话诚实可信,行为坚决果断,这是不问是非黑白而行为固执的小人呀!但也可以说是再次一等的'士'了。"子贡说:"现在的从政者怎么样?"孔子说:"咳!这帮度量狭小、见识短浅的人,怎么算得上呢?"子贡是当时有名的外交家,所以孔子结合子贡的实际,对"士"作出界定。以"行己有耻,使于四方,不辱君命"为"士"的标准,对子贡加以勉励。在子贡的追问下,孔子又对"士"的不同等级分别予以界定。高标准的"士",能够做到对内"行己有耻",对外"不辱君命"。次一等的"士",能够做到宗族称他孝,乡里称他悌,有口皆碑。再次一等的"士",能够做到言必有信,行必果决。而那些"从政者”,其品德操守则连普通百姓都不如,所以不值一提。

春秋末期,"士"作为新兴的社会阶层,孔子赋予了"士"以崭新的含义,并寄予厚望。在《论语》中,孔子对"士"的言行加以约束和规范,并强调"士"的社会责任感与使命意识。在孔子的界定中,作为士人,必须有一定的追求,有一定的操守,有一定的价值信念,不会轻易被外物所左右。这是作为"士人"的基本条件。孔子还从反面进行阐释,并提到两种不足以称之为"士"的情况。《论语·里仁》:"子曰:'士志于道,而耻恶衣恶食者,未足与议也。'"(4.9)孔子指出:一个士人,既然有志于"道",但又以自己吃粗粮穿破衣为耻辱,这种人其实是没有资格称为"士"的。又《论语·宪问》:"子曰:'士而怀居,不足以为士矣。'"(14.2)孔子认为:一个士人,如果贪恋居室居乡的安逸,那也便不配称为'士"。所有这些,对于今天的读书人及其人生追求,仍然有一定的启迪。

13.22　子曰:"南人有言曰:'人而无恒,不可以作巫医①。'善夫!"
"不恒其德②,或承之羞。"子曰:"不占而已矣。"

【注释】

① 巫医:或解释为巫师和医师。在古代南方,巫医是一类特殊职业,指以祝祷为主或兼用一些药物来为人消灾治病的人。所以,杨伯峻先生认为,巫医是一词,不应分为卜筮的巫和治病的医两种。

② 不恒其德:一般认为有两种意义:不能持久,时作时辍;没有一定的操守。杨伯峻先生译文时,用"三心二意"表示"不能持久",用"翻云覆雨"表示"没有操守"。这里采用其说法。

【评析】

孔子说:"南方人有句话说:'人如果没有恒心,连巫医都做不了。'这话说得好呀!"《易经·恒卦》的爻辞说:"三心二意,翻云覆雨,总有人招致羞耻。"孔子说:"这话的意思是叫无恒心的人不必去占卦卜筮好了。"本章解读分歧较多,但大意都很明确:强调恒心的重要性。做任何事情,都要有恒心,坚持不懈。半途而废,前功尽弃,这是孔子所摒弃的。《论语·子罕》记载:"子曰:'譬如为山,未成一篑,止,吾止也。譬如平地,虽覆一篑,进,吾往也。'"(9.19)只要功夫深,铁杵磨成针。恒心、耐心和毅力,是学习、事业攀登的基石。

13.23 子曰:"君子和而不同①,小人同而不和。"

注释

① 和而不同:朱熹《论语集注》:"和者,无乖戾之心;同者,有阿比之意。"和,一般理解为和谐。阿比,指偏袒勾结,一般理解为结党。

评析

孔子说:"君子和谐却不结党,小人结党却不和谐。""和"与"同"是春秋时代的两个常用术语。如何理解,后世分歧较大,本章根据朱熹的解读加以阐发。君子为人处世,和谐中庸,注重个人操守,不屑蝇营狗苟;小人为人处世,利益至上,狼狈为奸,反目成仇,为了一己私利,很难真正团结。李泽厚先生说,本章与"君子群而不党""周而不比"等章同义,即保持个体的特殊性和独立性才有社会和人际的和谐。不结党营私,保持个人操守,推动社会和人际和谐。

13.24 子贡问曰:"乡人皆好之,何如?"子曰:"未可①也。"

"乡人皆恶之,何如?"子曰:"未可也;不如乡人之善者好之,其不善者恶之。"

① 未可：还不行。可：表示同意。

子贡问孔子："乡里人都称赞他，怎么样啊？"孔子说："还不行。"子贡又问："乡里人都厌恶他，怎么样啊？"孔子说："还不行。倒不如乡里的善人称赞他，乡里的恶人厌恶他。"孔子不喜欢"好好先生"，并将这类人称为"乡愿"，语带贬义色彩。孔子说："唯仁者能好人，能恶人。"(4.3)他认为，真正仁德的人，应该爱憎分明，是非分明，而不是无原则地和稀泥。所以他强调："众恶之，必察焉；众好之，必察焉。"(15.28)众人都喜欢他，未必真好；众人都厌恶他，未必真不好。只有好人都喜欢他，坏人都厌恶他，才是真好。在这看似辩证复杂的叙述中，寄托了孔子爱憎分明、弘扬正气的社会理想。正直、正气、正派，敢于与邪恶斗争，不和稀泥，不做"乡愿"。

13.25　子曰："君子易事①而难说也。说之不以道，不说也；及其使人也，器②之。小人难事而易说也。说之虽不以道，说也；及其使人也，求备焉。"

① 易事：杨伯峻先生解释，《说苑·雅言篇》说："曾子曰：'夫子见人之一善而忘其百非，是夫子之易事也。'"这话可以作"君子易事"的一个说明。
② 器：指量材而用，才尽其用。

孔子说："在君子底下工作很容易，讨他的欢喜却难。不用正当的方式去讨他的欢喜,他是不会欢喜的;等到他使用人的时候,却按照各人的才德专长加以任用。在小人底下工作很难,讨他的欢喜却容易。用不正当的方式去讨他的欢喜,他会欢喜的;等到他使用人的时候,便会百般挑剔,求全责备。"君子秉公办事,所以私下讨好难,但待人宽恕,在工作中量材而用,才尽其用;小人偏袒私心,所以私下讨好容易,但待人忌狠,在工作中嫉贤妒能,吹毛求疵。孔子上述对君子、小人的比较,一语中的,尖锐而深刻,"两千年前的生活经验,犹栩栩如生于今日"(李泽厚《论语今读》),值得警醒和反思。

13.26 子曰:"君子泰而不骄①,小人骄而不泰。"

注释

① 泰而不骄:康有为《论语注》:"泰,安坦也。骄,放肆也。"泰:安详舒泰。舒泰,即舒畅安宁。

评析

孔子说:"君子安详舒泰,却不骄傲凌人;小人骄傲凌人,却不安详舒泰。"孔子以对比的手法,描述君子、小人带给人们的不同感受。君子彬彬有礼,与之相处,舒适安宁;小人自以为是,与之相处,违和感强。亲近君子,远离小人,让生活充满更多的阳光。

13.27 子曰:"刚、毅、木、讷近仁。"

评析

孔子说:"刚强,坚韧,朴实,寡言,接近于仁了。"孔子对这四种性格颇为喜欢,认为接近"仁"了。刚、毅,不屈不挠,不易为外欲所扰;木、讷,朴实敦厚,可堪担负重任。康有为《论语注》:"刚者无欲,毅者果敢,木者朴行,讷者谨言。四者皆能大行,与巧言令色相反者,故近仁。"孔子反对华而不实,"再一次突出少言语。与摩登时代一任语言夸巧、主宰一切恰是两种境界"(李泽厚《论语今读》),值得现代人深思。

13.28　子路问曰:"何如斯可谓之士矣?"子曰:"切切偲偲①,怡怡②如也,可谓士矣。朋友切切偲偲,兄弟怡怡。"

注释

① 切切偲偲(sī):相互敬重、切磋勉励的样子。
② 怡怡:和顺的样子。

评析

子路问:"怎么样才可以叫作'士'呢?"孔子说:"互相批评,和睦共处,可以叫作'士'了。朋友之间,互相批评;兄弟之间,和睦共处。"本章可以与13.20章遥相呼应。如何可以称为"士",孔子经常在不同的场合,针对不同的对象,进行不同层次的阐发。子贡、子路在不同场合,询问同一个问题:"何如斯可谓之士",但孔子根据子路的实际情况,给出了不同于对子贡的回答,再次体现了子因材施教的高妙。子路很注重友情,性情刚强直率,但"斯切切怡怡之意少矣,故孔子以此箴之"(钱穆语),对子路予以勉励。要他切磋以处朋友,和悦以处兄弟,这样就可以叫作"士"了。

13.29　子曰:"善人教民七年,亦可以即戎矣①。"

注释

① 即:应付、应对。戎:兵戎、战争。

评析

孔子说:"善人教导人民七年,也能够叫他们应付战争了。"古代人口数量少,兵员不足,经常需要从普通百姓中补充兵力,或作为预备兵源,或直接上阵。孔子这一观念,对后世的兵民一体、兵农一体以及屯兵制度,产生了深远影响。

13.30　子曰:"以不教民战,是谓弃之。"

评析

孔子说:"用未经受过训练的人民去作战,这等于糟蹋生命。"本章与上一章紧密关联,上一章是谈"教民战",可以获得应对战争的主动权,从正面叙述;本章是谈"不教民战"所带来的恶果,是从反面叙述。两章合起来,共同强调"教民战"的重要性。即回答了为什么要"教民战"。怎样"教民战"? 孔子的主张是"教民七年"。其具体内容,孔子虽然没有明确说,但我们推测肯定既有理论也有实践,既有忠孝大义的思想引导,也有练兵习武的军事训练。李泽厚先生感慨:"孔夫子并非书呆子,只讲修养、文化之类,大不同后世腐儒。"

《论语·卫灵公》记载,卫灵公向孔子问军队阵列之法。孔子回答:"礼仪的事情,我曾经听到过;军队的事情,从来没学习过。"第二天便离开卫国,体现了对卫灵公询问军旅之事的反感。"春秋无义战"。据《左传》记载,卫灵公或其大臣孔文子"将攻大叔",欲行不义之兵,所以孔子拒绝回答。其实,孔子常教学生、百姓以兵阵之法,《论语》中有不少记载,如本章及上一章所述。孔子主张教导百姓掌握军事知识,加强重视百姓平时军事训练,是为了有效地防御战争,并非去发动侵略战争。孔子是和平的爱好者,不愿意轻言战争。

《论语·述而》："子之所慎：齐，战，疾。"(7.13)因为战争关系到国家的安危和百姓的生命。

在学习与教育中，孔子对于当时通行的"射""御"等军事体育科目非常重视，也极为擅长。孔子身高九尺六寸，这样的身高条件，对于学习射、御等技艺是极为有利的。《礼记·射义》记载："孔子射于瞿相之圃，盖观者如堵墙。"可见孔子射技水平高超，吸引众多人围观。相较于射技，孔子认为自己的御术水平更高。《论语·子罕》记载，孔子曾经自信地说自己射、御技艺很有名，尤其是驾驭车马的水平。

孔子晚年，季康子起用冉求，击退了齐国的入侵，取得重大军事胜利。当问起原因来，冉求说自己的军事知识是从孔子学习而来的，并非天生就会(事详见《左传》鲁哀公十一年、《史记·孔子世家》)。可见军旅之学也是孔子日常教学的重要内容。他教授学生军旅知识，并凭此保卫了鲁国。可叹季康子终究没有重新起用孔子，孔子也无意以他的军旅之学稀世，导致其军旅之学不为世人所知，惜哉！

14.1　宪问耻。子曰："邦有道，谷；邦无道，谷，耻也。"

"克、伐、怨、欲不行焉，可以为^①仁矣？"子曰："可以为难矣，仁则吾不知也。"

注释

① 为：通"谓"，称为。

评析

　　原宪问耻。孔子说："国家政治清明，做官领取俸禄；国家政治黑暗，仍然做官领取俸禄，这就是耻。"原宪说："好胜、自夸、怨恨、贪欲没有了，可以称为'仁'吧？"孔子说："可以说是难能可贵了。是否仁，我就不知道了。"孔子末句"仁则吾不知也"，其实是委婉否定了，言外之意是还没有达到"仁"的标准。这类回答在谈"仁"时常见。例如《论语·公冶长》孟武伯询问子路是否仁，孔子将子路赞扬了一番，最后结论是"不知其仁也"，其实是否定子路达到"仁"了。本章先问"耻"，后问"仁"，看似无关，实则紧密。其潜台词是，仁者远"耻"。作为朝廷官员，在国家政治黑暗时期，既不能有所匡救，也不愿洁身而退，这不仅是行己有耻，而且是国之大耻。这一段与《论语·泰伯》"邦有道，贫且贱焉，耻也；邦无道，富且贵焉，耻也"(8.13)，遥相呼应。

14.2　子曰："士而怀居^①，不足以为士矣。"

注释

① 怀：怀思、留恋。居：安居。

评析

孔子说："读书人留恋安逸，便不配做读书人了。"在孔子的界定中，作为士人，必须有一定的追求，有一定的操守，有一定的价值信念，不会轻易被外物所左右。这是作为"士人"的基本条件。孔子指出：一个士人，既然有志于"道"，但又以自己吃粗粮穿破衣为耻辱，这种人，其实是没有资格称为"士"的。同样的，一个士人，如果贪恋居室居乡的安逸，那也便不配称为"士"。《左传》僖公二十三年记载，晋文公流亡国外，当他来到齐国后，便安居下来，有了妻妾，有了家财，开始贪恋、享受家室。他的老婆姜氏便对他说："行也！怀与安，实败名。"其语意和此处孔子所讲的"士而怀居，不足以为士"，道理相近。欧阳修说："逸豫可以亡身。"更值得警醒。

14.3 子曰："邦有道，危①言危行；邦无道，危行言孙②。"

注释

① 危：正直。
② 孙：同"逊"，谦逊。

评析

孔子说："国家政治清明，言语正直，行为正直；国家政治黑暗，行为正直，言语谦逊。"孔子强调，在任何时候，都要做一个行为正直的人。国家政治清明，风气开明，广开言路。国家政治黑暗，谨言慎行，可以避免无谓的灾祸。孔子多处强调，身处乱世，要学会明哲保身，"邦无道，则愚"，"邦无道，则隐"。李泽厚先生说："孔子虽然主张'知其不可而为之'，却不认为在任何时地都必须赤膊上阵，蛮干一场。"（《论语今读》）有时，无谓的灾祸、无谓的牺牲，确实是可以尽量避免的。

14.4　子曰:"有德者必有言①,有言者不必有德。仁者必有勇,勇者不必有仁。"

① 有言:有名言、有善言。

孔子说:"有德的人,必有善言,但有善言的人,不一定有德。仁德的人必定勇敢,但勇敢的人不一定有仁德。"这是谈论人们表象中的内外关系。仁、德,属于内在修养;勇、言,属于外在行为。"有德者必有言""仁者必有勇",由内到外,内在修养外化为行为举止;"有言者不必有德""勇者不必有仁",由外入内,难以表里如一。孔子由此强调提升自身内在修养的重要性。

14.5　南宫适问于孔子曰:"羿①善射,奡荡舟②,俱不得其死然。禹稷躬稼而有天下。"夫子不答。

南宫适出,子曰:"君子哉若人! 尚德哉若人!"

① 羿(yì):古代传说中的射箭能手,曾为夏代有穷国的君主,因为不体恤老百姓而被人杀死。

② 奡(ào):古代传说中的人物,夏代寒浞的儿子。力气大,相传擅长水战。荡舟:指挥舟师冲锋陷阵。一说指陆地行舟。

评析

南宫适问孔子说:"羿擅长射箭,奡擅长水战,都没得好死。夏禹和后稷亲身耕种,却得了天下。怎样解释这些历史?"孔子没有回答。南宫适出来后,孔子说:"这个人真是君子呀! 这个人真是尊重德行呀!"孔子反复咏叹:"君子哉若人! 尚德哉若人",赞不绝口。南宫适从古代若干历史事件出发,批评春秋末期诸侯角逐,尚力不尚德,意在借古讽今,强调尚力者不得善终,尚德者终有天下。因此获得孔子高度赞扬。金良年先生说:"南宫适的问题提得很有深意,其内在含义是把当世的有权力者比作羿、奡,而把孔子比作禹、后稷。孔子不愿意自我褒扬,所以不回答他的问题,但对他崇尚德行的品德是赞赏的,因此又在他出去后表扬了他。"(《论语译注》)不管这一推断是否吻合当时情境,但时过境迁,孔子确实获得了不朽的盛名。康有为《论语注》说:"盖德与力,自古分疆,而有力者终不如有德。嬴政、亚历山大、成吉思汗、拿破仑之闻,必不如孔子及佛与耶稣也,此为万古德力之判案也。"

14.6 子曰:"君子而不仁者有矣夫,未有小人而仁者也。"

评析

孔子说:"君子之中有不仁的人,小人之中却不会有仁人。"朱熹《论语集注》引谢氏:"君子志于仁矣,然毫忽之间,心不在焉,则未免为不仁也。"虽然君子也会有不仁的时候,但本质仍然是君子,小人本质仍然只是小人。正如金良年先生引用外国格言说:"鹰有时可能比鸡飞得低,但是鸡却永远飞不到鹰那么高。"

14.7 子曰:"爱之,能勿劳乎①? 忠焉,能勿诲乎?"

注释

① 劳：劳苦（勤劳辛苦）。能勿劳乎：杨伯峻先生解释，《国语·鲁语下》说：
  "夫民劳则思，思则善心生；逸则淫，淫则忘善，忘善则恶心生。"可以为"能
  勿劳乎"的注脚。

评析

　　孔子说："爱他，能不叫他勤劳辛苦吗？忠于他，能不教诲他吗？"此处
"劳"字，有担忧、勤劳、勉励等不同的解释，但揆之语境，"劳苦"（勤劳辛苦）似
更契合常理。我们常讲，爱一个人，应该让他适当经历一些苦难，在苦难中得
到锻炼。所以，这里的"劳"，应该理解为"劳苦"更合适。爱他，就应该为他谋
划得更为长远，不能把他培养成温室里的花朵。经历些风雨，才能更好地
成长。

　　14.8　子曰："为命①，裨谌草创之②，世叔讨论之③，行人子羽修饰
之④，东里⑤子产润色之。"

注释

① 命：外交辞令。
② 裨谌（Bìchén）：郑国大夫。草创：起草初稿。
③ 世叔：又作太叔，名游吉，郑国大夫。讨论：研究后提出意见。
④ 行人：官名，指古代的外交官。子羽：即公孙挥，字子羽，郑国大夫。
⑤ 东里：地名，在今郑州市，子产所居，故称。

评析

　　孔子说："郑国外交辞令的创制，裨谌拟稿，世叔提意见，外交官子羽增删

修改，最后由子产润色定稿。"《左传》襄公三十一年："郑国将有诸侯之事，子产乃问四国之为于子羽，且使多为辞令。与裨谌乘以适野，使谋可否。而告冯简子，使断之。事成，乃授子太叔使行之，以应对宾客。是以鲜有败事。"这一记载，可与《论吾》相互参照。郑国在春秋初期曾一度强盛，后来走向衰落，到子产主政，重用贤人，出现中兴局面。在孔子描述中，一篇外交文书，分工合作，发挥各自的优势，获得孔子的高度称赞。唐太宗时期，名相房玄龄多谋，杜如晦善断，两位能臣分工合作，"房谋杜断"，传为美谈。

14.10　子曰："贫而无怨难，富而无骄易。"

【评析】

孔子说："贫困而无怨，很难；富贵而不骄傲，容易。"孔子洞察人性，细致入微，入木三分。朱熹说："处贫难，处富易，人之常情。"俗话说，贫贱夫妻百事哀。处贫困之境，举步维艰，非亲身经历者不能悉心体会。"贫而无怨"，"怨"字含义，众说纷纭。可能有怨恨、埋怨、哀怨、仇怨、抱怨，难以悉知。或许贫困的处境不同，所"怨"之义也不同。贫困之人，千愁百怨，难以顺心。"富而无骄"，不及"富而好礼"。《论语·学而》记载，子贡问："贫而无谄，富而无骄，何如？"孔子回答："未若贫而乐，富而好礼者也。"（1.15）孔子通过这番对比，更加深刻阐明了"贫而乐""安贫乐道"的可贵、不易。

14.11　子曰："孟公绰为赵魏老则优①，不可以为滕、薛②大夫。"

【注释】

① 孟公绰：鲁国大夫。据《史记·仲尼弟子列传》，他是孔子所尊敬的人。老：家臣之长。一说家臣。优：优裕、绰绰有余。

② 滕、薛：当时的小国，都在鲁国附近。滕的故城在今山东滕州市西南，薛的故城在今滕州市南。

评析

孔子说："孟公绰担任赵氏、魏氏的家臣之长，那是绰绰有余的；但不能当滕、薛的大夫。"孟公绰资历老，德高望重，所以在赵、魏这样的大国，可以养尊处优，但到了滕、薛这样的小国，大夫位高责重，事必躬亲，孟公绰的精力、才能皆不能胜任。所以，李泽厚先生说，这体现了人才的特殊性，孟公绰可能就属于这类："能做大官也未必能办具体事"，"以他的'道德'高、资历深专门用作摆设，什么实际事不干，也干不了"。尺有所短，寸有所长。合适的岗位，须有合适的人才；合适的人才，须有合适的岗位。

14.12　子路问成人①。子曰："若臧武仲②之知，公绰③之不欲，卞庄子④之勇，冉求之艺，文之以礼乐，亦可以为成人矣。"曰："今之成人者何必然？见利思义，见危授命，久要⑤不忘平生之言，亦可以为成人矣。"

注释

① 成人：全人、完人。
② 臧武仲：鲁大夫臧孙纥。"武"是他的谥号。他很聪明，逃到齐国之后，能预见齐庄公的被杀而设法辞去齐庄公给他的田。事见《左传》襄公二十三年。
③ 公绰：即孟公绰，上一章孔子谈及的人物。这里赞扬他清心寡欲。
④ 卞庄子：鲁国卞邑的大夫，以勇武著名。《荀子·大略》《韩诗外传》都记载有他的勇敢故事。
⑤ 要：同"约"，穷困。从杨伯峻先生说法。

评析

　　子路问怎样才是全人。孔子说:"智慧像臧武仲,清心寡欲像孟公绰,勇敢像卞庄子,多才多艺像冉求,再用礼乐来加以文饰,也就可以说是全人了。"孔子补充说:"现在的全人哪里一定要这样?看见利益能想到是否该得,遇到危险肯付出生命 长久处于贫困却不忘记平生的诺言,也可以说是全人了。"孔子采用比较式、箭垛式的方法,将众多美德才能集中起来,定义什么是全人。与此同时,孔子对"成人"(全人)有最高和最低的两种标准。最高标准(理想态),是臧武仲、孟公绰、卞庄子、冉求四个人的品德才艺,再加上礼乐文饰,是智、不欲、勇、艺、礼乐五者的统一体。这个标准,难度太高,令人望而却步。最低标准(现实态),是"见利思义""见危授命""久要不忘平生之言"三者的结合。只要做到其中的任何一种,便可称得上是全人。

　　14.15　子曰:"晋文公①谲而不正,齐桓公②正而不谲。"

注释

① 晋文公:晋国国君,名重耳,晋献公的儿子,因骊姬之乱,被迫在外流亡十九年,公元前 636 年在秦穆公的支持下回国杀晋怀公而自立。在位期间,整顿内政,增强国力,在城濮之战中,以少胜多,打败楚军,被中原诸侯尊为霸主。

② 齐桓公:齐国国君,名小白,齐襄公的弟弟,齐国内乱,出逃到莒国,后被立为国君。他继位后,任用管仲为国相,改革政治,以"尊王攘夷"为号召,多次打退少数民族对中原的侵扰,安定了周王室的统治,成为春秋时代第一个霸主。管仲原是公子纠的心腹大臣,齐国内乱,管仲保护公子纠到鲁国避难,后公子纠与齐桓公争立国君,管仲曾率兵截杀齐桓公,齐桓公即位

后,听从鲍叔建议,冰释前嫌,拜管仲为相,尊为"仲父"。

评析

孔子说:"晋文公诡诈,不正派;齐桓公正派,不诡诈。"晋文公、齐桓公是春秋时期最有声名的两位霸主。孔子不喜欢晋文公,对他评价不高,认为他虽然为春秋霸主之一,但政治品德并不好,为人诡诈,好耍手段,不正派。例如,晋文公在外流亡时,曾经受到楚成王的隆重款待,后来晋楚城濮之战,晋文公"退避三舍",看似报答楚王当年知遇之恩,实际上是兵行险诈,麻痹楚军,因此大获全胜。相较之下,孔子喜欢齐桓公,《论语》中多次赞誉他,认为他功勋卓著,为人正派,不用诡诈,不耍手段。例如,他重用管仲为宰相,不计一箭之仇。更为重要的是,齐桓公尊王攘夷,维护周天子利益,齐楚交兵,谴责楚国不向周天子纳贡包茅,诸侯会盟,大体上能够遵守君臣礼节;而晋文公好耍手段,将周天子召来参加自己的盟会,全然不顾君臣礼节。所以孔子对晋文公一直评价不高。

14.16　子路曰:"桓公杀公子纠,召忽死之,管仲不死①。"曰:"未仁乎?"子曰:"桓公九合②诸侯,不以兵车,管仲之力也。如③其仁,如其仁。"

注释

① 管仲不死:齐桓公和公子纠都是齐襄公的弟弟。齐襄公无道,两人都怕牵累,桓公便由鲍叔牙护送逃往莒国,公子纠也由管仲和召忽护送逃往鲁国。齐襄公被杀以后,齐桓公先入齐国,被拥立为君。为绝后患,他兴兵伐鲁,逼迫鲁国杀死公子纠,召忽自杀殉主,管仲却由鲍叔举荐,出任齐桓公的宰相。事见《左传》庄公八年和九年。

② 九合:杨伯峻先生解释,齐桓公纠合诸侯共计十一次,这一"九"字实是虚

数,不过表示其多罢了。

③ 如:乃。表强调。

评析

子路说:"齐桓公杀了兄长公子纠,公子纠的师傅召忽自杀殉主,但是他的另一师傅管仲却活着。""管仲没仁德吧?"孔子说:"齐桓公多次主持诸侯间的盟会,并不凭借战争,这是管仲的力量。这就是管仲的仁德,这就是管仲的仁德。"孔子对管仲的整体评价一直很高,虽然孔子对管仲的个人私德有过批评,如认为管仲置"三归","不知礼"(3.22),但多次赞扬管仲的历史功勋,认为其主流价值是值得肯定。尤其管仲辅佐齐桓公"尊王攘夷",维护周天子的尊严与利益,孔子认为他达到了"仁"的标准。"如其仁,如其仁",语句反复,意在强调,加以充分肯定,不容置疑。

在一般人看来,齐桓公杀死兄长公子纠,管仲作为公子纠的臣子,不死君难,还一心辅佐齐桓公,是为大不忠;管仲辅佐齐桓公,生活作风奢侈,不遵礼法,也颇不合儒家标准。诸如此类,都与"仁"相距甚远。但孔子是从尊王攘夷、维护华夏正统、为民造福的巨大历史功绩等客观角度来肯定管仲的(这些历史功勋在本篇下一章还会具体谈到),对其他方面忽略不计。人无完人,对待历史人物,应该充分肯定其主要历史功绩。孔子对管仲的评价,就是如此。

14.17 子贡曰:"管仲非仁者与?桓公杀公子纠,不能死,又相之。"子曰:"管仲相桓公,霸诸侯,一匡天下,民到于今受其赐。微①管仲,吾其被发左衽矣②。岂若匹夫匹妇之为谅也,自经于沟渎而莫之知也③?"

注释

① 微:假若没有。

② 被：同"披"。衽（rèn）：衣襟。指上衣前交领部分。左衽：我国古代某些少数民族的服装，前襟向左掩，异于中原一带的右衽。因用以指受外族的统治。

③ 自经：自缢、自杀。沟渎：沟渠。

评析

子贡说："管仲不是仁人吧？齐桓公杀掉了公子纠，他不但不以身殉难，还做了齐桓公的宰相。"孔子说："管仲辅佐桓公，称霸诸侯，使天下一切得到匡正，民众到如今还受到他的好处。假如没有管仲，我辈恐怕要披头散发穿左开襟衣了。他难道像普通人那样恪守小节，自杀在山沟中，还没有人知道吗？"这段话非常有名，有名的评论也不少。钱穆先生说："本章舍小节，论大功，孔子之意至显。"（《论语新解》）清代顾炎武《日知录》说："君臣之分，所系者在一身。华夷之防，所系者在天下。故夫子之于管仲，略其不死子纠之罪，而取其一匡九合之功，盖权衡大小之间，而以天下为心也。"孔子所说的"披发左衽"，意味着华夏文化灭亡，因此孔子认为对管仲的历史评价，要全局地看，不能纠结于他是否殉难的小节上。而顾炎武总结的"以天下为心"，一语中的，这正是孔子对管仲赞誉极高的原因。

14.19　子言卫灵公之无道也，康子曰："夫如是，奚而①不丧？"孔子曰："仲叔圉②治宾客，祝鮀治宗庙，王孙贾治军旅。夫如是，奚其丧？"

注释

① 奚而：同"奚为"，为什么、为何。

② 仲叔圉（yǔ）：卫国的大夫孔圉、孔文子。"文"是他的谥号。卫国贤臣。《论语·公冶长》赞誉过他。

评析

　　孔子谈起卫灵公的昏乱,季康子说:"既然这样,卫国为什么没有败亡呢?"孔子说:"他有孔文子接待宾客,祝鮀管理祭祀,王孙贾统率军队,像这样,怎么会败亡呢?"卫灵公虽然昏聩无道,但他能重用贤才,在卫国的重要岗位上,他都安排有贤臣负责。卫灵公并非一无是处,所以孔子评论公允客观,"取其所长,弃其所短"。由此可见重用贤才对国家发展的重要性。但李泽厚先生进一步强调,人才固然重要,但人才总会因各种因素而凋零,如果有制度保障,就没关系了。所以,制度保障、人才机制更为重要。所以,对于现代国家管理而言,完善法治,日趋重要。

　　14.20　子曰:"其言之不怍①,则为之也难。"

注释

① 怍(zuò):羞惭。

评析

　　孔子说:"如果大言不惭,那么做起来就难了。"李泽厚先生说:"好些时髦青年却常如此,不守信,不诚实,自以为真理在握,绝对高明,于是夸夸其谈,文章满纸,却经不起时间推移,实际考验。"(《论语今读》)看来这个问题,古今同一,值得我们警醒、深思。谦逊、低调、认真,永远保持做人的品格。

　　14.21　陈成子弑简公。①孔子沐浴而朝②,告于哀公曰:"陈恒弑其君,请讨之③。"公曰:"告夫三子④!"

　　孔子曰:"以吾从大夫之后,不敢不告也。君曰'告夫三子'者!"

之三子告，不可。孔子曰："以吾从大夫之后，不敢不告也。"

> **注释**

① 陈成子：指齐国大夫陈恒（亦作"常"，后世因避讳改动）。也称田常。因其祖先陈完逃奔齐国而改姓田，故亦姓田。成是他的谥号。简公：齐简公，名壬。公元前 484 年至公元前 481 年在位。

② 沐浴：指斋戒沐浴，以示郑重。朝：这时孔子已经作为国老，赋闲在家，特为这事来朝见鲁君。

③ 请讨之：杨伯峻先生解释，孔子请讨陈恒，主要由于陈恒以臣杀君，依孔子的学说，非讨不可。同时孔子也估计了战争的胜负。《左传》记载孔子的话："陈恒弑其君，民之不与者半。以鲁之众加齐之半，可克也。"

④ 三子：指当时鲁国执掌大权的季孙氏、叔孙氏、孟孙氏。

> **评析**

齐国大夫陈成子杀了国君齐简公。孔子斋戒沐浴一番，而后朝见鲁哀公，奏报说："陈恒杀了他的君主，请出兵讨伐他。"鲁哀公说："你向季孙、仲孙、孟孙三位大夫报告吧！"孔子退出后，说："因为我曾经担任过大夫，所以不敢不来奏报。国君却说'奏报三位大夫吧'！"孔子又去奏报三位大臣，他们不肯出兵。孔子说："因为我曾经担任过大夫，所以不敢不来报告。"这一历史事件发生在鲁哀公十四年（前 481 年）。在孔子看来，大夫杀害国君，大逆不道，必须伸张正义，举天下之兵加以讨伐。但当时鲁国的政治情形，与齐国相似。鲁哀公也形同傀儡，实权掌握在季孙、仲孙、孟孙三位权臣手中，所以鲁哀公也不敢自作主张，更不敢公开表态，只能让孔子直接去找他们报告。而季孙、仲孙、孟孙三位权臣，与陈成子是一丘之貉，沆瀣一气，彼此暗中勾结，所以，鲁国根本不可能出兵讨伐，更不会纠集天下的正义力量而声讨陈氏。鲁国君臣的反应,让孔子感到非常失望,这件事对于他的打击可想而知。

本章在描述上,有意运用反复的艺术手法,渲染孔子无力的伤感和悲哀。"以吾从大夫之后,不敢不告也。"一位古稀老人的喋喋、喃喃之语,盘旋耳畔,穿透千年,直抵人心。那份失望、伤感和悲哀,仿佛依稀可见。

14.22　子路问事君。子曰:"勿欺也,而犯之。"

评析

子路问如何侍奉国君。孔子说:"不要阳奉阴违地欺骗他,但可以当面触犯他。"当面触犯龙颜,需要勇气,这对于子路来说不难,所以孔子先特别告诫:不要欺骗君主,这个也很重要。时至今日,君主制度早已瓦解,但孔子的这两条告诫,仍然具有一定的现实意义。朋友之间、夫妻之间、师生之间、上下级之间,其实也仍然如此。可以当面冒犯,甚至顶撞、争吵,但千万不能欺骗,更不能阳奉阴违。当面冒犯,是"忠"的体现;不欺骗,不搞阳奉阴违,是"诚实"的体现。孔子将"忠""诚信",作为做人、交友的根本。

14.23　子曰:"君子上达,小人下达。"

评析

孔子说:"君子通达于仁义,小人通达于财利。"上达、下达分别指什么,历来众说纷纭。或认为"君子向上进步,小人向下沦丧",或认为"君子向上走,小人向下走",或认为"君子大处成功,小人小处成功"。我们这里认同杨伯峻先生的说法。《论语·里仁》:"子曰:'君子喻于义,小人喻于利。'"芸芸众生,忙忙碌碌,都有不同的人生目标,或为仁义,或为财利。求仁义者,乐观从容,虽然有时物质生活不免简陋,道路不免曲折,但人生品格始终向上,日臻完善。求财利者,熙熙攘攘,虽然或能荣耀一时,富甲一方,但手段有时不免卑污,繁华落尽处不免落寞。高尚或卑下,上达或下达,在于我们自己的抉择。

14.24　子曰:"古之学者为己,今之学者为人。"

评析

孔子说:"古时候的学者,学习的目的在提升自己的修养和道德;现在的学者,学习的目的在装饰自己,给别人看。"什么叫作"为己"和"为人",不同的读者,看法不一。孔子原意是批评当时的学者炫耀自己,教训别人,而仰慕古之学者的治学态度。孔子所感慨的这两种不同的治学态度,不仅当时如此,时至今日,也依然存在。李泽厚先生说:"君不见,好些风头正健、时髦十足的青年学人(其实也未必都年轻)专以践踏他人炫耀自己为学问志业乎?"这值得我们警醒、反思。

14.25　蘧伯玉①使人于孔子。孔子与之坐而问焉,曰:"夫子何为?"对曰:"夫子欲寡其过②而未能也。"

使者出。子曰:"使乎!使乎!"

注释

① 蘧伯玉:卫国的大夫,名瑗。孔子流亡卫国时,曾经客居他家。

② 寡其过:杨伯峻先生解释,《淮南子·原道》说:"蘧伯玉年五十而知四十九年非。"大概这人是位求进甚急善于改过的人。使者之言既得其实,又不卑不亢,所以孔子连声称赞。

评析

蘧伯玉派人拜访孔子。孔子请来人坐下,而后问道:"他老人家现在忙些什么?"来人回答说:"他老人家想减少自己的过错,却还没能做到。"来人告辞离开。孔子感慨说:"好一位使者! 好一位使者!"孔子提倡"温良恭俭让"诸美德,这位使者的不凡谈吐,给他留下了深刻印象,因此赞叹不已。蘧伯玉是卫国的贤大夫,孔子在流亡卫国时曾客居他家。蘧伯玉派人问候孔子,"当孔子问起蘧伯玉的近况时,来人答得很谦逊,却又实事求是地体现了蘧伯玉严于自律的处世态度。朱熹说:'使者之言愈自卑约,而其主之贤益彰,亦可谓深知君子之心而善于辞令者矣。'(《集注》)所以孔子夸奖他是好使者"(金良年《论语译注》)。与此同时,蘧伯玉严于律己,不断努力,"年五十而知四十九年非",从不懈怠,永不自满,堪为我们学习的楷模。

14.26 子曰:"不在其位,不谋其政。"

曾子曰:"君子思不出其位。"

评析

孔子说:"不在那个位置上,不去谋划他的政治事务。"曾子说:"君子所思虑的,不超出自己的工作岗位。"一般认为,曾子的话,是对孔子话的解释说明。因为孔子的这番话,在前面《论语·泰伯》出现过。孔子的话,后世的解读也不尽一致。而曾子的话,是否契合孔子初衷? 李泽厚先生认为,孔子的话,"可以有多种原因和解释。曾参的话就太保守。'思不出位'本来自《易经》,但在那里又是别的意思,并非规范、要求",孔子所说"不谋其政","不过是不应干预专家的专业知识领域而已"。(《论语今读》)

14.27 子曰:"君子耻其言而过其行。"

评析

孔子说:"说得多,做得少,君子以为耻。"孔子认为"行胜于言",而并非言过其实。"言必信，行必果"，是孔子所倡导的。言行一致，信守承诺。

14.28　子曰："君子道者三，我无能焉：仁者不忧，知者不惑，勇者不惧。"子贡曰："夫子自道也。"

评析

孔子说："君子的道德有三项，我还不行。仁爱的人不忧愁，智慧的人不迷惑，勇敢的人不畏惧。"子贡说："这正是老师讲自己啊。"成语"夫子自道"由此而来。不过他出自子贡之口，是子贡对孔子所做的精彩点评。朱熹说，孔子这是"自责以勉人"，这也是孔子教学中的常用教学方法。孔子认为，仁、知、勇，是君子必须具备的三项重要品德。李泽厚说："智、仁、勇，是所谓'三达德'；既是道德，又是心理，即文化积淀为心理也。"仁者不忧，知者不惑，勇者不惧，成为至理名言，激励一代代人砥砺前行。

14.29　子贡方人①。子曰："赐也贤乎哉？夫我则不暇。"

注释

① 方人：《经典释文》说，郑玄注的《论语》作"谤人"，又引郑注云"谓言人之过恶"。因此杨伯峻先生的译文译为"讥评"。不过，"方"也有"品评"义。杨伯峻先生也说："《世说新语·容止篇》：'或以方谢仁祖不乃重者。'这'方'字作品评解，其用法可能出于此。"

评析

子贡品评人物。孔子说："子贡，你真贤能啊！我却没有这闲工夫。"孔子批评子贡，同时说自己没有闲工夫去专门品评别人，但他又确实评论过许多人物,有上古贤明之君,有近世风云人物,当然更多的则是他日常传教的学生。这种言实相逗的逻辑悖论,必须结合他对人物品藻的终极追求方可明晓。在他的眼中,人物品藻仅是"因材施教"教育、"知人善用"政治之间的一种辅助性手段,一个中间过程,而不是最终的目的。有学者做过统计,《论语》中一百七十人,孔子评过八十人之多,其中有赞扬推崇的,有褒贬兼有之的,也有批评否定的。但孔子这些人物品评从来都不是特意的,都是着眼于他的政治道德与教育思想整体活动的,他从来不为品评而品评。仅以《论语·公冶长》为例,全篇皆评论古今人物贤否得失,孔子多番评鉴自己的弟子,钱穆先生说:"知人物之贤否,行事之得失。"例如,《论语·先进》记载的他对子路、冉求的教育方式成为因材施教的典型,被后世屡屡提及。这种教育方式首先就是建立在"求也退""由也兼人"充分的"知人"基础之上,而这种"知人"只是手段,"进之""退之"才是其教育的最终目的。不消细说,孔子仁者的睿智用于"知人",似乎有"杀鸡焉用牛刀"的大材小用之嫌,这或许也正是他宣称没有闲暇来"方人"的另一深层原因。

孔子尽管一再申明他并非为品评而品评,但他独超众类的人物品藻世界却影响古今。孔子的"晋文公谲而不正,齐桓公正而不谲""君子和而不同,小人同而不和"式的言辞品藻方式,更为魏晋爱好清谈的名士们所钟爱。《世说新语》三十六门中首列的"德行、言语、政事、文学"四门,就是《论语·先进》中的孔门四科。这些名士们聚讲《论语》,爱以这位圣人或圣人的弟子自居,就算是孔子"朝闻道,夕死可矣"的述怀方式,也为他们所津津仿效,并以此来激励自新。

14.30 子曰:"不患人之不己知,患其不能也。"

> 评析

孔子说:"不要担心别人不知道自己,要担心自己没有本领。"《论语·学而》:"不患人之不己知,患不知人也。"(1.16)两章内容相近,都是告诫我们凡事多省思自己,多从自身寻求原因,不断提升自己的能力和修养。李泽厚先生说:"今之人常反是,生怕埋没了自己。我常对文学家们说,作品不怕埋没。好作品死后也会被人发掘出来;一般的作品,你还没死,就被人忘记了。既然如此,又何必赶时髦、作修改、急于出版,生怕别人不知道自己呢?"又说:"自己知道一生价值所在就可以了,何必外求。"自信、从容,苦练内功。

14.31　子曰:"不逆诈①,不亿②不信,抑亦先觉者,是贤乎!"

注释

① 逆诈:指事先即猜疑别人存心欺诈。逆:指事先揣度或猜疑。朱熹《论语集注》:"逆,未至而迎之也。"
② 亿:臆测、揣度。朱熹《论语集注》:"亿,未见而意之也。"

评析

　　孔子说:"不预先怀疑别人的欺诈,也不无根据地猜测别人的不老实,却能及早发觉,这样的人是一位贤者吧!"孔子主张以宽厚的态度对待他人,不事先有"防人之心"。但一般人很难做到这一点。而明代《菜根谭》:"害人之心不可有,防人之心不可无。"精明至极,又将此推向另一个极端。

14.32　微生亩①谓孔子曰:"丘何为是栖栖②者与? 无乃为佞乎?③"孔子曰:"非敢为佞也,疾固也。"

注释

① 微生亩:姓微生,名亩。事迹不详。

② 栖栖：忙碌不安的样子。

③ 无乃：莫非、恐怕是。表示委婉测度的语气。佞：逞口才。

评析

微生亩对孔子说："你为什么总是这样忙忙碌碌、到处奔波呢？莫不是要逞你的口才吗？"孔子道："我不是敢逞口才，而是讨厌那种顽固不化的人。"孔子奔走于各国，"知其不可而为之"，积极推行他的理论和主张，曾经招来不少非议和嘲讽。"从口气看，微生亩大概是个老顽固的前辈，但孔子仍针锋相对地回答了他，没有让步。"（李泽厚《论语今读》）孔子对于这类人，毫不留情面。为了心中的理想，他坚定自我，勇敢面对嘲讽，"也无风雨也无晴"。

14.33　子曰："骥①不称其力，称其德②也。"

注释

① 骥：良马、千里马。比喻杰出的人才。

② 德：郑玄说："德者，调良之谓……骥马调良，能有其德，故为善马。"德，指马匹调教良好。

评析

孔子说："所谓千里马，不是赞美它的气力，而是赞美他的品德。"运用比兴的手法，语意双关。用千里马比喻杰出人才。真正的千里马，也是经过反复调教出来的，并非天生自然气质如此。杰出的人才，往往都是后天刻苦锻炼出来的，并非天生如此。与此同时，人们赞美千里马，并非赞美它的天生神力，而是后天调教出来的美德。千里马称德，不称力，"借说马而批评重力不重德的时尚"（金良年语）。

14.34 或曰："以德报怨，何如？"子曰："何以报德？以直报怨，以德报德。"

$\boxed{\text{评析}}$

有人问孔子："以恩德来回报怨恨，怎么样？"孔子说："那又如何回报恩德呢？该用公平正直来回报怨恨，用恩德回报恩德。"《老子》第63章："报怨以德。"老子主张"以德报怨"，化解矛盾，以柔弱胜刚强。但孔子认为这样做虽然未尝不可，但在如何回报恩德的问题上将失去平衡，所以主张"以直报怨，以德报德"，鲜明地体现了孔子爱憎分明、不和稀泥的人生哲学。虽然孔子主张博爱，泛爱众，但并不滥施感情，并非没有原则。在这一点上，儒家与道家、佛家，有很大不同。所以，儒家知识分子面对黑暗与非正义，不袖手旁观，更不做无谓的看客。本篇所载孔子朝见鲁哀公，请发兵诛讨陈成子(14.21)，就是其例。

14.35 子曰："莫我知也夫！"子贡曰："何为其莫知子也？"子曰："不怨天，不尤人，下学而上达①。知我者其天乎！"

$\boxed{\text{注释}}$

① 下学而上达：这句话具体的意义是什么，古今颇有不同解释。皇侃《论语义疏》："下学，学人事；上达，达天命。我既学人事，人事有否有泰，故不尤人。上达天命，天命有穷有通，故我不怨天也。"也可作参考。

$\boxed{\text{评析}}$

孔子叹息说："没有人了解我呀！"子贡说："为什么没有人了解您呢？"孔子说："不怨恨天，不责备人，学习一些平常的知识，却透彻了解很高深的道理。知道我的，只有天吧！"本篇前面有："子曰：'不患人之不己知，患其不能也。'"（14.30）一方面说不担心别人不了解自己，但另一方面说没有人了解自己，这看起来似乎相互矛盾。其实，这才是真实的孔子，也是真实的孔子面目。"怀才不遇而抑郁感叹，乃人之常情"（李泽厚语），即使是孔子也不例外。"孔子虽然没有怨天尤人，但也确乎满腹牢骚"（李泽厚语），这在《论语》中可以多次看到。这正表现了孔子作为凡夫俗子的一面，并非后世描绘的那般神秘、至圣，乃至完美无缺，无所不能。

14.36　公伯寮①诉子路于季孙。子服景伯②以告，曰："夫子固有惑志于公伯寮，吾力犹能肆诸市朝③。"

子曰："道之将行也与，命也；道之将废也与，命也。公伯寮其如命何！"

注释

① 公伯寮：名寮，字子周，鲁国人，孔子的学生。《史记·仲尼弟子列传》作"公伯僚"。

② 子服景伯：名何，鲁大夫。

③ 市朝：古人把罪人之尸示众，或者于朝廷，或者于市集。肆诸市朝：这里指当众处死·横尸街头。

评析

公伯寮向季孙毁谤子路。子服景伯告诉孔子，说："季孙氏已经被公伯寮所迷惑了，但我的力量还能让公伯寮横尸街头。"孔子说："大道能够实现，是命运，不能实现，也是命运。公伯寮能把命运怎么样呢？"公伯寮、子路都在季孙氏手下效力 而公伯寮毁谤子路，鲁国大夫子服景伯为此打抱不平，想用强硬手段来解决。但孔子不赞成同门手足相残,所以,他主张交由命运来决定,"借此来开导子服景伯、安抚子路、警戒公伯寮"(金良年语)。此处看似孔子将一切都归于命运,与桓魋相似("天生德于予,桓魋其如予何?")。其实,不是因为孔子迷信天命,而是缘于一种从容自信。他相信,凭借公伯寮、桓魋的这些伎俩,还不足以对自己造成伤害或影响。孔子夫子自道"知者不惑,仁者不忧,勇者不惧"(9.29、14.28)、"君子不忧不惧"(12.4),于此体现。

14.37 子曰:"贤者辟①世,其次辟地,其次辟色,其次辟言。"

子曰:"作者七人矣。"

注释

① 辟:同"避"。

评析

孔子说:"贤者避开社会而隐居,其次避开地方,再次避开不好的脸色,再次避开恶言恶语。"孔子说:"像这样的人已经有七位了。"隐士由来已久,上古时期有许由、巢父。春秋末期,礼崩乐坏,有躲避乱世的各种隐逸,孔子这里列举了四种(辟世、辟地、辟色、辟言)、七人。这四种隐逸方式,古人认为是按大小划分,并无优劣之别,只是各自遭遇不同(程颐语)。而具体哪七人,说法众多,难有定论。有人甚至认为,本章及以下两章与道家的思想比较接近,可能不一定是孔子的言论。"邦有道则仕,邦无道则隐。"孔子一生积极奔走,"知其不可而为之",始终不渝地坚定奉行自己的理想和学说,具有很强的使命感、责任感,以及社会担当,但人各有志,对于隐逸之士,总体还是能够接受的。

14.38 子路宿于石门①。晨门曰:"奚自?"子路曰:"自孔氏。"曰:"是知其不可而为之者与?"

注释

① 石门:郑玄《论语注》:"石门,鲁城外门也。"

评析

子路在石门过夜。早上守城门的人说:"你从哪里来?"子路说:"从孔子那里来。"守门人说:"是那个知道不可能还要去做的人吗?""知其不可而为之",一语惊人,竟然出自一位守门人之口,可见此人并非凡庸之辈。孔子的一生,忙忙碌碌,惶惶不可终日。他一生前后干求七十二位君王,竟无一人"识货"。一位守门人,竟然一语道破,可堪为孔子知音。知其不可而为之,可谓孔子一生的精准概括,"可称悲壮"(李泽厚语),令人动容。

14.39 子击磬于卫,有荷蒉而过孔氏之门者①,曰:"有心哉,击磬乎!"既而曰:"鄙哉②,硁硁乎! 莫己知也,斯已而已矣。深则厉,浅则揭。③"

子曰:"果哉! 末之难矣。"

注释

① 荷(hè):肩负、扛。蒉(kuì):草织的盛器。

② 鄙哉:解释众说纷纭,无确解。这里联系上下文语境,似为"不通达、不灵活"义。

③ 深则厉,浅则揭:两句见于《诗经·邶风·匏有苦叶》。这里是比喻用法。杨伯峻先生辉释,水深比喻社会非常黑暗,只得听之任之;水浅比喻黑暗的程度不深,还可以使自己不受沾染,便不妨撩起衣裳,免得濡湿。

评析

孔子在卫国击奏磬乐，有个挑着草筐子的汉子恰好经过孔子门口，说："这个击磬，有深意的呀！"一会儿又说："磬声耿直固执的，不通达呀。它好像在说，没有人知道我呀！既然没人知道，自己知道就行了。水深的时候，索性穿着衣裳过河；水浅的时候，不妨撩起衣襟过河。"孔子说："果然如此吗？那也就不难了。"乐为心声。孔子的磬声中，可能暗含着自己理想难以实现的苦闷，"荷蒉"人听出了其中的磬外之音，因而有一番劝慰孔子的话。这位"荷蒉"人，既能听出孔子的磬外之音，又能如此委婉规劝，也定是隐逸高士。"荷蒉"人认为孔子对于自己理想的追求过于固执，既然社会条件不具备，那就随波逐流，不必去强行改变它，也没必要认死理。但孔子不同意"荷蒉"人的看法，认为一切都没有他想象的那么简单。这段孔子与"荷蒉"人的对话，颇似《楚辞·渔父》中屈原与渔父的对话，两种不同的价值观，不同的人生抉择，孔子"知其不可而为之"，屈原"虽九死其犹未悔"，而"荷蒉"人、渔父都主张随波逐流，与世浮沉。人的一生，有理想并不难，但实现理想，并不容易。

14.41　子曰："上好礼，则民易使也。"

评析

孔子说："在上位的人若遇事依礼而行，就容易使百姓听从指挥。"上行下效，移风易俗。很多事情，从上往下推广，容易得多；反之，则很难。这既是自古讲究上下尊卑、礼仪有序的体现，也是中国自古以来的文化心理使然。

14.42　子路问君子。子曰："修己以敬。"

曰："如斯而已乎？"曰："修己以安人。"

曰："如斯而已乎?"曰："修己以安百姓。修己以安百姓,尧舜其犹病诸?"

评析

子路问怎样才能是一个君子。孔子说："修养自己,端肃自身。"子路说："这样就够了吗?"孔子说："修养自己,使他人安乐。"子路说："这样就够了吗?"孔子说："修养自己而使百姓安乐。修养自己而使百姓安乐,尧、舜大概也没有完全做到吧。"以敬、以安人、以安百姓,逐层扩大,从自身,到他人,再到天下百姓。通过提升自我修养,更好地完善个人品德,更好地与他人交往,更好地造福社会。《大学》所倡导的修身、齐家、治国、平天下,或即由此引申而来。

14.43　原壤夷俟。①子曰:"幼而不孙弟②,长而无述焉,老而不死,是为贼。"以杖叩其胫。

注释

① 原壤:孔子的老朋友。夷:箕踞。俟:等待。
② 孙弟:同"逊悌",谦逊、孝悌。

评析

原壤踞着双腿,接待孔子。孔子说:"你小时候淘气,不懂礼貌,长大了毫无贡献,老了还不死,真是个害人精。"说完,用拐杖敲了敲他的小腿。先秦时期,人们出门做客或居家待客,都需要跪坐,而屁股着地伸开两腿的踞坐,是非常不礼貌的。原壤是孔子的老朋友,他接待孔子的方式很不礼貌,所以孔子对他也不客气,因为是小时候就结识的老朋友了,相互熟悉,所以这番话实际上是玩笑话,并不是真批评。其中场面摹写生动,情景如画,"声貌如见"(李泽厚语)。这则故事,再现了孔子晚年与少时好友会面时的生活情景,体现了孔子幽默、平易近人的性格。富不弃糟糠之妻,贵不忘贫贱之交,是人生弥足珍贵的道德品格。

14.44 阙党童子将命。①或问之曰:"益者与?"子曰:"吾见其居于位②也,见其与先生③并行也。非求益者也,欲速成者也。"

注释

① 阙党:指今山东曲阜孔子故里阙里。将命:朱熹注:"谓传宾主之言。"指传达主宾之间的口信。
② 位:指主人的位置。阙党童子居于主人之位,是失礼之举。
③ 先生:指比阙党童子年长的人。《礼记·曲礼》记载,年龄相差五岁以上,就不能并肩同行。

评析

阙里的一个少年向孔子传达信息。有人问孔子:"这小孩是求上进的人吗?"孔子说:"我见他大模大样地占据大人的席位,见他与长辈并肩而行。他不是求上进的人,而是想急于成名的人。"细节决定高度。同样是传达信息的使者,孔子对蘧伯玉使者赞不绝口,而对阙里少年评价很低。究其原因,在于言谈举止、举手投足间的生活细节大有不同。细节体现了性格,细节投射出涵养。急于求成,急于成名,名利心强,也是当下一些青年学子所应当警惕的。李泽厚先生说:"刚进门已想独立门户,适登堂便与老师平起坐,未入室便自认远胜老师。"尤当警醒。

卫灵公篇第十五

15.1　卫灵公问陈①于孔子。孔子对曰："俎豆之事②,则尝闻之矣;军旅之事,未之学也。"明日遂行。

① 陈:同"阵",兵阵、军阵。

② 俎豆之事:俎和豆都是古代盛肉食的器皿,行礼时用它。这里表示礼仪之事。

卫灵公向孔子询问军队阵列之法。孔子说:"礼仪的事情,我曾经听到过;军队的事情,从来没学习过。"第二天便离开卫国。孔子不是不重视军事,也不是不懂兵阵之法。据《左传》哀公十一年记载,卫灵公此次询问兵阵,将为攻打太叔做准备。孔子历来反对侵略战争,所以故意说从没学习过,并于第二天即离开卫国,体现了他对此坚决反对。正如康有为说:"俎豆,礼器;兵阵,凶器。杀人之事,不得已而用之。"孔子说过"以不教民战,是谓弃之"(13.30),主张正当防御,以抵御外敌,但是鲜明地反对"不义之兵"。

15.2　在陈绝粮,从者病①,莫能兴。子路愠见曰:"君子亦有穷②乎?"子曰:"君子固穷,小人穷斯滥矣。"

① 病:指为饥饿所困。

② 穷：这里不仅指贫穷,而且包括穷得毫无办法。

评析

　　孔子在陈国断绝了粮食,随行的人都饿病了,爬不起来。子路很不高兴地来见孔子,说:"君子也有穷得毫无办法的时候吗?"孔子说:"君子虽然穷得没办法,但还是坚持着。小人穷困就胡作非为了。"面对同样的困局,君子、小人的应对方法迥然不同,破坏力也不可同日而语。这样的案例,在中国历史上太多了。子路质问孔子,孔子从容和缓回答,开导子路,师生不同的鲜明个性,在这番对话中再次得到了体现。

　　15.3　子曰:"赐也,女以予为多学而识之者与?"对曰:"然,非与?"曰:"非也,予一以贯之。"

评析

　　孔子说:"子贡,你以为我是多学多记的人吗?"子贡说:"对。不是这样吗?"孔子说:"不对。我是凭借一个基本观念来前后贯通的。"这和《论语·里仁》"夫子之道,忠恕而已矣"(4.15),遥相呼应。孔子博学多才,子贡他们敬仰他,并认为他是"多学而识之者";而孔子自己强调,这在于他以忠恕之道贯串整个学习与实践之中。忠、恕,是孔子思想体系一以贯之的基本观念。

　　15.4　子曰:"由! 知德者鲜矣。"

评析

　　孔子对子路说:"子路啊,懂得'德'的人可少啦。"这句话很可能是孔子有所触发而言的。不然,不可能凭空突然有这么一句。朱熹结合本篇第 2 章

"在陈绝粮"孔子与子路的对话,推断本章很可能是因为子路对君子穷困而发问,孔子教诲子路而感发。

15.5 子曰:"无为而治者其舜也与?夫何为哉?恭己正南面而已矣。"

评析

孔子说:"自己从容安静而使天下太平的人,大概只有舜吧?他做了什么呢?只是庄严地端正王位罢了。"孔子赞叹舜的无为而治,即所谓"垂衣裳而天下治"。一般认为,舜之所以能够如此,在于他选用贤臣,所任得人,故能优游而自逸,无为无不为。李泽厚先生说:"'无为而治',似道家言,《论语》中却多次提及(如2.1)。《史记》称孔子问'礼'于老聃,当系事实。"

15.7 子曰:"直哉史鱼①!邦有道,如矢;邦无道,如矢。君子哉蘧伯玉!邦有道,则仕;邦无道,则可卷而怀之②。"

注释

① 史鱼:卫国的大夫史鳅,字子鱼。他临死时嘱咐他的儿子,不要"治丧正室",以此劝告卫灵公进用蘧伯玉,斥退弥子瑕,古人称之为"尸谏",事见《韩诗外传》。

② 卷而怀之:卷起来藏在怀里。比喻隐退。

评析

孔子说:"正直呀,史鱼!国家政治清明,他像箭那样正直,国家危乱黑暗,他也像箭那样正直。君子呀,蘧伯玉。国家政治清明就做官;国家危乱黑暗,就把自己的本领收藏起来。"史鱼、蘧伯玉都是卫国的贤大夫。史鱼尸谏(以自己的死来劝谏)国君,并见效;蘧伯玉以自己无力制止乱谋,及时隐退。孔子对这两种方式都大加赞赏,尤更欣赏后者。孔子赞成在国家无道时及时隐退,避免无谓的牺牲。史鱼、蘧伯玉,一进一退,一刚一柔,何时进、退,何时刚、柔,一切须灵活把握。后世所谓的"儒(进取)道(退隐)互补",实际上已经在孔子这里就开了头。

15.8　子曰:"可与言而不与之言,失人;不可与言而与之言,失言。知者不失人,亦不失言。"

> 评析

孔子说:"可以同他谈,却不同他谈,这是错过了人才;不可以同他谈,却同他谈,这是浪费了言语。聪明人既不错过人才,也不浪费言语。"这对谈话人的智慧、品鉴能力要求很高,并不容易做到。因为我们要了解什么人"可与言",什么人"不可与言",这需要综合考察、充分了解谈话对象,才能由此做出判断。"世事洞明皆学问,人情练达即文章。"这不是一朝一夕之功,须待有心人。

15.9　子曰:"志士仁人,无求生以害仁,有杀身以成仁。"

> 评析

孔子说:"志士仁人,不苟全性命而损害仁,只有牺牲生命来成全仁。"本章可与本篇"蘧伯玉隐退"章(15.7),相互参看。"志"古解作"知",即有智慧的人,"可见牺牲生命并非盲目情绪,而是自觉行为"(李泽厚《论语今读》)。身处危乱之局,孔子不赞成做无谓的牺牲,但并不贪生怕死,在应当挺身而出时,则舍我其谁,耻于担当,敢于维护正义,以生命捍卫正义,杀身以成仁。

15.10 子贡问为仁。子曰:"工欲善其事,必先利其器。居是邦也,事其大夫之贤者,友其士①之仁者。"

注释

① 士:杨伯峻先生解释,《论语》中的"士",有时指有一定修养的人,如"士志于道"(4.9)的"士"。有时指有一定社会地位的人,如"使于四方,不辱君命,可调士矣"的"士"(13.20)。此处和"大夫"并言,可能是"士、大夫"之"士",即已做官而位置下于大夫的人。

评析

子贡询问怎样去培养"仁"。孔子说:"工匠想要搞好他的工作,一定先要磨锐他的工具。居住在这个国家,就要敬奉那些大官中的贤者,结交那些士人中的仁者。"子贡曾经做过外交活动,其社会身份又主要是商人,所以孔子因材施教,有针对性地教诲他。时至今日,孔子的这些金玉良言,仍然散发出耀眼的魅力,给人们以启迪。后人将其进一步总结为:"工以利器为用,人以贤友为助。"

15.12 子曰:"人无远虑,必有近忧。"

评析

孔子说:"一个人没有长远的考虑,一定会有眼前的忧患。"孔子告诫我们要长期葆有忧患意识,居安思危,凡事防患于未然。"人无远虑,必有近忧"作为名人格言,早已深入人心。上至一国之主,下至一介匹夫,治国理政是如此,日常生活也是如此。

15.15　子曰:"躬自厚①而薄责于人,则远怨矣。"

> 注释

① 躬自厚:杨伯峻先生解释,本当作"躬自厚责","责"字探下文"薄责"之
　"责"而省略。

> 评析

　　孔子说:"多责备自己,而少责备别人,怨恨自然不会来了。"这是生活经
验的总结。凡事多反思自身,以身作则,提升自我修养。这是孔子仁德修身
经常强调的。李泽厚先生说,"《论语》中多有这种平淡而真确的生活格言,黑
格尔嘲笑为不够哲学,殊不知这正是中国实用理性的精神所在",《论语》中的
这些生活格言,"不求如何高妙抽象的思辨体系,因为那并不解决生活中具体
问题和现实疑难。理论毕竟是灰色的,而生活之树常青"。

15.16　子曰:"不曰'如之何①,如之何'者,吾末如之何也已矣。"

> 注释

① 如之何:指深思熟虑。"不曰如之何"指不动脑筋。或认为前一个"如之
　何"是指想法,后一个"如之何"是表示行动。

> 评析

　　孔子说:"一个人如果自己都不想想'怎么办,怎么办'的,对这种人,我也
不知道怎么办了。"凡事外因通过内因起作用。一个人如果对自身言行都不

负责任,不计后果,不懂得深思熟虑,那么这样的人,确实让外界无可奈何。生于忧患,死于安乐;临事而惧,好谋而成。未雨绸缪,从小事做起。

15.17　子曰:"群居终日,言不及义,好行小慧,难矣哉!"

评析

孔子说:"整天聚在一起,不谈正经事情,喜欢玩弄小聪明,这种人真难教导!"李泽厚先生感慨:"今日某些聚会却常如此,'难矣哉'!"颇值得我们警惕和反思。人生几十年,转瞬即逝,许多有意义有价值的事情,等待着我们去做。光阴不虚度,人生不白来。

15.18　子曰:"君子义以为质,礼以行之,孙以出之①,信以成之。君子哉!"

注释

① 孙:同"逊",谦逊。出:出言、表达。

评析

孔子说:"君子以正义为本质,通过礼制实行它,用谦逊的语言表达它,以诚实守信的态度完成它。这才是君子啊!"这里强调了君子的四种美德:义、礼、逊、信,均从个人道德修身提升转化而来,涉及个人与他人、个人与社会的道德约束,体现出更多的社会性公德的特征。四者既是君子的表现,也是成就君子的途径。其关系紧密,环环相扣,以"义"为本质,是核心,以"礼""逊""信"为工具,是媒介,四者通力协调,最终得以完成,成就君子,缺一不可。

15.19　子曰:"君子病无能焉,不病人之不己知也。"

> **评析**

孔子说:"君子担忧自己没有能力,不担忧别人不了解自己。"《论语·宪问》:"子曰:'不患人之不己知,患其不能也。'"(14.30)意思与此颇为相近。《论语·学而》:"子曰:人不知,而不愠,不亦君子乎?"(1.1)"子曰:不患人之不己知,患不知人也。"(1.16)孔子似在反复安慰,不要担忧别人不了解、不重视自己。士人名利心重,似乎是古今通病。这或许也是职业使然。古代四民,士农工商,工人、农民、商人,通过自己的劳动,能够创造出有形的物质财富,而士人创造精神财富,为无形产品,须待赏识者、"识货者",才能成就或体现自身价值。孔子自己失意时也说:"沽之哉! 沽之哉! 我待贾者也。"(9.13)所以,作为士人阶层,孔子认为与其担忧别人是否了解自己,不如更好地提升自身的能力。

15.20　子曰:"君子疾没世而名不称焉。"

> **评析**

孔子说:"君子所担忧的是离开人世尚不被人们称颂。"这并不是孔子有好名的思想。孔子强调君子的修养、学习,"当然并不是为了得到人们的称颂,但到了去世时还得不到人们的称颂,这说明缺乏善行和令人钦佩的表现,所以要为此感到担忧"(金良年《论语译注》)。这和孔子所强调的"四十、五十而无闻焉,斯亦不足畏也已"(9.23),表达的意思相近。孔子认为,一个人如果到四十、五十岁还默默无闻的话,那他也就不值得敬畏了。这样的话,其实是为了鞭策、激励人们奋发图强。不然,一辈子浑浑噩噩,一事无成,例如本章15.17"群居终日,言不及义,好行小慧",这样的情景,正是孔子所痛恨的。

15.21　子曰："君子求诸己，小人求诸人。"

评析

孔子说："君子责求自己，小人责求别人。"君子以身作则，富有担当，凡事多从自身寻找原因；而小人没有责任意识，凡事多责备他人，将一切不利因素归根于外界。李泽厚先生说，"严以责己，宽以待人"，这既是生活格言，也是德行修养。

15.22　子曰："君子矜而不争，群而不党。"

评析

孔子说："君子矜持，但不争执；君子合群，但不偏袒。"朱熹《论语集注》说："庄以持己曰矜。然无乖戾之心，故不争。和以处众曰群。然无阿比之意，故不党。"孔子多次谈及君子、小人之别。此处所谓"不争""不党"，也都是对应"小人"而谈的。小人经常为无谓的小事而争执，喜欢结党营私，却貌合神离，各怀鬼胎。见贤思齐，亲近君子，远离小人。

15.23　子曰："君子不以言举人，不以人废言。"

评析

孔子说："君子不因为言谈而举用人，也不因为人而排斥其言谈。"人的才能、品德，与个人的言谈，并不存在一一对应关系。"有的人言谈合理，但不一定具有德行，所以不能'以言举人'；有的人虽然不具备德行，但他的言谈或许有一得之见，所以不能'以人废言'。"善言不美，美言不信。古人说得好："不以言举人，则徒言者不得幸进；不以人废言，庶言路不至壅塞，此致治之机也。"(《四书反身录》)著名的"马谡失街亭""诸葛亮挥泪斩马谡",就是"君子不以言举人"的惨痛教训。三国蜀汉将领马谡,善于言谈,深受诸葛亮器重,每次接见,谈论通宵达旦。刘备临终托孤,还特别提醒诸葛亮"马谡言过其实,不可大用"。但在北伐中原的重要战役中,诸葛亮违背众人意见提拔马谡,委以重任,最终导致街亭失守,功亏一篑。

15.24　子贡问曰:"有一言而可以终身行之者乎?"子曰:"其恕乎!己所不欲,勿施于人。"

评析

子贡问:"有没有一句可以终身奉行的话呢?"孔子说:"大概是'恕'罢!自己不想要的任何事物,就不要强加给他人。"《论语·里仁》记载,"夫子之道,忠恕而已矣"(4.15),贯串孔子思想体系的核心是"忠恕"。"忠"("己欲立而立人,己欲达而达人")是有积极意义的道德,未必每个人都有条件来实行(杨伯峻语)。所以孔子这里只言"恕"不言"忠",大约是降低标准、降低难度。"己所不欲,勿施于人",只要用心,将心比心,要做到还是不难的。朱熹说:"推己及物,其施不穷,故可以终身行之。"

15.25　子曰:"吾之于人也,谁毁谁誉? 如有所誉者,其有所试矣。斯民也,三代之所以直道而行也①。"

注释

① 三代:指夏、商、周。直道:正道。指正直做事的规矩。朱熹《论语集注》:"三代,夏、商、周也。直道,无私曲也。言吾之所以无所毁誉者,盖以此民,即三代之时所以善其善、恶其恶而无所私曲之民。"

评析

孔子说:"我对于别人,批评了谁? 称赞了谁? 如果我有所称赞,必然是经过事实考证的。夏、商、周三代的人都如此,所以三代能正道而行。"孔子认为,批评他人,赞扬他人,都必须持谨慎态度,必须经过事实验证才好。这样既不会冤枉人,也不会乱表扬人。一切从客观事实出发,实事求是,对事不对人。

15.27 子曰:"巧言乱德。小不忍①,则乱大谋。"

注释

① 小不忍:杨伯峻先生解释,"小不忍"不仅是不忍小愤怒,也包括不忍小仁小恩,没有"螣蛇螫手,壮士断腕"的勇气,也包括吝财不忍舍,以及见小利而贪。

评析

孔子说:"花言巧语,败坏道德。小处不能忍耐,就会败坏大事情。"巧舌如簧,言过其实,历来是孔子所讨厌的。花言巧语,搬弄是非,混淆视听,败坏社会风气,所以要尽量远离这类人。"小不忍则乱大谋",作为名人名言,早已脍炙人口。小处要能忍耐,其实也并非权谋,而是加强自身修养的体现。小处,即细节。细节处见精神,细节处见成败。

15.28 子曰:"众恶之,必察焉;众好之,必察焉。"

评析

孔子说:"大家厌恶他,一定要去考察;大家喜爱他,也一定要去考察。"孔子强调：判断一个人到底是好是坏，最好的办法，是实践考察。《论语·子路》："子贡问曰：'乡人皆好之，何如？'子曰：'未可也。''乡人皆恶之，何如？'子曰：'未可也；不如乡人之善者好之，其不善者恶之。'"(13.24)《论语·子路》："子曰：'吾之于人也，谁毁谁誉？如有所誉者，其有所试矣。'"(15.25)与此相呼应，互相阐发。没有调查，就没有发言权。耳听为虚，眼见为实。有时眼见也未必是实，还须考察判断。所以，不偏听，不偏信，不轻信谣言，凡事有自己的独立判断，养成调查考察的好习惯。

15.29　子曰："人能弘道，非道弘人。"

评析

孔子说："人能弘扬大道，不是大道来弘扬人。"孔子非常强调人的主体性，重视人的个体性。在春秋末期，全民信仰神祇，而孔子主张"爱人"，肯定"人"的重要性，把"人"的主体性提高到前所未有的重视高度。《论语·颜渊》记载："樊迟问仁。子曰：'爱人。'问知。子曰：'知人。'"(12.22)《论语·学而》里也说："不患人之不己知，患不知人也。"(1.16)综观孔子一生，"爱人"与"知人"，成为他的思想和日常生活一以贯之的两条重要准则。"爱人"与"知人"，就是重视人的主体性，尊重人的个体性。"人能弘道，非道弘人"，发掘"人"的个体创造性，这是"孔门儒学区别于许多其他哲学、宗教的关键处"（李泽厚语）。"爱人""知人"，使"人"尽量实现其个体性、独特性、主体性，而成为历史文化的主动创造者。孔子重视"人"的主体性、个体性和独特性，这种理性务实的思想精神，使中国文化很早地从神祇信仰中走脱出来，踏上理性光辉之路。

15.30　子曰："过而不改，是谓过矣①。"

注释

① 是谓过矣：《韩诗外传》卷三曾引孔子的话说："过而改之，是不过也。"由此可见汉代时期 还有另外半句。若拼合完整，可能是："过而改之，是不过也。过而不改，是谓过矣。"

评析

孔子说："有过错而不改正，这就真叫作过错了。"孔子强调宽容待人，认为人难免不犯错 犯错了，只要及时改正，就好了。所谓吃一堑，长一智，不犯重复的过错。有错能改，善莫大焉。

15.31　子曰："吾尝终日不食，终夜不寝，以思，无益，不如学也。"

评析

孔子说："我曾经整天不吃饭，整夜不睡觉，用来思考，结果毫无收益，不如学习。"孔子在此强调学习的重要性。《荀子·劝学》："吾尝终日而思矣，不如须臾之所学也。"荀子说自己曾经整日思考，却比不上片刻学习所得到的收益。这一思想承继孔子而来。开卷有益，早已深入人心。

15.32　子曰："君子谋道不谋食。耕也，馁在其中矣；学也，禄在其中矣。君子忧道不忧贫。"

评析

孔子说："君子谋求大道，而不谋求食物。君子若去耕种，可能饿着肚子；君子若去学习，可能得到俸禄。君子担忧大道，不担忧贫穷。"孔子认为，君子为了生存，为了谋求食物，不外乎两条道路，一是亲自下田耕种，直接获取粮食；二是学习从政，获取俸禄，间接获取粮食。如果让他去耕种，并非所长，可能挨饿；如果让他去学习从政，可能有机会获得俸禄。但谋求大道，才是君子的本色当行。所以孔子强调"君子谋道不谋食"。吃饭是为了活着，但活着并不是为了吃饭。

15.34　子曰："君子不可小知而可大受也，小人不可大受而可小知也。"

评析

孔子道："君子不可以用小事情考验他，却可以接受重大任务；小人不可以接受重大任务，却可以用小事情考验他。"人无完人，尺有所短，寸有所长。如何充分发挥各自的优势，扬长避短，在于执政者、管理者的灵活把握，知人善用。所以，有人说，管理是一门科学的艺术。知人善用，重在知人。

15.35　子曰："民之于仁也，甚于水火。水火，吾见蹈①而死者矣，未见蹈仁②而死者也。"

注释

① 蹈：践踏。
② 蹈仁：指践行仁德。

评析

孔子说："百姓对于仁德的需求，比水火更迫切。我见到过践踏水火而死去的人，却没见到过践行仁德而死去的人。"水火，是人们生活的必需品，每天都离不开。《孟子·尽心上》说："民非水火不生活。"朱熹《论语集注》说："民之于水火,所赖以生,不可一日无。"孔子认为百姓对于仁德的需求,比水火更迫切,但水火给人们提供生活便利的同时也会伤害人,而仁德不会。因此,相较之下,仁德更应该走进百姓的日常生活,更应该成为他们赖以生存的生活必需品。仁德与我们的日常生活,既然如此息息相关,就应该更加重视。所以,孔子将"仁"比喻为水火,希望"仁"能如同水火一样,成为每天的必需品,走进人们的生活日常,体现他推行"仁"的不遗余力,以及由此寄托的美好愿望。

15.36 子曰："当仁,不让于师。"

【评析】

孔子说："面对着仁德,即使是老师,也不向他谦让。"仁,就是儒家"真理"。如果在真理与老师之间抉择,"吾爱吾师,吾更爱真理"。成语"当仁不让"由此而来。未熹《论语集注》:"当仁,以仁为己任也。"后世逐渐引申为主动去肩负的一和责任、使命和担当。

15.38 子曰："事君,敬其事而后其食①。"

【注释】

① 而后其食:杨伯峻先生解释,据宋晁公武《郡斋读书志》的记载,蜀《石经》作"而后食其禄"。

【评析】

孔子说："侍奉君王,先尽职尽责,领取俸禄的事放在后面。"我们常说:

食君之禄,忠君之事。但孔子强调:要先忠其事,后食其禄。看似一个顺序的简单调换,却体现出工作态度、事业精神的转变。如果我们认真工作,尽心职守,薪水、奖金自然一分也不会少。但如果我们工作只为了拿薪水,精力自然也不会专心放在工作上。"敬其事而后其食",孔子所重点强调的工作态度和事业精神,依然值得我们今天学习、重视。

15.39 子曰:"有教无类①。"

注释

① 无类:没有区别,不作区分。杨伯峻先生解释,"自行束脩以上,吾未尝无诲焉"(7.7),便是"有教无类"。

评析

孔子说:"我教学生,没有贫富、地域等区别。"孔子开办私塾,广开方便之门,只要虔心学习,他没有不接收、没有不教的。私塾开创之前,"学在官府",只有贵族子弟,才有享受教育的机会。自孔子之后,这种教育垄断的情况,便被打破了,平民通过教育的机会,开始改变人生命运,"士"人阶层兴起,中国社会开始出现前所未有的大变革,百家争鸣由此拉开了序幕。因此,孔子"有教无类"教育改革思想的出现,对后世产生了巨大而深远的影响。

15.40 子曰:"道不同,不相为谋。"

评析

孔子说:"大道不同,不相互商量谋划。"孔子这里强调的是"道",可见不是一般的争议或分歧,而是具有原则性、根本性的分歧,这种分歧是无法商议谋划的。涉及原则性的争议或分歧，必须针锋相对，据理力争。

15.41　子曰："辞达而已矣。"

评析

孔子说："言辞，足以表达意思就行了。"孔子不主张过于浮华的辞藻。他认为"文胜质则史"(6.18)，达意是言辞的主要目的。李泽厚先生说，"辞达而已矣"，还应与"修辞立其诚"联系起来，不仅达，而且诚。忠实可靠，真情呈现，均属于"诚"。

15.42　师冕①见，及阶，子曰："阶也。"及席，子曰："席也。"皆坐，子告之曰："某在斯，某在斯。"

师冕出。子张问曰："与师言之道与?"子曰："然;固相师之道也。"

注释

① 师冕：指乐师冕，名冕。当时乐师大多是盲人。

评析

音乐师冕来见孔子，走到台阶，孔子说："这是台阶啦。"走到座席旁，孔子说："这是座席啦。"都坐定了，孔子告诉他说："某某人在这里，某某人在这里。"师冕告辞后，子张问："这是与盲人讲话的方式吗?"孔子说："是的，这本来就是接待盲人的方式。"孔子接待音乐师冕，非常用心，细致认真，热情周到，入情入礼。音乐师冕作为盲人，生活行动颇为不便，所以孔子格外用心，照顾有加。孔子这些温暖的言行举止，虽然穿越千年，依旧魅力不减，令人感动。

16.1　季氏将伐颛臾①。冉有、季路见于孔子曰:"季氏将有事②于颛臾。"

孔子曰:"求!无乃尔是过与?③夫颛臾,昔者先王以为东蒙主④,且在邦域之中矣,是社稷之臣也。何以伐为?"

冉有曰:"夫子欲之,吾二臣者皆不欲也。"

孔子曰:"求!周任⑤有言曰:'陈力就列,不能者止。'危而不持,颠而不扶,则将焉用彼相⑥矣?且尔言过矣,虎兕出于柙,龟玉毁于椟中,是谁之过与?"

冉有曰:"今夫颛臾,固而近于费⑦。今不取,后世必为子孙忧。"

孔子曰:"求!君子疾夫舍曰欲之而必为之辞。丘也闻有国有家者,不患贫而患不均,不患寡而患不安⑧。盖均无贫,和无寡,安无倾。夫如是,故远人不服,则修文德以来之。既来之,则安之。今由与求也,相夫子,远人不服,而不能来也;邦分崩离析,而不能守也;而谋动干戈于邦内。吾恐季孙之忧,不在颛臾,而在萧墙之内⑨也。"

注释

① 颛臾:鲁国的附庸国家,在今山东省费县西北。

② 有事:这里指用兵。《左传》成公十三年:"国之大事,在祀与戎。"

③ 无乃……与:相当于现代汉语的"恐怕……吧"。尔是过:杨伯峻先生解释,不能解作"尔之过"。这里"过"字可看作动词,"是"字是表示倒装之用的词,顺装便是"过尔","责备你""归罪于你"的意思。

④ 东蒙:即蒙山,在今山东蒙阴县南,接费县界。主:主管祭祀的人。

⑤ 周任：上古时期的一位史官。一说周朝大夫。

⑥ 相：指导引、搀扶盲者的人。

⑦ 费（bì）：季氏的私邑，在今山东费县。一说读 fèi，当地人称费（fèi）县。

⑧ 不患贫而患不均，不患寡而患不安：原作"不患寡而患不均，不患贫而患不安"。杨伯峻先生解释，"贫"和"均"是从财富着眼，下文"均无贫"可以为证；"寡"和"安"是从人民着眼，下文"和无寡"可以为证。说详俞樾《群经平议》。

⑨ 萧墙：古代宫室内作为屏障的矮墙。萧，通"肃"。萧墙，又称肃墙。人臣至此屏风，便会肃然起敬，所以叫作肃墙。萧墙之内：指鲁君。杨伯峻先生解释，当时季孙把持鲁国政治，和鲁君矛盾很大，也知道鲁君想收拾他以收回主权，因此怕颛臾凭借有利的地势起而帮助鲁国，于是要先下手为强，攻打颛臾。孔子这句话，深深地刺中了季孙的内心。

> **评析**

　　季氏将要攻打颛臾。冉求、子路拜见孔子，说："季氏准备对颛臾用兵。"孔子说："冉求，这难道不应该责备你吗？这个颛臾小国，过去先王任命其国君主持东蒙山的祭祀，而且它地处鲁国境内，是鲁国的藩属国，为什么要去攻打它呢？"

　　冉求说："季孙要这么做，我们两人都不主张。"孔子说："冉求！周任有句话说：'能施展才能，就担任那职位；如果不能胜任，就辞去职位。'譬如盲人遇到危险，不去扶持；将要摔倒了，不去搀扶，那又何必用助手呢？而且，你的话错了。老虎、犀牛从笼子里跑出来了，占卜用的龟甲、祭祀用的玉器在匣子里被毁坏了，这是谁的过错呢？"

　　冉求说："如今颛臾城墙坚固而且靠近季孙氏的封地费城，如果现在不夺取，后世一定会成为子孙们的忧患。"孔子说："冉求！君子厌恶那样的人：不肯说自己想要那样而偏要找借口。我曾听说，那些有国土的诸侯和有封地的大夫，不担忧贫困而担忧分配不均，不担忧少而担忧社会不安定。若是财富平均，便无所谓贫穷；若是境内和平团结，便不会觉得人少；若是境内平安，国家便不会倾危。如果像这样，远方的人还不归服，就再修仁义礼乐来招揽他们。如果他们归服了，就得使他们安心。如今子路与冉求辅佐季氏，远方的人不归服，却不能使他们来归顺；国家四分五裂，却不能保持它的稳定统一；反而图谋在国境内用兵。我恐怕季氏的担忧，不在颛臾，而是在鲁国自己内部吧。"

　　这是《论语》中篇幅较长的经典篇目之一，叙事如画，人物形象生动。冉求的狡辩、孔子的斥责，如闻其声，如见其人。孔子、冉求师生之间围绕季氏将攻打颛臾展开讨论。季氏攻打颛臾一事，不见经传。后世注家一般认为是子路、冉求向季氏转达了孔子的意见，季氏惧祸而止。孔子一针见血指出季氏的政治阴谋，因为颛臾作为鲁国附庸国，"昔者先王以为东蒙主"，"且在邦域之中矣"，一向谨守君臣关系，不会对鲁国构成威胁，所以季氏"为子孙忧"的理由，根本不成立。而颛臾对鲁国国君一向忠心，所以季氏攻打颛臾，实际上就是攻打鲁君，祸起萧墙，公开造反。与此同时，孔子斥责冉求、季路失职，不能匡正，坐视季氏为非作歹。从本章看，孔子也是论辩的高手，从多个层面加以驳斥，迫使季氏面临各方面的舆论压力，而有所忌惮，可能最终放弃攻打的图谋。本篇作为名篇，产生了不少成语典故，"不患寡而患不均，不患贫而患不安""祸起萧墙""分崩离析""既来之，则安之"，脍炙人口，影响深远。

　　16.3　孔子曰："禄之去公室①五世矣，政逮于大夫四世②矣，故夫三桓③之子孙微矣。"

注释

① 公室：君主之家、王室。这里指鲁国国君。

② 五世、四世：杨伯峻先生解释，自鲁君丧失政治权力到孔子说这段话的时候，经历了宣公、成公、襄公、昭公、定公五代；自季氏最初把持鲁国政治到孔子说这段话时，经历了文子、武子、平子、桓子四代。

③ 三桓：鲁国的三卿，仲孙（即孟孙）、叔孙、季孙都出于鲁桓公，故称"三桓"。

评析

孔子说："鲁国爵禄不由国君作主，已经五代了；鲁国政务被攫取到大夫之手，已经四代了；所以桓公的三房子孙现在也衰微了。"本章专谈鲁国的政治兴衰，也难以逃脱历史兴衰规律。多行不义必自毙。三桓的子孙走向衰微也即将成为必然。

16.4　孔子曰："益者三友，损者三友。友直，友谅①，友多闻，益矣。友便辟②，友善柔③，友便佞④，损矣。"

注释

① 谅：诚实、诚信。

② 便（pián）辟：谄媚逢迎。

③ 善柔：指当面阿谀奉承而背面毁谤。

④ 便佞：夸夸其谈，巧言善辩。

评析

孔子说："有益的朋友三种，有害的朋友三种。与正直的人交友，与诚实的人交友，与见闻广博的人交友，是有益的。与谄媚奉承的人交友，与当面恭维背面毁谤的人交友，与夸夸其谈的人交友，是有害的。"怎样选择朋友？孔子简洁明快地概括为：益者三友，损者三友。拥有正直、坦率的朋友，是人生的幸事。一般将这类能直言规劝的朋友，又称为"诤友"。国有诤臣，国家之幸；士有诤友，士之幸事。《白虎通·谏诤》引《孝经》："大夫有诤臣三人，虽无道，不失其家。士有诤友，则身不离于令名。"因为人类的天性，人们都喜欢听漂亮话、奉承话，而正直、坦率的言行，有时不免尖锐，不为人所喜欢，容易得罪人。因此，这样的诤友，有时可遇不可求。所以孔子也将它列入"益者三友"之首。纵观孔门弟子，他们与孔子亦师亦友，而坦率、正直者，尤以子路为最，所以深得孔子喜爱，师生感情也很深厚。而拥有讲求诚信、值得信任的朋友，也是人生的幸事。朋友死亡，没有负责收殓的人，孔子便说："丧葬由我来料理。"孔子这样的朋友，可以托付以身后之事，确实是人生值得信任的朋友。拥有见闻广博的朋友，则是人生的快乐之事。拥有共同的志趣，而朋友丰富广博的见闻，无疑是催人奋进的动力和源泉。《礼记·学记》云："独学而无友，则孤陋而寡闻。"可见"友多闻"对于学习的重要性。孔门弟子中，"多闻"首推颜回。他好学精进，在"多闻"上也以孔子为榜样。

损者三友中，孔子以"便辟"居其首，当面阿谀奉承背面毁谤的人，巧言善辩的人，夸夸其谈的人，孔子都特别讨厌。相对而言，孔子说："刚、毅、木、讷近仁。"(13.27)《尚书·皋陶谟》："刚而塞，强而义。"这是皋陶所称誉的从政者的九种品德中的两种：刚正不阿而又脚踏实地，坚强勇敢而又合乎道义。孔子所讲的刚、毅、木、讷四种品行者，可以看作"损者三友"的对立面，以及"益者三友"的补充。

16.5　孔子曰："益者三乐，损者三乐。乐节礼乐，乐道人之善，乐多贤友，益矣。乐骄乐，乐佚游①，乐宴乐②，损矣。"

注释

① 佚游：放纵游荡而无节制。

② 晏乐：宴饮荒淫。晏：同"宴"。

| 评析 |

孔子说："有益的乐趣三种，有害的乐趣三种。喜欢以礼乐调节自己，喜欢称道他人的长处，喜欢多交贤良的朋友，是有益的。喜欢骄纵放肆，喜欢游荡无度，喜欢宴饮荒淫，是有害的。"乐趣虽然表现为看似无伤大雅的生活细节，却体现出个人的生活道德情操。孔子主张追求那些积极上进的、健康有益的生活乐趣。孔子将"乐多贤友"作为人生"益者三乐"之一，可与他所说的"有朋自远方来，不亦乐乎"相并观，体现他以交友为乐的仁者情怀。

16.6　孔子曰："侍于君子有三愆①：言未及之而言谓之躁，言及之而不言谓之隐，未见颜色而言谓之瞽。"

| 注释 |

① 愆(qiān)：过失。

| 评析 |

孔子说："侍奉君子容易犯三种过失：还没到说话的时候却说话，这叫急躁。该说话时而不说，这叫隐瞒。不看面色表情而贸然开口，这叫盲目。"《荀子·劝学》："故未可与言而言谓之傲，可与言而不言谓之隐，不观气色而言谓之瞽。君子不傲、不隐、不瞽，谨顺其身。"荀子对此做了继承和发展。孔子强调，与人相处、为人做事要多观察，灵活变化，具体情境不同，说话方式也各有不同。什么时候该说，什么人该说，什么情况下说，都要留意，视情况而定。选对时机，选对人。

16.7　孔子曰："君子有三戒：少之时，血气未定，戒之在色；及其壮也，血气方刚，戒之在斗；及其老也，血气既衰，戒之在得①。"

① 得：杨伯峻先生解释，孔安国注云："得，贪得。"所贪者可能包括名誉、地位、财货在内。《淮南子·诠言训》："凡人之性，少则猖狂，壮则强暴，老则好利。"但如果仅以"好利"释"得"，可能含义太狭。

孔子说："君子有三件事情应该警惕戒备：年轻时，血气尚未稳定，不要迷恋女色；中壮年时，血气正旺盛，不要争强好斗；老年时，血气已经衰弱，不要贪求无厌。"朱熹说："少未定、壮而刚、老而衰者，血气也。戒于色、戒于斗、戒于得者，志气也。君子养其志气，故不为血气所动。"所谓"血气"，一般是指人的身体属性，而孔子认为，君子的修养应该根据不同年龄、不同身体属性，而相应地不断调整，使之更好地合乎社会伦理规范。不同年龄阶段，"血气"的变化，也必然带动身体、心理的变化，因而"三戒"（戒色、戒斗、戒得）成为各阶段涵养性情的关键。

16.8　孔子曰："君子有三畏：畏天命，畏大人①，畏圣人②之言。小人不知天命而不畏也，狎大人，侮圣人之言。"

① 大人：指在高位的人。
② 圣人：指有道德的人。

评析

孔子说:"君子有三件事应当敬畏:敬畏天命,敬畏王公大人,敬畏圣人的言语。小人不懂得天命,因而不敬畏它;轻视王公大人,轻慢圣人的言语。"一个人如果没有敬畏,就会肆意横行,为所欲为,为人做事没有底线。敬畏,可以让人们为人做事有所顾忌,有所约束,遵守礼仪公约,知道哪些能做,哪些不能做,掌握分寸。这对于我们来说,并不是件坏事。敬畏,有时可以唤起良知,赢得尊敬;敬畏,有时可以让人悬崖勒马,浪子回头。

16.9 孔子曰:"生而知之者上也,学而知之者次也;困而学之,又其次也;困而不学,民斯为下矣。"

评析

孔子说:"天生就知道的是上等,学习然后知道的是次一等;实践中遇到困难再去学习的,是再次一等;遇到困难还不学习的,这种人就是最下等的了。"孔子特别强调学习,他认为学习可以弥补先天的不足。最上等人,就是我们常说的"天才",但这样的人,毕竟属于极少数。连孔子都觉得自己不属于"生而知之"者,而是通过后天的努力学习、艰苦奋斗达到的。他尝自言:"我非生而知之者,好古,敏以求之者也。"(《论语·述而》7.20)我们大多数人都属于"学而知之者",应该采取主动学习的方式,去了解知识,提升自己,改善环境,甚至改变自己的命运。即后世常说的"读书改变命运"。这是大多数人通过努力,都能做到的。孔子积极倡导的,也主要是针对这一类人。第三等人,属于被动学习型,遇到困难时懂得再去学习,这还是不错的。最可怕的是末等人,属于死不悔改型,遇到困难了,仍然不知道学习,不主动学习,那真是很糟糕的一类人,甚至有些不可救药了。由此我们可以知道,不同人对待学习的不同态度,形成了各不相同的人生境遇。先天的遗传基因固然重要,但后天的学习更为重要,尤其在学习的观念、行动上,必须追求主动上进。

16.10　孔子曰:"君子有九思:视思明,听思聪,色思温,貌思恭,言思忠,事思敬,疑思问,忿思难,见得思义。"

评析

孔子说:"君子有九种考虑:看,要考虑是否看清楚了;听,要考虑是否听明白了;脸色,要考虑是否温和;态度,要考虑是否恭敬;说话,要考虑是否忠诚厚道;办事,要考虑是否严肃认真;有疑问,要考虑是否向人请教;愤怒,要考虑是否会有后患;看到利益,要考虑是否合理合法。"君子的道德人格,是一个不断进步、完善的过程。这里的九种考虑,涵盖了日常生活的各个方面,细致周到,一丝不苟。其操作性强,逐条逐项,遵照可行。如果将这九种考虑,纳入我们的日常生活,时时加以参照,我们的道德修养必然脱胎换骨,到达新的境界。

16.11　孔子曰:"见善如不及,见不善如探汤。吾见其人矣,吾闻其语矣。隐居以求其志,行义以达其道。吾闻其语矣,未见其人也。"

评析

孔子说:"看见善良,努力追求,好像赶不上似的;遇见邪恶,急速避开,好像手摸到了开水似的。我见到过这样的人,也听到过这样的话。避世隐居,以追求自己的志向;躬行道义,以贯彻自己的主张。我听到过这样的话,却没有见到过这样的人。"孔子所提到的是两种不同修身境界、两种不同人生理想的人。其难易程度,也各有不同。前者趋善避恶,是大多数人都可以做到的。

因为善恶之心,人皆有之,是非之心,人皆有之。后者追求理想,行义达道,远非常人所能及。但理想和抱负,并非一朝一夕就能完成,故孔子有此感慨。

16.12　齐景公有马千驷①,死之日,民无德而称焉。伯夷叔齐饿于首阳②之下,民到于今称之。其斯之谓与?③

注释

① 驷：指四马所驾之车,驾一车之四马。古代一车套四马,故称。千驷：即四千匹马。

② 首阳：山名。相传为伯夷、叔齐采薇隐居处。今在何地,众说纷纭,难以确指。

③ 其斯之谓与：这句话置于句尾,有些突兀。或疑有阙文,或疑有错简。

评析

　　齐景公有马四千匹,死了以后,老百姓不觉得他有什么好德行值得称赞。伯夷、叔齐两人饿死在首阳山下,老百姓到现在还在称颂他。那就是这个意思吧？齐景公拥有如此富厚的私产,却死后无闻;伯夷、叔齐穷困至饿死,却饮誉千载。因此,孔子认为,一个人能否获得民心,不在于他财富的多少,而在于他品德的高低。李泽厚先生说,名以"德"传,非以"阔"或"位"传。财富利禄,总有穷尽的时候,唯有道德仁义,可传不朽。

16.13　陈亢①问于伯鱼曰："子亦有异闻乎？"

　　对曰："未也。尝独立,鲤趋而过庭。曰：'学诗乎？'对曰：'未也。''不学诗,无以言。'鲤退而学诗。他日,又独立,鲤趋而过庭。曰：'学礼乎？'对曰：'未也。''不学礼,无以立。'鲤退而学礼。闻斯二者。"

陈亢退而喜曰："问一得三,闻诗,闻礼,又闻君子之远其子也。"

注释

① 陈亢:字子禽,孔子的学生,陈国人。

评析

陈亢问孔子的儿子伯鱼："您在老师那儿,听到过与众不同的传授吗?"伯鱼说："没有。有一次他独自站在庭院里,我恭敬地走过。他问我:'学《诗》了吗?'我说:'没有。'他说:'不学《诗》就不会言谈应对。'我下来便学《诗》。过些天,他又独自站在庭院里,我恭敬地走过。他问我:'学礼了吗?'我说:'没有。'他说:'不学礼,就没法立足社会。'我下来便学礼。只听到这两次。"陈亢辞别后高兴地说:"我问一件事,知道了三件事。知道了《诗》,知道了礼,还知道了君子不偏心自己的儿子。"有人认为,陈亢跟随孔子比较晚,所以学道之心比较迫切,可能正是出于这个心态,他去向孔子的儿子打听学道的"秘诀",于是便有了这番对话。

李泽厚说:"孔学并无秘传,而孔子也不偏私。"又认为"君子之远其子",其中"远",即有距离,当然不是指疏远儿子,而是指不特别亲热、亲密,其实父子之间经常如此。《礼记·曲礼上》"君子抱孙不抱子",祖孙近,父子远。孔子的儿子,没什么大的建树,但他的孙子子思将孔子思想发扬光大,成为孔学传承的重要人物,被尊为"述圣"(孔子为"至圣")。由此可见,李泽厚先生的上述说法不无道理。这也似乎成为中国家庭关系中特别有意思的一个文化现象。

阳货篇第十七

17.1　阳货①欲见孔子，孔子不见，归②孔子豚。

孔子时其亡也，而往拜之。

遇诸途。

谓孔子曰："来！予与尔言。"曰③："怀其宝而迷其邦，可谓仁乎？"曰："不可。——好从事而亟④失时，可谓知乎？"曰："不可。——日月逝矣，岁不我与。"

孔子曰："诺；吾将仕矣⑤。"

注释

① 阳货：一般认为，阳货又叫阳虎，季氏的权臣，专权管理鲁国的政事。曾打算合谋杀害季桓子，失败后逃往晋国。但清代学者崔述认为，阳货、阳虎并不是同一人，而是鲁国另一位权势很大的大夫。

② 归：同"馈"，赠送。《孟子·滕文公下》对这件事有一段说明。当时礼俗："大夫有赐于士，不得受于其家，则往拜其门。"阳货便趁孔子不在家，送了一只蒸熟的小猪。孔子也趁阳货不在家，去登门拜谢。

③ 曰：这里指的是阳货的自问自答。杨伯峻先生解释，自此以下的几个"曰"字，都是阳货的自为问答。说本毛奇龄《论语稽求篇》引明人郝敬之说。俞樾《古书疑义举例》卷二有"一人之辞而加曰字例"，对这种修辞方式更有详细引证。

④ 亟：屡次、多次。

⑤ 吾将仕矣：杨伯峻先生解释，孔子于阳虎当权之时，并未仕于阳虎。可参《左传》定公八、九年传。

评析

阳货会见孔子,孔子不去,他便送给孔子一只蒸熟的小猪。孔子趁他不在家的时候,去拜谢。结果两人在路上碰着了。阳货招呼孔子说:"来,我和你说话。"他说:"怀有一身的本领,却听任国家迷乱,可以称为仁吗?"孔子没吭声。阳货自己接口说:"不可以。一个人喜欢做官,却屡屡错失机会,可以叫作聪明吗?"孔子仍然没有吭声。阳货又继续接口说:"不可以。岁月流逝,时光不等人呀。"孔子这才说道:"好吧。我打算做官了。"李泽厚先生说:"阳货是把持季氏家族实权的人。'不见'是躲避。但按照礼制,必须回拜,大概此人很不好惹,于是趁他不在家的时候去回拜。不巧在路上又碰上了,只好忍受奚落,唯唯诺诺,勉强应对,相当狼狈。"孔子为避免阳货纠缠,违心地应允出来做官。这是胁迫式应允,可以不兑现承诺。其实,孔子的初心还是挺想出来做官,为鲁国做点事情,但是当时的政治环境不好,他便不愿意出仕,尤其不愿与阳货共事。

17.2 子曰:"性相近也,习相远也。"

评析

孔子说:"人的本性是相近的,因为后天的习染不同,便相距甚远了。"这句话大家并不陌生,因为童蒙读物《三字经》就是以此开篇的。孔子认为人生下来,都是差不多的,但经过后天的学习,人们呈现出较大的差异性。《三字经》以此开篇,强调学习的重要性。这里的"性",一般理解为天性、本性、人性、才性、性情、性格等,是先天的,与生俱来的;"习",一般理解为学习、习染、习气、习礼等,是后天的,是经过较长时间教育、培养熏陶的。所以,后天的努力程度,影响着人们成长的高度。

17.3　子曰："唯上知与下愚不移。"

评析

孔子说："只有上等的智者和下等的愚人,是改变不了的。"本章紧承上一章而来,孔子强调后天的学习,可以改变人,使之呈现千差万别。但有两类人可能例外,一是"上知",二是"下愚"。"上知"就是"生而知之"的人,属于绝对天才型人物,无师自通,不依赖教育。这类人极为罕见。连孔子都自称他是"学而知之",并非"生而知之"。"下愚"即"困而不学",前面孔子讲过,这类人自暴自弃,破罐子破摔,谁也拿他没有办法,谁也改变不了他。这类人虽然数量不多,但还是存在的。学习,是我们进步的阶梯。但如果拒绝学习,谁也没有办法。

17.4　子之武城,闻弦歌之声。夫子莞尔而笑,曰："割鸡焉用牛刀?"

子游对曰："昔者偃也闻诸夫子曰:'君子学道①则爱人,小人学道则易使也。'"

子曰："二三子! 偃之言是也。前言戏之耳。"

注释

① 道:这里指礼乐教化。

评析

孔子来到武城,听到弹琴唱歌的声音。孔子微笑着说："杀鸡何必用宰牛的刀呢?"子游回答说："以前我听您说过,君子学了礼乐就会爱人,老百姓学了礼乐就容易听从指挥。"孔子说："同学们,子游的话对呀。我刚才的话只是开玩笑罢了。"子游担任武城的长官,让老百姓学习礼乐,孔子以"割鸡焉用牛刀"为比喻,提出疑问:治理这么个小地方,用得着礼乐教育吗? 子游表示,他这是在认认真真地践行老师的教诲,地方虽小,但礼乐教育不能因此而松懈,赢得孔子的赞誉。孔子为什么会开玩笑? 有人认为这是故意测试子游,探寻他礼乐教化的自觉性。(金良年《论语译注》)也有人认为"其实孔子并非开玩笑,割鸡本不必牛刀,小官又何须大做。但孔子又不好认真如此说"。(李泽厚《论语今读》)也有人认为这是孔子勇于改过,承认"前言"口误,但又不好明说,以"戏之"掩饰。但不论怎样,都再现了孔门师生的真实生活情态,一派风趣活泼。

17.5　公山弗扰以费畔①,召,子欲往。

子路不说,曰:"末之也已②,何必公山氏之之也③?"

子曰:"夫召我者,而岂徒哉④? 如有用我者,吾其为东周⑤乎?"

注释

① 公山弗扰:杨伯峻先生解释,疑即《左传》定公五年、八年、十二年及哀公八年之公山不狃(唯陈天祥的《四书辨疑》认为是两人)。不过《论语》所叙之事不见于《左传》,而《左传》定公十二年所叙的公山不狃反叛鲁国的事,不但没有叫孔子去,而且孔子当时正为司寇,命人打败了他。因此赵翼的《陔余丛考》、崔述的《洙泗考信录》都疑心这段文字不可信。但是其后又有一些人,如刘宝楠《论语正义》,则说赵、崔不该信《左传》而疑《论语》。我们于此等处只能存疑。畔:同"叛",造反、背叛。

② 末之也已:杨伯峻先生依据武亿《经读考异》,将此断句为"末之也,已",并解释:"末",没有地方的意思;"之",动词,往也;"已",止也。

③ 何必公山氏之之也:即"何必之公山氏也"的倒装。"之之"的第一个"之"字只是帮助倒装用的结构助词,第二个"之"字是动词。

④ 而岂徒哉：即"而岂徒召我哉"。徒：徒然。

⑤ 东周：何晏《论语集解》："兴周道于东方，故曰东周也。"指孔子打算在费城复兴周文王武王之道。因为费城地理方位在东方，故称。

【评析】

公山弗扰盘踞费城造反，召请孔子去，孔子打算去。子路不高兴，说："没有地方去就算了，何必到公山弗扰那里呢？"孔子说："召请我的人，难道会白白召我吗？假如有人用我，我将在东方复兴周文王武王之道。"鲁定公八年（前502年），公山弗扰因"不得意于季氏"，与季氏家臣阳虎一起扣留了季桓子，前来召请孔子，"孔子打算利用他们与季氏的矛盾来实现自己的主张，子路对此不理解，孔子就把自己的用意告诉他。这件事从一个侧面反映了孔子对自己理想的执着追求"（金良年《论语译注》）。这是一种解释。也有人解释："孔子讲去的理由是：（一）可以入淤泥而不染，不怕脏乱；（二）一生不能白过，总希望找机会干大事。"本章及上一章的描述，"相当真实，足见孔子亦常人：说了真话，经不住问，只好说开玩笑。想做官干事，经不住问，只好勉强说些道理"（李泽厚《论语今读》）。孔子可爱而真实的形象，跃然纸上。但同时也可以看出：孔子身处乱世，想为国家做点事情，相当艰难。

17.6 子张问仁于孔子。孔子曰："能行五者于天下为仁矣。"

"请问之。"曰："恭，宽，信，敏，惠。恭则不侮，宽则得众，信则人任焉，敏则有功，惠则足以使人。"

【评析】

子张向孔子询问仁。孔子说："能够在天下实行五种德行，就可以说是仁了。""请问哪五种。"孔子说："恭敬、宽厚、诚实、勤勉、仁惠。恭敬就不会遭受侮辱,宽厚就会得到众人的拥护,诚实就会得到他人的信任,勤勉就会有成绩,仁惠就能够指挥他人。"孔子在这里强调五种美德:恭、宽、信、敏、惠,主要涉及个人与他人交往的各个侧面。"从《论语》全书看,子张是最热衷于政治的门徒之一,于是孔子答复他以'仁'的外王方面","与回答颜回、曾参者颇不相同"(李泽厚《论语今读》),再次体现了孔子因材施教的教育理念与实践。

17.7　佛肸①召,子欲往。

子路曰:"昔者由也闻诸夫子曰:'亲于其身为不善者,君子不入也。'佛肸以中牟②畔,子之往也,如之何?"

子曰:"然,有是言也。不曰坚乎,磨而不磷③;不曰白乎,涅④而不缁。吾岂匏瓜⑤也哉? 焉能系而不食?"

注释

① 佛肸(Bìxī):春秋末年晋国大夫范氏、中行氏的家臣,中牟县长官。晋国执政大臣赵简子攻打范氏、中行氏时,佛肸据守中牟对抗赵简子,召请流亡在外的孔子前往。

② 中牟:故址在今河北省邢台和邯郸之间。一说在今河南汤阴牟山附近。

③ 磷(lìn):使薄、减损。

④ 涅(niè):一种矿石,古人用作黑色染料。这里名词作动词用,染黑。

⑤ 匏(páo)瓜:葫芦科植物,果实比葫芦大。老熟后可剖制成器具。后比喻未得仕用或无所作为的人。匏瓜,分苦、甘两种,苦的不能食用,只能用作器具。李泽厚先生认为孔子自比为苦匏瓜。

评析

佛肸召请孔子,孔子打算去。子路说:"过去我听您说过:'亲自做坏事的人,君子是不到那里去的。'如今佛肸盘踞中牟,您却要去,这怎么说呢?"孔子说:"对,我是说过这话。我不是也说过坚固的东西,磨也磨不薄吗? 我不是也说过洁白的东西,染也染不黑吗? 我难道是那苦匏瓜吗? 怎么能老挂着不吃呢?"佛肸盘踞中牟,对抗赵简子,孔子打算应召前去,与前一章公山弗扰盘踞费城,召请孔子,情况相似。子路认为孔子与佛肸不是一路人,不应该去蹚这浑水,但孔子认为,自身过硬,不担心。同时,又认为自己不愿像那苦匏瓜一样,长期被悬置,没有用武之地。孔子身处乱世,想为百姓做点事情,一直没有合适的机会,心有而力不足。

17.8　子曰:"由也! 女闻六言六蔽矣乎?"对曰:"未也。"

"居! 吾语女。好仁不好学,其蔽也愚;好知不好学,其蔽也荡;好信不好学,其蔽也贼;好直不好学,其蔽也绞①;好勇不好学,其蔽也乱;好刚不好学,其蔽也狂。"

注释

① 绞:急切尖刻。

评析

孔子说:"子路,你听过有六种品德和六种弊病吗?"子路说:"没有。"孔子说:"坐下! 我告诉你。喜好仁,却不爱学习,其弊病就是容易被人愚弄;喜欢耍聪明,却不爱学习,其弊病就是浮荡而根基不稳;喜欢诚实,却不爱学习,其弊病就是容易被人利用,反而害了自己;喜欢直率,却不爱学习,其弊病就是说话急切尖刻,刺痛人心;喜欢勇敢,却不爱学习,其弊病就是闯祸捣乱;喜欢刚强,却不爱学习,其弊病就是狂妄自大。"

俗话说,金无足赤,人无完人。孔子认为,每一种品行,即使再优秀的品德,也有它自身的缺陷,需要加强后天学习,来弥补其中的不足。为此,孔子集中地给子路讲述了"仁""知""信""直""勇""刚"六种品行的人,如果不加强学习,必将导致上述六种弊病。因为子路性格粗野"好勇力",伉直、刚强,所以,孔子此番讲授很有针对性。杨伯峻先生称道:"这是根据春秋侠勇之士的事实,又根据儒家明哲保身的理论所发的议论,似乎近于孔子本意。"由此可见,孔子针对这六种品行的人强调要加强学习,也不只是针对子路而言,而是着眼于春秋以来的历史现实发论,给人以深刻启迪。

孔子所强调的品行与学习的重要性及其相互关联性,为后世人才学理论提供了重要参考和依据。汉魏以后,举察贤良,人物品行的衡量,成为一门重要学问。对于人物品行的探索,在孔子"六言六弊"基础上,更加深入细致。其中最具代表性的为刘邵《人物志》。刘邵分析了十二种"偏才"的特点和得失,并提出引以为戒之处。这些理论和思考,体现了对孔子"六言六弊"的继承和发展。

17.9 子曰:"小子何莫学夫诗?诗,可以兴,可以观,可以群,可以怨。迩之事父,远之事君;多识于鸟兽草木之名。"

评析

孔子说:"学生们为什么没有人研究诗?读诗,可以培养联想力,可以提高观察力,可以锻炼合群性,可以学得讽刺方法。从近的意义上说,可以运用其中道理来侍奉父母;从远的意义上说,可以用来侍奉君王;还可以认识和记忆许多动植物的名称。""兴、观、群、怨",一直是中国传统文艺批评的重要原则。何谓"兴"、何谓"观"、何谓"群"、何谓"怨",历来众说纷纭。它们集中体现了孔子为代表的儒家《诗》学观念——"温柔敦厚""怨而不怒""发乎情止乎礼义"……由于这些思想观念的影响,"中国文艺少狂欢、少浪漫、少激情,一以平和中正为指归,是优点,也是缺点"(李泽厚语)。"迩之事父,远之事君;多识于鸟兽草木之名",又体现了儒家《诗》学的实用主义观念。文艺源于生活,文艺为生活服务。

17.10　子谓伯鱼曰:"女为《周南》《召南》①矣乎? 人而不为《周南》《召南》,其犹正墙面而立②也与?"

注释

① 《周南》《召南》:《诗经·国风》中篇目。沈括《梦溪笔谈》卷三说:"《周南》《召南》,乐名也。……有乐有舞焉。学者之事。……所谓为《周南》《召南》者,不独诵其诗而已。"记载早期诗、乐、舞三位一体的情形。

② 正墙面而立:朱熹说:"言即其至近之地,而一物无所见,一步不可行。"比喻寸步难行。

评析

孔子对伯鱼说:"你研读过《周南》《召南》了吗? 人如果不研读《周南》《召南》,那就好像面对墙壁站着一样呀!"所谓"正墙面而立",即不能前行一步。这与孔子之前强调的"不学《诗》,无以言"相似。《诗经》作为当时的经典,具有广泛的实用价值,在社会生活中发挥着重要功用。《周南》《召南》作为《诗经》的首篇,更具有非凡意义。后世称誉说:"《周南》《召南》,正始之道,王化之基",将《周南》《召南》视为端正王道之始,天子教化的基础。所以,正是从这个意义看,孔子教诲伯鱼,强调研读《周南》《召南》的意义。

17.11　子曰:"礼云礼云,玉帛云乎哉? 乐云乐云,钟鼓云乎哉?"

评析

　　孔子说："礼呀,礼呀,仅仅就是供玉献帛吗? 乐呀,乐呀,仅仅就是敲钟打鼓吗?"孔子强调"礼乐"的本质,不在于其外在形式,不在于"外在仪文、容色、声音,而在整套制度,特别是在内心情感。即归'礼'于'仁'。这是《论语》一书反复强调的"(李泽厚《论语今读》)。"礼乐"的本质,在于其情感内核,在于其精神内核。

　　17.12　子曰:"色厉而内荏,譬诸小人①,其犹穿窬之盗也与②?"

注释

① 小人:平民百姓。一说坏人。

② 其:大概、或许。表推测、估计语气。穿:钻洞、挖洞。窬(yú):通"逾",翻墙。

评析

　　孔子说:"表面严厉,心中怯懦,若用老百姓的譬喻,大概就像挖洞跳墙的小偷吧?"孔子很讨厌表里不一的人,他借用老百姓的比喻,嘲讽那些色厉内荏的人,就仿佛挖洞跳墙的小偷,鬼鬼祟祟,不敢光明正大。因为他们心口不一,担心露出破绽,随时可能被人发现,做贼心虚。成语"色厉内荏"即由此而来。但是如果不读《论语》,就不会知道孔子曾将其类比于挖洞跳墙的小偷,可见孔子对他们的品行评价有多低了。

　　17.13　子曰:"乡愿①,德之贼也。"

注释

① 乡愿：一作"乡原"。

评析

孔子说："乡里的好好先生，是道德的祸害。"孔子认为，乡里的好好先生，是足以败坏道德的小人，对他们深恶痛绝。好好先生，虚与委蛇，含含糊糊，不置可否，左右逢源，对于他人行为的好坏不表示态度，人缘好，大家都喜欢。孔子认为，正是这种人，助长了恶行；为虎作伥，丧失了原则和立场，其实是最值得痛恨的。孔子认为，大丈夫为人处世，应该爱憎分明，是非分明，不做与流俗合污的伪善者。

17.14　子曰："道听而途说，德之弃也。"

评析

孔子说："听到道路传言就四处传播，这是对道德的丢弃。"道听途说，不加以求证，就四处散播，是一种极端不负责任的行为。孔子非常强调实践、实证的重要性。判断一个人到底是好是坏，最好的办法，是实践考察。《论语·卫灵公》："子曰：'众恶之，必察焉；众好之，必察焉。'"（15.28）耳听为虚，眼见为实。不信谣，不传谣。凡事有自己的独立判断。这对于我们今天依然很重要。

17.15　子曰："鄙夫①可与事君也与哉？其未得之也，患不得之②。既得之，患失之。苟患失之，无所不至矣。"

注释

① 鄙夫：指庸谷浅陋的人。

② 患不得之：原作"患得之"。杨伯峻先生解释，王符《潜夫论·爱日篇》云：
  "孔子疾夫未之得也，患不得之；既得之，患失之者。"可见东汉人所据的本
  子有"不"字。宋代沈作喆《寓简》云："东坡解云，'患得之'当作'患不得
  之'。"可见宋人所见的本子已脱此"不"字。

评析

　　孔子说："那些鄙陋的家伙，难道能够与他们一起共同侍奉国君吗？当他
们没有得到职位的时候，担忧得不到；当他们得到职位的时候，又担忧失去。
倘若他们担忧失去，那就会无所不用其极了。"孔子谴责"鄙夫"的眼中只有富
贵利禄。没得到的时候，千方百计想得到；一旦得到后，就不愿意再失去。为
了满足他们的一己私欲，甚至不惜铤而走险，做出非常极端的事情来。这类
惨痛的历史教训太多了。孔子洞察人性之恶，早有警戒在先。贪名恋利，患
得患失，不足以共事，慎哉。

　　17.18　子曰："恶紫之夺朱①也，恶郑声之乱雅乐也，恶利口之覆邦
家者。"

注释

① 紫之夺朱：何晏《论语集解》引孔安国曰："朱，正色。紫，间色。"间色，即
  杂色。

评析

　　孔子说："我憎恶紫色夺去了大红色的光彩和地位，憎恶郑国曲调破坏了
正统的音乐，憎恶强嘴利舌颠覆了国家的人。"孔子描述了春秋末期礼崩乐
坏，王纲解纽，社会失序，伦理失序，礼乐失序，道德失序，尊卑错位，是非混

乱,贤愚不分的现象。"利口之人,以是为非,以非为是,以贤为不肖,以不肖为贤。"(朱熹《论语集注》)乱世丑态,警钟长鸣。

17.19　子曰:"予欲无言。"子贡曰:"子如不言,则小子何述焉?"子曰:"天何言哉? 四时行焉,百物生焉,天何言哉?"

评析

孔子说:"我想不说话了。"子贡说:"您如果不说话,那我们年轻人传述什么呢?"孔子说:"上天说了什么呢? 四季照样运行,万物照样生长,上天说了什么呢?"这是探讨孔子思想很重要的一章,历来众说纷纭,各种阐释,不尽一致。这段话,似乎禅意十足。朱熹说:"圣人一动一静,莫非妙道精义之发。""天何言哉",是静;"四时行焉,百物生焉",是动。上天没有说话,春生、夏长、秋收、冬藏,一切生物随四季变化,生生不息。上天在无言之中,却做了这么多重要的事情,发挥了这么多重要的作用。老子《道德经》说:"人法地,地法天,天法道,道法自然。"又说:"是以圣人处无为之事,行不言之教,万物作焉而不辞,生而不有。"或认为孔子上述思想,即受老子无为而治的影响。孔子为什么突然说想不说话呢? 猜测也很多,难有定论。不过,综合孔子有关"言""行"的阐述来看,孔子一直特别强调"行"重于"言",厌恶夸夸其谈。

17.20　孺悲①欲见孔子,孔子辞以疾。将命者出户,取瑟而歌,使之闻之。

注释

① 孺悲:鲁国人。《礼记•杂记》说:"恤由之丧,哀公使孺悲之孔子学《士丧礼》,《士丧礼》于是乎书。"

评析

孺悲想见孔子,孔子以生病为由,拒绝接见。传话的人刚走出房门,孔子便把瑟拿下来弹,并且唱着歌,故意让孺悲听到。这是一段非常有趣的故事。孔子不愿意接见孺悲,本来无可厚非,但他通过瑟音弹唱,故意告诉孺悲:我没有生病,只是不想接见你,并且让你知道。孔子这个举动,引发后世无限想象。有学者甚至怀疑这些记载,认为其不可信。清代学者崔述说:"未可以尽信也,或当日曾有辞孺悲见之事,而传之者增益之,以失其真。"(《洙泗考信录》卷四)确实,孔子这里的行为举止,有些近乎儿戏,却体现出孔子纯真的性格,可爱的一面。

其实,孔子可能当时讨厌孺悲,不想见他,这是他性情的自然流露,如此而已,并非有什么深意。据《礼记·杂记》记载,孺悲是受鲁哀公委派,前来向孔子学习《士丧礼》的,并非他主动、自愿向孔子请教。孔子广开教育之门,有教无类。他说:"自行束脩以上,吾未尝无诲焉。"有个重要前提,就是"自行",即主动学习的愿望迫切,孔子才愿意教诲。而相较之下,孺悲既然受国君委派而来,可能主动学习的积极性不高,所以孔子故意让孺悲知道:你不愿意学,我还不愿意教了。当然,这也只是一种猜测。事情的真相,淹没在历史的尘埃中了。

17.21　宰我问:"三年之丧,期已久矣。君子三年不为礼,礼必坏;三年不为乐,乐必崩。旧谷既没,新谷既升,钻燧改火①,期②可已矣。"

子曰:"食夫稻③,衣夫锦,于女安乎?"

曰:"安。"

"女安,则为之!夫君子之居丧,食旨不甘,闻乐不乐,居处不安④,故不为也。今女安,则为之!"

宰我出。子曰:"予之不仁也! 子生三年,然后免于父母之怀。夫三年之丧,天下之通丧也,予也有三年之爱于其父母乎!"

注释

① 钻燧改火:古代用的是钻木取火的方法,被钻的木,四季不同,一年一轮回。"春取榆柳之火,夏取枣杏之火,季夏取桑柘之火,秋取柞楢之火,冬取槐檀之火。"(马融引《周书·月令》)

② 期(jī):一年。

③ 稻:杨伯峻先生解释,古代北方以稷(小米)为主要粮食,水稻和粱(精细的小米)是珍品,而稻的耕种面积更小,所以这里特别提出它来和"锦"为对文。指的是好的粮食、好的衣服。

④ 居处不安:古代孝子守丧,要住在临时用草料木料搭成的屋子里,睡在用草编成的床铺上,用土块做枕头。

评析

宰我问:"父母死了,守孝三年,时间也太久了吧。君子三年不去习礼仪,礼仪一定会荒废了;三年不去奏音乐,音乐一定会失传了。陈米已经吃完了,新谷已经登场了;一季一换的打火燧木已轮了一圈,一年也就可以了。"孔子说:"父母死了,不到三年,你便吃那个白米饭,穿那个锦绣衣,你安心吗?"宰我说:"安心。"孔子说:"你安心,你就去做吧。君子在守孝时,吃美味不觉得甘美,听音乐不觉得快乐,住在家里不觉得舒适,所以才不这样做。现在你觉得安心,就去做好了。"宰我退出后,孔子说:"宰我不仁呀,儿女出生三年后,才能脱离父母的怀抱。守孝三年,是天下通行的丧期。宰我给了他父母三年的爱吗?"

这是孔门讨论守丧三年的问题,李泽厚先生认为这是《论语》全书最关键的一章。三年之丧,是一项渊源有自的上古礼制,并非孔子首创,但孔子赋予了新的内涵。孔子认为,"三年之丧"不是一种外在的制度约束,而是出于子女之爱的心理情感。"孔子的贡献在于将外在礼制(规范)变为内在心理(情感)"(李泽厚《论语今读》),"把原来的强制性规定,提升为基于生活的自觉理念:把宗教性的神秘化,转化为人之常情,与伦理规范、心理欲求融为一体;把对于神的盲从,变为对人性、对自己的服从。这样,就使礼具有了更普遍的可接受性和付诸实践的有效性"(金良年《论语译注》)。李泽厚认为,这种"核心情感却非宗教性的'畏''敬''庄'等等,而是以亲子关系为核心的'孝—慈'。汉代将此思想制度化甚至法律化,便逐渐积淀而成深层文化心理结构"(《论语今读》)。这一点,"正是仁学思想和儒学文化的关键所在","在中国古代思想史上具有划时代的意义"(《中国古代思想史论·孔子再评价》)。

17.22　子曰:"饱食终日,无所用心,难矣哉! 不有博①弈者乎? 为之,犹贤乎已②。"

注释

① 博:即六博。古代一种掷采下棋的比赛游戏。盛行于先秦两汉时期,后世失传。
② 已:不动作、不活动。

评析

孔子说:"整天吃得饱饱的,什么心思也不用,不行的呀! 不是有下棋的吗? 做做这些,也比闲着好吧。"这并非鼓励人们去学下棋,而是有专门的针对性。针对那些整天无所事事的人,孔子鼓励他们去下棋,至少可以参加脑力娱乐活动,锻炼脑力。

17.23 子路曰:"君子尚勇乎?"子曰:"君子义以为上,君子有勇而无义为乱,小人有勇而无义为盗。"

子路问:"君子崇尚勇敢吗?"孔子说:"君子最崇尚的是义。如果君子只有勇,没有义,就会捣乱造反;小人只有勇,没有义,就会做土匪强盗。"子路勇武,逞强,所以孔子总是有针对性地加以教诲。子路死于卫国内乱,忠于职守,为大义而死。子路从一介莽夫,到为大义献身,其中的蜕变,离不开孔子的悉心教诲。

17.24 子贡曰:"君子亦有恶乎?"子曰:"有恶:恶称人之恶者,恶居下①而讪上者,恶勇而无礼者,恶果敢而窒者。"

曰:"赐也亦有恶乎?""恶徼以为知者,恶不孙以为勇者,恶讦以为直者。"

① 下:原作"下流"。杨伯峻先生解释,根据惠栋的《九经古义》和冯登府的《论语异文考证》,证明了晚唐以前的本子没有这个"流"字。案文义,这个"流"字也是不应该有的。但苏轼《上韩太尉书》引此文时已有"流"字,可见北宋时已经误衍。

子贡说:"君子也有憎恶吗?"孔子说:"有憎恶。憎恶称道别人恶行的人,憎恶在下位而毁谤上级的人,憎恶勇敢却不懂礼节的人,憎恶专断而执拗的人。"又说:"子贡,你也有憎恶吗?"子贡说:"我憎恶剽窃他人的成果却冒称聪明的人,憎恶不谦逊却冒称勇敢的人,憎恶揭发别人阴私却冒称直爽的人。"孔子博爱,泛爱众,但并不是没有原则地宽厚博爱。他憎恶和稀泥,讨厌乡愿(好好先生),有爱有恨,爱憎分明。孔子说:"唯仁者能好人,能恶人。"与此处遥相呼应。

17.25　子曰:"唯女子与小人为难养也①,近之则不孙②,远之则怨。"

注释

① 小人:指仆隶、奴仆。养:役使、使唤。
② 孙:通"逊",谦逊。

评析

孔子说:"女子和奴仆是最难以使唤的。如果亲近了,就会放肆;如果疏远了,就会怨恨。"孔子这番言论,是最为现代女性所抨击、诟病的。其实,了解历史文化、历史人物,如果脱离当时的历史语境,缺乏"了解之同情",就难免厚诬古人。孔子讲这番话,有他的时代语境。所以,后世的很多抨击或批评,其实是没有必要的。我们看看历史,或许可以体会到孔子这番话自有其道理。例如,东汉时期,外戚、宦官专政,即"女子与小人"交相为祸的体现。东汉皇帝年幼,皇帝的女性亲属(或祖母或母亲或妻妾)为外戚,皇帝的仆役为宦官,他们都是皇帝身边最亲近的人,"近之则不孙,远之则怨",东汉外戚、宦官相互倾轧,内斗不休,最终与东汉王朝共同走向灭亡。

17.26　子曰:"年四十而见恶焉,其终也已。"

评析

孔子说:"到了四十岁还被人厌恶,他这一生也就完了。"孔子非常强调学习应当趁早，不然到四五十岁还是默默无闻，就很可怕了。《论语·子罕》："四十、五十而无闻焉，斯亦不足畏也已。"与此处相互呼应。对于四十而"无闻""见恶"的现象提出严重警戒，激励中青年不轻易懈怠，砥砺前行。

　　孔子认为，四十是人生事业的标志转折期，对后世影响深远。东晋名士谢安，四十岁后东山再起，官至宰相，指挥淝水之战，以少胜多，名倾天下。东晋隐士陶渊明《荣木》诗："先师遗训，余岂云坠。四十无闻，斯不足畏！"其也在四十岁后，又主动求仕，出任彭泽令，在任八十多天后即辞官归隐，对自己的出仕或隐居，做出了最后的抉择。

微子篇第十八

18.1 微子①去之,箕子②为之奴,比干③谏而死。孔子曰:"殷有三仁焉。"

注释

① 微子:名启,纣王的同母兄,不过当他出生时,他的母亲尚为帝乙之妾,其后才立为妻,然后生了纣,所以帝乙死后,纣得嗣立,而微子不得立。一说微子是纣的叔父。
② 箕子:纣的叔父。纣王无道,他曾进谏而不听,便披发佯狂,降为奴隶。
③ 比干:纣的叔父,因力谏纣王,被剖心而死。

评析

纣王昏乱残暴,微子离他而去,箕子做了奴隶,比干进谏而被杀。孔子说:"殷商末年有三位仁人。"微子、箕子、比干,都是殷商末年的王室宗亲,在纣王无道的末世政治中,三人都挺身而出,试图挽救殷商的衰颓败势。微子作为兄长,多次劝谏纣王,纣王不听,微子曾欲自杀殉国,后来离开朝廷。箕子为纣王叔父,数谏不听,佯狂为奴,隐居民间。比干因屡次强谏纣王,被剖心而死。比干之死,正如孔子所说:"杀身以成仁"(《论语·卫灵公》),为志士仁人之典范;微、箕纣亲"一囚一去,不顾其身"(司马贞《史记索隐·述赞》),亦为仁人之表率,故孔子称誉说"殷有三仁"。

钱穆先生说,《论语·微子》全篇"多记仁贤之出处,列于《论语》之将终,盖以见孔子之道不行,而明其出处之义。先之以此章,见殷之亡由于不用贤,伤今思古,所以叹孔子之道穷而斯民之不能脱于祸乱"。此为点睛之语,参悟了孔子慨叹"殷有三仁"的真实心境。

所以说,"殷有三仁",怅望古今,孔子在凭吊先祖的同时,也寄寓着自我的身影。历史的相似性,把孔子和他的先辈,又牵连到了一起。同样身处末世的他,又该怎样抉择,何去何从呢?"仁"的自我期许,三位先辈"仁"的力量,无疑给乱世中的孔子以无比的勇气、心底的光明。

18.3　齐景公待孔子曰:"若季氏,则吾不能;以季、孟之间待之。"曰:"吾老矣,不能用也。"孔子行。

评析

齐景公接待孔子时说:"像鲁国君重用季氏那样,那我做不到。可以用介乎季氏、孟氏之间的待遇。"不久,又说:"我老了,没有什么作为了。"孔子就离开了齐国。据《史记·孔子世家》记载,鲁昭公二十五年(前517年),鲁昭公因鲁国内乱,流亡到齐国,孔子追随鲁昭公,到了齐国。他与齐景公的这段对话,就发生在这时。孔子时年三十五岁。

刚开始时,孔子很得齐景公的欢心,并准备将尼溪之地封赐给孔子,打算重用孔子,不料被齐国的宰相晏婴所劝阻,晏婴趁机说了些毁谤孔子的话,使齐景公不仅打消了给孔子封地的念头,并且冷落了孔子。与此同时,齐国大夫们企图谋害孔子,孔子便火速离开了齐国,终生再没踏入齐国半步。《史记·孔子世家》:"齐大夫欲害孔子,孔子闻之。景公曰:'吾老矣,弗能用也。'孔子遂行,反乎鲁。"此记载交代了孔子离开齐国的两个原因:一是齐国大夫打算加害孔子,二是齐景公听信谗言,不打算起用孔子。当时的一些政治当权者,大多为了维护他们的既得利益,而肆意诋毁、中伤。他们完全出于一己的政治私心,欲置孔子于死地。这是孔子第一次遭受的较大打击。

18.4　齐人归^①女乐，季桓子^②受之，三日不朝，孔子行。

注释

① 归：同"馈"，赠送。
② 季桓子：季平子的儿子，鲁国定公以至哀公初年时的执政上卿，死于鲁哀公三年（前 492 年）。

评析

　　齐国送了许多歌姬舞女给鲁国，季桓子接受了，三天不问政事，孔子就离开了鲁国。季桓子享用"女乐"，孔子怒其不争，负气出走。齐国离间计得逞，鲁国失去了中兴的良机。《史记·孔子世家》记载，孔子出仕，由司空为大司寇后，鲁定公十年（前 500 年）夏，有齐国大夫黎鉏对齐景公说："鲁用孔丘，其势危齐。"建议齐、鲁和好，于是安排夹谷会盟。在夹谷会盟中，由于孔子的智勇双全，以大国傲居的齐国反而陷入被动，鲁国不动一兵一卒，促使齐国主动归还了所侵占鲁国的郓、汶阳、龟阴等领土。外交胜利之后，鲁定公十三年，孔子又着手解决鲁国内政："堕三都"，严重削弱了季氏、叔孙氏、孟孙氏三家的军事实力，在一定程度上提升了鲁国公室的威望。到鲁定公十四年，孔子"由大司寇行摄相事"，"齐人闻而惧"，认为"孔子为政必霸，霸则吾地近焉，我之为先并矣。盍致地焉"，打算主动割地给鲁国，以示友好。但齐国大臣黎鉏献计："请先尝沮之；沮之而不可则致地"，打算先使用美人计来离间鲁国君臣关系。如果不成功，再割地求和。所以，便有《论语》中的上述描述，齐国离间计得逞。

　　后来，季桓子非常懊恼、悔恨，说："昔此国几兴矣，以吾获罪于孔子，故不兴也。"当时眼看鲁国即将兴盛起来，但由于他当时沉醉"女乐"，孔子负气出走，鲁国失去了发展的良机。所以季桓子临终交代他的儿子季康子说："我即死,若必相鲁;相鲁,必召仲尼。"叮嘱季康子召回孔子。后来,季康子曾欲召孔子回国,却遭到公之鱼的谗言,终究没有重新起用孔子,孔子也无意再出仕。

18.5　楚狂接舆①歌而过孔子曰:"凤兮凤兮! 何德之衰? 往者不可谏,来者犹可追②。已而,已而! 今之从政者殆而!"

孔子下,欲与之言。趋而辟之,不得与之言。

注释

① 接舆:楚国隐士,佯狂不仕。曹之升《四书摭余说》:"《论语》所记隐士皆以其事名之。门者谓之'晨门',杖者谓之'丈人',津者谓之'沮''溺',接孔子之舆者谓之'接舆',非名亦非字也。"这些隐士都无法详知其姓名,故以相应的代号称呼。

② 犹可追:赶得上、来得及。

评析

楚国的狂人接舆一面走过孔子的车子,一面唱着歌,说:"凤凰呀,凤凰呀! 为什么德行这么衰落呢? 过去的不能再挽回,未来的还来得及补救。算了吧,算了吧! 现在的从政者危险了!"孔子下车,想与他谈谈,他却很快避开了,孔子没能和他说上话。楚狂人把孔子比作凤凰,规劝孔子归隐。在楚国文化中,凤凰是吉祥的瑞鸟,"凤有道则见,无道则隐",天下太平时出现,乱世时隐藏不出。楚狂人认为孔子不应在此乱世出仕,所以感慨凤凰的德行为何衰落至此,但"来者可追",现在避世隐居,还来得及。

18.6　长沮、桀溺耦而耕,孔子过之,使子路问津焉。

长沮曰:"夫执舆者为谁?"

子路曰:"为孔丘。"

曰:"是鲁孔丘与?"

曰:"是也。"

曰:"是知津矣。"

问于桀溺。

桀溺曰:"子为谁?"

曰:"为仲由。"

曰:"是鲁孔丘之徒与?"

对曰:"然。"

曰:"滔滔者天下皆是也,而谁以易之? 且而与其从辟①人之士也,岂若从辟世之士哉?"耰②而不辍。

子路行以告。

夫子怃然③曰:"鸟兽不可与同群,吾非斯人之徒与而谁与? 天下有道,丘不与易也。"

注释

① 辟:同"避",躲避、逃避。

② 耰(yōu):杨伯峻先生解释,播种之后,再以土覆之,摩而平之,使种入土,鸟不能啄,这便叫耰。

③ 怃(wǔ)然:怅惘失意的样子。

评析

长沮、桀溺两人一同耕田,孔子从那儿经过,叫子路去问渡口。长沮问子路:"那位驾车子的是谁?"子路说:"是孔丘。"他又问:"是鲁国的那位孔丘吗?"子路说:"是的。"长沮便说:"他早就知道渡口在哪儿了。"子路去问桀溺。桀溺问:"你是谁?"子路说:"我是子路。"桀溺问:"是鲁国孔丘的门徒吗?"子路说:"是的。"桀溺说:"滔滔洪水,到处泛滥,谁能改变它呢?你与其跟着孔丘那种躲避坏人的人,不如跟着我们这些躲避世道的人吧?"说完,仍旧继续耕作。子路回来把这些话告诉孔子,孔子茫然自失地说:"鸟兽是不可以合群共处的,我们不和世人相处,又能和谁共处呢?如果天下太平,我也不会去追求改变了。"

相较于长沮、桀溺的冷嘲热讽,孔子非常理性、冷静。如果所有的人,都像长沮、桀溺那样避世隐居了,那么谁来推动社会变革呢?当然是"舍我其谁"。所以,孔子的社会责任感、使命与担当,也便油然而生。孔子的自叹"吾非斯人之徒与而谁与","与其说是某种理论论证,不如说是融理入情的深沉感喟","一切使命感、义务感均来自此"。(李泽厚《论语今读》)"后世士大夫'身在江湖,心存魏阙',总难忘情于国家大事,总与政治相关联,这是儒学传统,也是中国知识分子的文化心理特征之一"(李泽厚《论语今读》),其渊源即在于此。

18.7 子路从而后,遇丈人,以杖荷蓧①。

子路问曰:"子见夫子乎?"

丈人曰:"四体不勤,五谷不分。②孰为夫子?"植其杖而芸。

子路拱而立。

止子路宿,杀鸡为黍③而食之,见其二子焉。

明日,子路行以告。

子曰:"隐者也。"使子路反见之。至,则行矣。

子路曰:"不仕无义。长幼之节,不可废也;君臣之义,如之何其废之?欲洁其身,而乱大伦。君子之仕也,行其义也。道之不行,已知之矣。"

注释

① 蓧（diào）：古代除田中草所用的工具。

② 四体不勤，五谷不分：一般认为是老丈批评子路。

③ 黍：也叫黄米。杨伯峻先生解释，它比当时的主要食粮稷（小米）的收获量小，因此在一般人中也算是比较珍贵的主食。杀鸡做菜，为黍做饭，这在当时是很好的招待了。

评析

　　子路跟随孔子赶路，落在了后面，遇见一位老丈，用拐杖挑着锄草的农具。子路问："您看见我的老师了吗？"老丈说："四肢不劳动，五谷分不清，谁是你的老师？"说完，便扶着拐杖去锄草。子路拱着手恭敬地站着。老丈留子路到他家住宿，杀了鸡，做了小米饭给子路吃，又叫他的两个儿子出来拜见子路。第二天，子路赶上了孔子，告诉了他这件事。孔子说："这是位隐士。"让子路再回去看看他。子路到了那里，老丈已经外出了。子路说："不出来做官，是不合乎道义的。长幼间的礼节既然不能废弃，君臣之间的名分又怎能废弃呢？原想不玷污自身，却扰乱了重要的伦理关系。君子出来做官，是履行应尽的责任。至于我们的政治主张行不通，早就知道了。"

　　孔子积极奔走，"知其不可而为之"，也不免招来一些世俗的不解、非议，甚或嘲讽。《论语·微子》记载了一些隐士对孔子不解和嘲讽：楚狂接舆借歌而讽"今之从政者殆而"，长沮嘲讽说"是知津矣"，桀溺嘲讽说"滔滔者天下皆是也，而谁以易之"，杖蓧丈人也非议孔子"四体不勤，五谷不分"。甚至有人当面质问孔子："微生亩谓孔子曰：'丘何为是栖栖者与？无乃为佞乎？'孔子曰：'非敢为佞也，疾固也。'"（《论语·宪问》）面对世人的不解和嘲讽，孔子并不沮丧，始终平和以待，并且说："鸟兽不可与同群，吾非斯人之徒与而谁与？天下有道，丘不与易也。"表明他积极奔走的决心和气魄。"知其不可而为之"，李泽厚先生说，"知其不可"是认识，"而为之"则是偏偏不计较成败。由此更能体现孔子在艰难中的可贵坚守，以及由此开拓的士人精神、中华文化精神。

18.10　周公谓鲁公曰①："君子不施②其亲，不使大臣怨乎不以。故旧无大故，则不弃也。无求备于一人！"

注释

① 周公：即周公旦，孔子心目中的圣人。鲁公：周公的儿子伯禽。
② 施：同"弛"，怠慢。有些本子即作"弛"。

评析

周公对鲁公说："君子不怠慢自己的亲族，不让大臣抱怨没被重用。故交旧友没有大过错，就不能抛弃。不要对人求全责备。"古人认为，孔子曾用这段鲁人久为传诵的话来教导过他的学生，所以它被收录在《论语》中。《论语·泰伯》："子曰：'君子笃于亲，则民兴于仁；故旧不遗，则民不偷。'"（8.2）与此处遥相呼应，彼此关联。孔子将周公对鲁公的教诲，作了进一步延伸：在上位者对待亲族厚道，老百姓就会走向仁德；在上位者不遗弃故人旧友，老百姓就不会待人淡薄。在上位者，守礼知礼，敦厚待人，移风易俗。

子张篇第十九

19.1　子张曰："士见危致命,见得思义,祭思敬,丧思哀,其可已矣。"

> 评析

子张说："士人看见危险时肯豁出生命,看见利益时考虑是否该得,祭祀时考虑严肃恭敬,居丧时考虑悲痛哀伤,那也就可以了。"这是讲士人德行的四项低要求。朱熹说："四者立身之大节,一有不至,则余无足观。"(《论语集注》)孔子对士人精神的规范和约束,也启发了弟子对"士"的深入理解。

子张将孔子平日的教诲,组合到一起,作为他教导弟子如何成为"士"的品质标准。他将其分成四个内容:一是"见危致命",见《论语·宪问》"见利思义,见危授命,久要不忘平生之言,亦可以为成人矣"(14.12)。二是"见得思义",孔子说过不止一次。既见上引《论语·宪问》中的"见利思义",又见《论语·季氏》"孔子曰:'君子有九思:……见得思义"(16.10)。三是"祭思敬",由上引《论语·季氏》"君子九思"中的"事思敬"变化而来。春秋时代"国之大事,唯祀与戎",所以,子张所说的"祭思敬"与孔子所说的"事思敬",其实是一个意思。四是"丧思哀",由《论语·八佾》"居上不宽,为礼不敬,临丧不哀"(3.26)变化而来。孔子的本意是以"临丧不哀"来批评居上位的统治者,子张因此将"丧思哀"作为"士"的一个品质要求了。子张提出的这四个"士"的品质标准,都是从孔子的思想中发展而来的,深得孔子对"士"的界说真谛。

19.4　子夏曰："虽小道,必有可观者焉;致远恐泥,是以君子不为也。"

评析

子夏说："即使是小的技艺，也一定有可取的地方。但君子有更高远的事业，便不能深陷其中，所以君子不去从事它。"《论语·子路》樊迟请学稼、学圃，孔子称"小人哉，樊须也"(13.4)，并非鄙视樊迟，而是鼓励士人应该有更高远的人生目标。子夏将孔子的说法进一步明确、具体。"君子不器"(2.12)，君子着眼于"大道"，不拘泥于"小道"，但并不是否定"小道"。人一生的精力非常有限，在有限的时间内，应该充分结合并发挥自己的特长，多做一些有意义有价值的事情。

19.5　子夏曰："日知其所亡，月无忘其所能，可谓好学也已矣。"

评析

子夏说："每天了解一些新知识，每月不遗忘所学过的旧知识，可以说是好学了。"这是对孔子"温故而知新"的进一步具体阐发。日、月，分别表示短时间和较长时间。任何学习、学问，都不可能一蹴而就，也没有捷径，需要日积月累，一步一个脚印。

19.6　子夏曰："博学而笃志，切问而近思，仁在其中矣。"

评析

子夏说："广泛地学习，坚守自己的志趣；恳切地发问，多考虑当前的问题。'仁'就在其中了。"博学、笃志、切问、近思，四者紧密结合，就是践行仁道的体现。"近思"，各家理解不一。程颐认为是"以类而推"，循序渐进地把握大道。何晏认为是"近思己所能及之事"，似更恰。近思，是子夏在孔子基础上的发展。孔子强调"学""思"结合,子夏提出"博学""近思",将其践行的幅度、空间具体化。

19.7　子夏曰:"百工居肆以成其事,君子学以致其道。"

评析

子夏说:"各行各业的工匠在制作场地完成他们的工作,君子应该努力学习以完成他的事业。"士农工商,各有分工。与"百工"不同,"君子"应努力完成治国平天下之大业。但努力是相同的,艰辛是相似的。

19.8　子夏曰:"小人之过也必文。"

评析

子夏说:"小人对于自己的错误,一定设法加以掩饰。"孔子非常强调"改过",认为错误改正了,就不算错误。而糊涂的人,总是不愿承认自己的过错,不愿及时改正过错,甚至设法掩饰自己的过错,一错再错。掩饰过错,成语"文过饰非"由此而来。

19.9　子夏曰:"君子有三变:望之俨然,即之也温,听其言也厉。"

评析

子夏说:"君子有三变:远远望着,庄严可畏;向他靠拢,温和可亲;听他说话,严厉不苟。"朱熹说:"俨然者,貌之庄。温者,色之和。厉者,辞之确。"君子与人交往,伴随关系远近,呈现不同变化。"即之也温""其言也厉"互为补充,恰到好处,"否则,或将拒人千里,或将被狎昵侮辱"(李泽厚《论语今读》)。

19.10　子夏曰:"君子信而后劳其民;未信,则以为厉己也。信而后谏;未信,则以为谤己也。"

评析

子夏说:"君子得到百姓信任后,才去劳役他们;如果没有得到信任,百姓会误认为你在苛待他们。得到国君信任后,才去进行劝谏;如果没有得到信任,国君会误认为你在毁谤他。"上句对民,下句对君,强调得到信任的重要性。信任,是人与人之间感情的基础。增强彼此联系,开展工作,加强合作,都离不开信任。而信任,是相互的,是建立在"忠""信"基础上的。忠厚、诚信,是与他人交往的基础。

19.11　子夏曰:"大德不逾闲①,小德出入可也。"

注释

① 大德:大节。指大的操守、操行。逾:超越、逾越。闲:法度、界限。

评析

子夏说:"大节不能超越界限,小节有点出入是可以的。"所谓"大节",一般是指原则性的大问题,涉及国家、社会等重大事务。"小节"一般是指日常生活、饮食起居、兴趣爱好等个人小事务。"小德"并不是不重要,而是相对"大德"而言,不涉及大是大非等原则性问题,可以适当放宽些尺寸。不拘小节,会因人而异,因环境而异,因时代而异,不能一概而论。

19.12　子游曰:"子夏之门人小子,当洒扫应对进退,则可矣,抑末也。本之则无,如之何?"

子夏闻之,曰:"噫! 言游过矣! 君子之道,孰先传焉? 孰后倦焉? 譬诸草木,区以别矣。君子之道,焉可诬也? 有始有卒者,其惟圣人乎!"

评析

子游说:"子夏的学生们,做打扫卫生、接待客人、应对进退的工作,那是可以的;不过这只是末节。他们没有学问基础,这怎么可以呢?"子夏听到后,说:"唉,子游说错了! 君子的学问,哪一种先教? 哪一种后教? 好像树木花草,各有区别。君子的学问,怎能这么曲解呢? 依照一定的次序去传授,而有始有终的,大概只有我们的老师吧!"子游、子夏的分歧,在于阶段学习的分歧。欲速则不达,学问的积累,知识的传授,需要循序渐进,由浅入深,逐层深入,而后步入大道。

19.13 子夏曰:"仕而优则学,学而优则仕。"

评析

子夏说:"做官了,有余力便去学习;学习了,有余力便去做官。"这段话早已成名言,影响很大,而且常常被误认为是孔子的话。子夏学派主张"学优则仕",其门下弟子从政者较多,"为王者师",曾显赫一时。"学优则仕"的观念,对后世影响极其深远。李泽厚先生说,这"是中国传统社会知识分子的人生道路,所以'士'和'大夫'(有官职)总连在一起。它是世界文化史上一个重要现象","一方面最早建立了系统的文官政治构架,使行政、教育相连接,社会获得知识者作为主要支柱的撑持。另方面使知识分子个体的人生价值、终极关怀被导入'济世救民''同胞物与'的方向"。面对这一传统,"重要的是去了解、解析这一现象而探求今后的可能"。(《论语今读》)珍视传统,合理地转换传统。

19.17　曾子曰："吾闻诸夫子：人未有自致者也,必也亲丧乎!"

评析

曾子说："我听老师说过,平常人不可能充分自主地表达自己的感情,如果有,一定在父母死亡的时候吧!""自致",充分自主地表达感情。朱熹说："致,尽其极也,盖人之真情所不能自已者。"儒家文化强调礼制,由于礼仪的束缚,人的真实情感往往被节制、压抑,而无法自由地释放。可能只有在父母亲去世的时候,才能不顾一切,放声大哭。曾子这则回忆,与子游"丧致乎哀而止"相互呼应,可见子游所说,并不合乎孔子原意。孔子在颜回去世时,极度伤心,正是真情不能自已的流露。

19.19　孟氏使阳肤为士师①,问于曾子。曾子曰："上失其道,民散②久矣。如得其情,则哀矜而勿喜!"

注释

① 阳肤：曾子弟子。士师：古代执掌禁令刑狱的官名。
② 散：这里指离心离德。

评析

孟氏任命阳肤做法官,阳肤向曾子求教。曾子说："现今在上位的人不依规矩行事,百姓早就离心离德了。你如果能够得知他们不得已而犯罪的实情,要多同情、怜恤他们,切不要自鸣得意!"这的确是"仁人之言",仍然值得今人借鉴和反思。

19.20　子贡曰："纣之不善,不如是之甚也。是以君子恶居下流①,天下之恶皆归焉。”

注释

① 下流：河流的下游。这里指不利的位置。

评析

子贡感慨："纣的不善，并不像传说的那么过分呀！因此君子憎恨处于不利的位置，一旦处于不利的位置，天下所有的恶名都集中在他身上了。"《论语》中还有一处描述了孔子与子贡"君子恶"的讨论："子贡曰：'君子亦有恶乎？'子曰：'有恶：恶称人之恶者，恶居下而讪上者，恶勇而无礼者，恶果敢而窒者。'"(17.24)这两次谈论可以合观，其内容相近，似乎是一次讨论，分成两次记载。本章因为涉及对纣的恶名评价的问题，孔子弟子或出于避讳，隐去了孔子的形象。因为，子贡作为孔子的学生，他对纣这样新颖而深刻的了解和体会，很可能是从孔子那里听来的。孔子告诉子贡：纣其实也有"善"的一面，他的恶行并非如传言所说的那么过分。只不过后世以成败沦人，将天下的恶名都归到了纣的身上。纣的身上到底有哪些"善"的地方呢？可惜《论语》语焉不详，有关其"善"的记载无从征考。但我们从子贡的上述感慨看来，至少可以知道：孔子与子贡私下里议论过纣的"善"，不然，子贡不会发出如此深长的感慨。从孔子对纣的评价不及全恶、不同于流俗来看，孔子对殷商历史有着自己独立的思考。当然，也反映出孔子试图对"天下之恶皆归于纣"的情形，小心翼翼地予以反拨。不管其出发点和最终结果如何，我们都能隐约地感受到：孔子作为殷商后裔，对于自己家族宗亲的历史关怀。

19.21　子贡曰："君子之过也，如日月之食焉：过也，人皆见之；更也，人皆仰之。"

评析

子贡说："君子的过失，就如同日食、月食。犯过错的时候，每个人都看得见；更改的时候，每个人都仰望着。"本章与"小人之过也必文"(19.8)，遥相呼应。将君子的过失，比喻为日食、月食。这个比喻非常精彩。一方面强调"人非圣贤，孰能无过"，即使日、月，也有阴晴圆缺，并非完美，何况人呢？另一方面强调君子的过失，人们都是看得见的：有过失的时候看得见，改正的时候也看得见。因此，人不犯错，是不可能的；犯了错误，就要勇于改正。任何人、任何时候，对自己过错的掩饰，都是徒劳的。

19.22　卫公孙朝①问于子贡曰："仲尼焉学?"子贡曰："文武之道，未坠于地，在人。贤者识其大者，不贤者识其小者。莫不有文武之道焉。夫子焉不学？而亦何常师之有?"

注释

① 卫公孙朝：卫国公孙朝。翟灏《四书考异》说："春秋时鲁有成大夫公孙朝，见昭二十六年《传》；楚有武城尹公孙朝，见哀十七年《传》；郑子产有弟曰公孙朝，见《列子》。记者故系'卫'以别之。"

评析

卫国的公孙朝问子贡："孔子的学问是从哪里学来的?"子贡说："周文王、武王之道，并没有失传，散在人间。贤能的人便抓住大处，不贤能的人只抓些末节。无处不有文王、武王之道。我的老师无处不学。又哪里会有什么固定的老师呢?"

孔子博学多才，人们自然不免追问与好奇，孔子的学问从哪里来？孔子是怎样成为一位硕儒的？这样的好奇与追问，早在春秋末期，就已经开始了。此处卫国公孙朝询问子贡，就是其中一例。从子贡的回答中，他告知我们：孔子学习的内容是周文王、武王之道：失传的，没有失传的；文字记载的，古器物铭刻的；古老的，现实的；口传的，书面的……足见孔子学习的丰富而广泛，正是这些，成就了他的博学多才。孔子学习的对象是"何常师之有"，换言之，孔子"学无常师""学无定师"，以亿民为师，无论大贤、小贤。他尝自言："三人行，必有我师焉。"这是他"学无常师""学无定师"的生动写照。

19.23　叔孙武叔①语大夫于朝曰："子贡贤于仲尼。"

子服景伯以告子贡。

子贡曰："譬之宫墙②，赐之墙也及肩，窥见室家之好。夫子之墙数仞③，不得其门而入，不见宗庙之美，百官④之富。得其门者或寡矣。夫子之云，不亦宜乎！"

> **注释**

① 叔孙武叔：鲁大夫，名州仇，武是他的谥号。

② 宫墙：指住宅的围墙。后引申为师门。

③ 仞：七尺。

④ 官：房舍。

> **评析**

叔孙武叔在朝廷中对官员们说："子贡比他老师仲尼要强些。"子服景伯便把这话告诉子贡。子贡说："拿房屋的墙作比喻吧：我的墙只有肩膀那么高，谁都可以探望到房屋内的美好。我老师的墙却有几丈高，如果找不到大门走进去，你就看不到他那宗庙的雄伟，房舍的富丽。能够找到这扇大门的人,或许不多吧。所以,武叔他老人家说出这番话,不也很自然吗?"子贡在孔子去世后,极力维护老师的声誉,对孔子思想学说体现出极大的忠诚。《史记·孔子世家》云:"孔子葬鲁城北泗上,弟子皆服三年。三年心丧毕,相诀而去,则哭,各复尽哀;或复留。唯子贡庐于冢上,凡六年,然后去。"此记载,可与此处《论语》内容相并观,都体现出子贡作为孔子的忠实门徒与众不同的深厚情感。

面对世人别有用心的吹捧,认为"子贡贤于仲尼",子贡并未陷入对方的"甜言蜜语"中,反而坚决驳斥,旗帜鲜明地指出:"仲尼不可毁",并暗讽批评者"不得其门而入",所以"不见宗庙之美,百官之富",并不懂得孔子人格的魅力,不能领略孔子学问之博大精深。所有这些讲话,充分表现了子贡对孔子的追念,以及矢志不渝的信奉与忠诚。李泽厚先生说:"我总以为子贡是《论语》中最可爱的人物,不像宰我那么贫嘴,不像樊迟那样迟钝,不像颜回、曾参那么谨小慎微,兢兢业业;不像子张那么热衷政治,虚有其表,也不像子路那么一味地逞强好胜。"这个评价是很中肯的。西汉历史学家司马迁感慨,正是因为有了子贡这样忠诚的学生,才使孔子更加名扬于天下,"得势而益彰"。

19.24 叔孙武叔毁仲尼。子贡曰:"无以为也!仲尼不可毁也。他人之贤者,丘陵也,犹可逾也;仲尼,日月也,无得而逾焉。人虽欲自绝,其何伤于日月乎? 多见其不知量也。"

评析

叔孙武叔毁谤仲尼。子贡说:"不要这样做,仲尼是毁谤不了的。别人的贤能,好比山丘,还可以超越过去。仲尼,简直是太阳和月亮,不可能超越。人家即使想自绝于太阳、月亮,那对太阳、月亮有什么损害呢? 只是表示他不自量力罢了。"面对叔孙武叔对孔子的毁谤,子贡却强调说:孔子是毁谤不了的。你想毁谤孔子，远离孔子，这和自绝于太阳、月亮一样，对太阳、月亮本身没有什么损害。指责毁谤孔子的人，有如蚍蜉撼大树，自不量力。李泽厚先生说："不仅多次显示子贡会说话，在这些话语中展示着灵活、聪明和智慧，这是曾参等人讲不出来的。而且也表达了子贡对孔子的忠诚爱戴。""孔子是周礼的维系者、保存者、解释者，并以此来教学生收门徒，子贡是其重要传人。在整部《论语》中，子贡形象始终聪明活泼，为人喜爱……《史记》记录孔门弟子，独子贡事迹最多、最详、最为显赫，当非偶然。"孔子虽然生前对颜回最为钟爱，但孔子去世后，对孔子声名维护最为用心的，是子贡。这与孔门其他弟子"师死而遂倍之"（《孟子·滕文公上》）的行为，形成极大的反差。

19.25　陈子禽谓子贡曰："子为恭也，仲尼岂贤于子乎？"

子贡曰："君子一言以为知，一言以为不知，言不可不慎也。夫子之不可及也，犹天之不可阶而升也。夫子之得邦家者，所谓立之斯立，道之斯行，绥之斯来，动之斯和。其生也荣，其死也哀，如之何其可及也？"

> 评析

陈子禽对子贡说："您太谦虚了，孔子怎么会比您强呢？"子贡说："君子说一句话便表现出聪明，一句话也表现出愚蠢，讲话不可以不慎重。他老人家，我们是不可能赶得上的。这如同上青天，是不可能沿着台阶爬上去的。他老人家如果得国而为诸侯，或者得到采邑而为卿大夫，就能如我们所说的：一旦让百姓人人立足于社会，百姓就自会人人能立足于社会；一旦引导百姓，百姓就自会前进；一旦安抚百姓，百姓就自会从远方来投靠；一旦动员百姓，百姓就自会同心协力。他老人家，生为人尊敬，死为人哀悼。这怎么能够赶得上呢？"

面对陈子禽的再次质问，子贡更毫不客气地说："夫子之不可及也，犹天之不可阶而升也。"子贡指出孔子的思想精神已经深入民心，尊孔子者，得乎民心，并且称誉孔子"其生也荣，其死也哀"，将孔子的身份、地位及影响推至极致。

"高山仰止，景行行止。"当世俗称誉子贡贤于孔子时，子贡却将孔子比作高墙，比作日月，从而奠定了孔子神圣不同凡夫的高大形象。以子贡为代表的孔门弟子对孔子的尊崇和追捧，为孔子的成圣之路铺下坚不可摧的基石。

尧曰篇第二十

20.1　尧曰："咨①！尔舜！天之历数在尔躬，允执其中②。四海困穷，天禄永终。"

舜亦以命禹。

……

谨权量③，审法度④，修废官⑤，四方之政行焉。兴灭国，继绝世，举逸民，天下之民归心焉。

所重：民、食、丧、祭。

宽则得众，信则民任焉，敏则有功，公则说。

> **注释**

① 咨：感叹词，无义。

② 允执其中：指言行符合不偏不倚的中正之道。

③ 权：指秤。测定物体重量的器具。量：计量物体多少的容器。

④ 法度：这里特指度量衡制度。

⑤ 废官：有职而无其官，或有官而不称其职。

> **评析**

尧让位给舜的时候，说："啊！舜啊！上天的大命已经落到你的身上了，好好地保持着那中正之道吧！如果天下的百姓都陷于困苦贫穷，上天给你的禄位也就永远终止了。"舜让位给禹的时候，也说了这一番话。检验并审定、统一度量衡，修复已废弃的机关工作，全国的政令就都会通行了。恢复被灭亡的国家，承续已断绝的后代，提拔被遗落的人才，天下的百姓就都会心悦诚服了。应当所重视的有：人民、粮食、丧礼、祭祀。宽厚，就会得到人民的拥护；诚信，就会得到人民的任用；勤勉，就会有功绩；公平，就会使人民高兴。

　　这一章的文字前后相互不连贯，从宋朝苏轼以来便有许多人疑心它有脱落。或笼统而论之，或分为若干段落，逐段观览。我们择取其中几则，古为今用，以作垂鉴。民心向背，历来为国家政治兴衰的根本。"圣人无常心，以百姓心为心。"心中有人民，人民心悦诚服。宽（宽厚）、信（诚信）、敏（勤勉）、公（公平），四要素的提出，都是民心所向的关键，值得管理者借鉴。李泽厚先生说，《论语》全书最后以古代圣王的告诫作结篇，与孔子"祖述尧舜，宪章文武"，"兴灭继绝"，全面复"礼"，一脉相承。重温《论语》的历史与现实意义在于，"在今日建立现代法治过程中……在建立现代经济政治制度中，如何吸取中国文化因素，而走出一条对世界有普遍意义的新路，这就是关键和'使命'所在"。（《论语今读》）

　　20.2　子张问于孔子曰："何如斯可以从政矣？"

　　子曰："尊五美，屏①四恶，斯可以从政矣。"

　　子张曰："何谓五美？"

　　子曰："君子惠而不费，劳而不怨，欲而不贪，泰而不骄，威而不猛。"

　　子张曰："何谓惠而不费？"

　　子曰："因民之所利而利之，斯不亦惠而不费乎？择可劳而劳之，又谁怨？欲仁而得仁，又焉贪？君子无众寡，无小大，无敢慢，斯不亦泰而不骄乎？君子正其衣冠，尊其瞻视，俨然人望而畏之，斯不亦威而不猛乎？"

　　子张曰："何谓四恶？"

　　子曰："不教而杀谓之虐②；不戒视成谓之暴③；慢令④致期谓之贼；犹之⑤与人也，出纳之吝谓之有司⑥。"

注释

① 屏：摒除。

② 虐：残暴、凶残。

③ 戒：告诫。视成：谓责其成功。

④ 慢令：指下达可缓慢执行的命令。

⑤ 犹之：均之、等之。指同是给人以财物。

⑥ 有司：古代管事者之称，职务卑微。这里从杨伯峻先生，意译为"小家子气"。比喻心胸器量狭窄。

评析

　　子张问孔子："怎样就可以治理政事呢？"孔子说："尊崇五种美德，摒除四种恶行，这就可以治理政事了。"子张问："什么叫五种美德呢？"孔子说："君子给人民以恩惠，而自己却无所耗费；劳役百姓，百姓却不怨恨；有欲望，却不贪婪；安适，却不骄傲；威严，却不凶猛。"子张说："君子给人民以恩惠，而自己却无所耗费，这应该怎么做呢？"孔子说："就着人民能得利益之处，而使他们得利，这不就是给人民以恩惠而自己却无所耗费吗？ 选择合适的劳动时间、合适的劳动群体，再去劳动他们，谁又会怨恨呢？ 自己需要仁德便得到了仁德，又贪求什么呢？ 无论人多人少，不管大事小事，君子都从不怠慢，这不就是安适却不骄傲吗？ 君子衣冠整齐，目不斜视，严肃庄重得使人望而有所畏惧，这也不是威严却不凶猛吗？"子张问："什么叫四种恶行？"孔子说："不教育就杀叫残酷，不事先告诫却突然要看成果，叫粗暴；开始慢吞吞，突然限期要求，叫害人；同是给人以财物，该给的时候却出手悭吝，叫小家子气。"

　　李泽厚先生说，"《论语》也似可分为'问仁'与'问政'两大项目，前者多讲个体修养;后者多讲政务体制。由于两者在当时交织一片,修齐治平混然未分,影响后世也至深且巨"。又说,"此章讲政务,下章讲修养,以此二章结束全部《论语》,可称妥帖"。(《论语今读》)最后两章,分别落脚于政务、修养,这体现了早期儒家理论与实践并重的教育理念。

20.3　孔子曰:"不知命,无以为君子也;不知礼,无以立也;不知言①,无以知人也。"

注释

① 知言:指善于分析别人的言语,辨其是非善恶。

评析

孔子说:"不懂得天命,无法成为君子。不懂得礼,无法立足于社会。不懂得分辨言语,无法了解他人。"知命、知礼、知言,三者作为《论语》终篇,意味深长。知命,探讨人与天的关系;知礼,探讨人与社会的关系;知人,探讨人与人的关系。孔子构建儒家理论,首先从自我修身开始,讲究"仁"与"德";其次是个人与他人的关系,讲究"忠""信";再次是个人与社会的关系,讲究"礼"与"义";最后是个人与天命的关系,讲究"知其不可而为之"。孔子对待"天命"的态度,就是"知其不可而为之"。

纵观《论语》一书,以"学"始,以"知命""知礼""知言"终,由此可见孔子"三位一体"的思想体系。何谓三位?曰:"知命""知礼""知言"。何谓一体?曰:学习。窥其体系之奥义:"学习"是手段,是过程;而最终之鹄的,在于社会之运用,即三位:"知命""知礼""知言",方可使君子屹立于天地之间。而学无止境,"知命""知礼""知言",然后知不足,"困而学之",因此"学"为这个"三位一体"提供了源源不断的动力,催人奋进。

终篇所讲的"三知",与前面《季氏》篇中的"三畏",遥相呼应。孔子所强调的"三知"中,"知言"为始,"知礼"次之,"知命"为最要。其次序之重要,与"三畏"形成一一对应关系:

三畏	三知	修养层次
畏天命	知命(知天命)	以为君子
畏大人	知礼(知长幼之序)	以立
畏圣人之言	知言	以知人

在"三知""三畏"中,孔子都将"天命"置于最高的地位,体现他对"天命"的重视和敬畏,也体现他将"知天命""畏天命"作为人格道德修养的最高境界。所以,后世的学者都高度重视和关注,试图强作解者,开启孔子"天命"观念的这扇堂奥之门。

以钱穆先生为例,他一生都在努力寻找答案。他在《论语新解》中说:"西方人喜欢把'天'与'人'离开分别来讲……中国人是把'天'与'人'和合起来看。中国人认为'天命'就表露在'人生'上。离开'人生',也就无从来讲'天命'。离开'天命',也就无从来讲'人生',所以中国古人认为'人生'与'天命'最高贵最伟大处,便在能把他们两者和合为一。离开了人,又从何处来证明有天。所以中国古人,认为一切人文演进都顺从天道来。违背了天命,即无人文可言。"钱穆先生站立于中西方文化比较的高度,颇具洞察和睿智,具有启发意义。他对孔子天命观念的体悟,贯串他一生对孔子研读的始终。

图书在版编目（CIP）数据

论语精读 / 钟书林编著.—上海：上海教育出
版社，2024.6.—（中华文史经典精读丛书/查清华
主编）.— ISBN 978-7-5720-2645-4

Ⅰ．B222.25

中国国家版本馆CIP数据核字第2024NN1126号

责任编辑　陈晓琼
装帧设计　东合社

LUNYU JINGDU
论语精读
钟书林　编著

出版发行　上海教育出版社有限公司
官　　网　www.seph.com.cn
地　　址　上海市闵行区号景路159弄C座
邮　　编　201101
印　　刷　上海展强印刷有限公司
开　　本　700×1000　1/16　印张 20.75
字　　数　258 千字
版　　次　2024年7月第1版
印　　次　2024年7月第1次印刷
书　　号　ISBN 978-7-5720-2645-4/Ⅰ·0180
定　　价　49.80 元

如发现质量问题，读者可向本社调换　电话：021-64373213